新・MINERVA社会福祉士養成テキストブック

4

岩崎晋也・白澤政和・和気純子 監修

# ソーシャルワークの基盤と専門職

空閑浩人・白澤政和・和気純子 編著

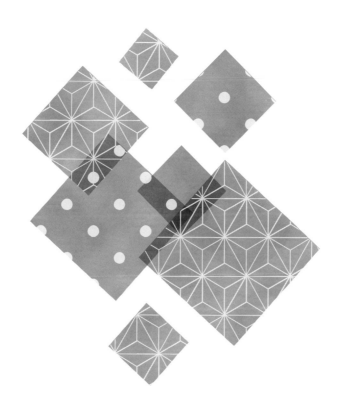

ミネルヴァ書房

# はじめに

## ❏ ソーシャルワークを学ぶ4科目

　2019（令和元年）6月に，社会福祉士および精神保健福祉士養成課程の新しいカリキュラムが示された。地域共生社会の実現を推進し，新たな福祉ニーズに対応できるソーシャルワーク専門職の養成をねらいとしたものである。

　社会福祉士養成課程の新カリキュラムにおいて，ソーシャルワーク機能を学ぶ科目（講義科目）としては，以下の4科目が示された。

　①　「ソーシャルワークの基盤と専門職」
　②　「ソーシャルワークの基盤と専門職（専門）」
　③　「ソーシャルワークの理論と方法」
　④　「ソーシャルワークの理論と方法（専門）」

　これらの科目のうち，①「ソーシャルワークの基盤と専門職」および，③「ソーシャルワークの理論と方法」の2科目は，社会福祉士と精神保健福祉士の養成課程において共通して学ぶべき内容（共通科目）とされており，②「ソーシャルワークの基盤と専門職（専門）」および，④「ソーシャルワークの理論と方法（専門）」は社会福祉士として専門的に学ぶべき内容とされている。なお，精神保健福祉士養成の新カリキュラムにおいては，①と③の共通科目に加えて，精神保健福祉士として専門的に学ぶべき内容としての「ソーシャルワークの理論と方法（専門）」が設置されている。

## ❏ 4科目と本シリーズの関係

　本シリーズ（新・MINERVA 社会福祉士養成テキストブック）の第4巻『ソーシャルワークの基盤と専門職』，第5巻『ソーシャルワークの理論と方法Ⅰ』，第6巻『ソーシャルワークの理論と方法Ⅱ』は，社会福祉士養成課程の新カリキュラムで示された，上の①～④の4科目の内容に準拠しながら編集されたものである。社会福祉士のカリキュラムに対応したものではあるが，共通科目はもちろんのこと，専門とされている科目も含めて，ソーシャルワーカーになるための学びとして必要な内容であると考える。社会福祉士，精神保健福祉士の資格取得を目指す方々が，将来のソーシャルワーカーとしてその役割を果たす学びとなるよう，本テキストを活用して頂きたい。

第4巻『ソーシャルワークの基盤と専門職』では，地域における総合的かつ包括的な支援として展開するソーシャルワークの意義や内容，基盤となる考え方の理解をねらいとしている。具体的には，以下のような内容を中心に構成されている。

1）社会福祉士および精神保健福祉士の法的な位置づけと役割
2）ソーシャルワークの概念や基盤となる考え方とその形成過程
3）ソーシャルワークの価値と倫理
4）社会福祉士の職域と求められる役割
5）ソーシャルワークに係る専門職の概念と範囲および諸外国の動向
6）ミクロ・メゾ・マクロレベルにおけるソーシャルワーク
7）総合的かつ包括的な支援と多職種連携・チームワークの意義と内容

　第5巻『ソーシャルワークの理論と方法Ⅰ』では，人と環境との相互作用への視点に基づくソーシャルワークの過程に関する知識と技術，および様々な実践モデルやアプローチなど，多様な分野や場所で実践されるソーシャルワークの基本構造に対する理解をねらいとしている。具体的には，以下のような内容を中心に構成されている。

1）人と環境との相互作用に関する理論とソーシャルワーク
2）ソーシャルワークの過程とそれに係る知識と技術
3）ソーシャルワークの様々な実践モデルとアプローチ
4）ケアマネジメントの意義と方法
5）グループやコミュニティに対するソーシャルワーク
6）ソーシャルワークの記録
7）スーパービジョンとコンサルテーション

　第6巻『ソーシャルワークの理論と方法Ⅱ』では，多様化・複雑化する生活課題への対応を可能にするための援助関係の構築や社会資源の開発，総合的かつ包括的な支援の実際等の理解に加えて，家族支援や災害，スピリチュアリティ，多文化主義等の今日的，発展的な領域でのソーシャルワークの理解もねらいとしている。具体的には，以下のような内容を中心に構成されている。

1）ソーシャルワークの機能と役割
2）支援を必要とする人との面接や援助関係の構築
3）地域における社会資源の開発やソーシャルアクション
4）ソーシャルワークに関連する方法や技術
5）カンファレンスと事例分析およびICTの活用と個人情報
6）家族支援，災害，スピリチュアリティ，多文化主義とソーシャ

ルワーク

7）ソーシャルワークにおける総合的かつ包括的な支援の実際

## ☐ 3冊を通して学んでほしいこと

読者はこれらの3冊を通して，ソーシャルワークの考え方や理論と方法の全体，および様々な領域や場面で展開されるソーシャルワークの実際，さらには，今後求められるソーシャルワークのあり方について学習することになる。その学びは，人々の社会生活に生じる様々な課題に対して，総合的（複数の課題を同時に全体的に）かつ包括的に（ひとまとめにして），そして継続的に（かかわり続ける，働きかけ続ける）支援を展開できる実践力を備えたソーシャルワーカー（社会福祉士・精神保健福祉士）になるための基礎となるものである。この3冊のテキストでの学びを，ぜひ演習や実習等での体験的，実践的な学習につなげてほしい。

なお，ソーシャルワークでは，支援やサービスが必要なあるいはそれらを利用する個人や家族，集団やコミュニティを表す言葉として，クライエント，利用者，当事者などが用いられる。明確な区別は難しいが，「クライエント」は伝統的に使用されてきた用語で，支援の対象者を臨床的な観点から呼称する場面で用いられることが多い。そして，「利用者」は支援やサービスを利用する主体としての人々を意味する言葉として，また，「当事者」は専門職主導やパターナリズムに抗するべく，直に体験し，影響を受けてきた人を想定して用いられることが多い。

本書では，このような用い方を共通の認識としたうえで，各章・各節の内容や文脈によって使い分けをしている。

## ☐ 本書の位置づけ

本書『ソーシャルワークの基盤と専門職』は，社会福祉士養成課程の新カリキュラムにおける「ソーシャルワークの基盤と専門職」（精神保健福祉士養成課程と共通科目），および「ソーシャルワークの基盤と専門職（専門）」に対応したものである。地域における総合的かつ包括的な支援として展開するソーシャルワークの意義や内容，基盤となる考え方の理解をねらいとしている。

本書の内容は，ソーシャルワークをはじめて学ぶ人々に，ぜひ習得して欲しい知識を盛り込んだものとなっている。まずは，社会福祉を取り巻く今日的状況と求められるソーシャルワーク（序章）に対する学びを出発点として，日本におけるソーシャルワーカーの国家資格で

ある社会福祉士や精神保健福祉士の役割や法的な位置づけ（第1章，第2章），そしてソーシャルワーカーにとっての必須の知識であるソーシャルワークの定義や原理・理念（第3章），および価値と倫理（第5章）について学ぶ。

　次に，ソーシャルワークの誕生から今日に至るまでの歴史的な展開（第4章），そして現在の日本のソーシャルワークに係る専門職が働く分野や職域（第6章）と，諸外国におけるソーシャルワークやソーシャルワーカーを巡る状況（第7章）について学ぶ。

　さらに，ミクロ・メゾ・マクロ・レベルでの実践が相互に連動してダイナミックに展開するソーシャルワーク（第8章）について，今日求められる総合的かつ包括的な支援の意義の内容（第9章）とともに，そのために必要な多職種連携とチームワーク（第10章）について学ぶ。

　以上の内容を踏まえつつ，本書の最後では，これからのソーシャルワーク専門職のあり方（終章）について検討する。

　読者の皆さんが，本書で社会福祉士および精神保健福祉士としての必要な知識を学び，将来はその知識を実際に駆使しながら，実践力のあるソーシャルワーカーとして活躍されることを願ってやまない。


　2020年9月

編著者

# 目　次

## ■ 第6章 ■　ソーシャルワークに係る専門職の概念と範囲

## ■ 第7章 ■　諸外国におけるソーシャルワークの動向

## ■第8章■　ミクロ・メゾ・マクロ・レベルにおける　ソーシャルワーク

## ■終　章■　これからのソーシャルワークと社会福祉

# ■序　章■
## 社会福祉をとりまく状況と求められるソーシャルワーク

本章では，社会福祉を取り巻く今日的状況と，そのなかで求められるソーシャルワークのあり方について学ぶことをねらいとしている。

　第1節では，私たちが暮らす社会が，ソーシャルワークをますます必要とする状況にあること，すなわち現代はソーシャルワークが求められる時代であることを学ぶ。

　続く第2節では，人々が抱える今日の生活課題に対して，個人と社会環境との関係に焦点を当ててとらえるソーシャルワークの視点と，あわせて社会福祉法に示された「地域生活課題」の概念についても学ぶ。

　そして第3節では，ソーシャルワークの役割である社会生活への支援について，それは単に必要なサービスを提供することにとどまらず，人々の尊厳を守り，保持する営みであることを学ぶ。

　最後に第4節では，「地域共生社会」の実現と，そのために求められる様々な分野や領域そして制度を横断する包括的支援体制の構築，およびそのなかでのソーシャルワークの役割について学ぶ。

 ## ソーシャルワークが求められる時代

### □ 社会状況のなかで生じる様々な生活問題

　ソーシャルワークは，現代社会のなかで何らかの社会生活上の課題を抱えている人々や家族，またそのような人々が暮らす地域にかかわり，安定した生活の立て直しや安心して住み続けられる地域づくりに向けて，専門職であるソーシャルワーカーがさまざまな活動や働きかけを行う営みである。その特徴は，個人や家族への支援に留まらず，地域のあり方に変化を生み出し，さらには社会状況を改善する社会変革をも視野に入れることにある。

　すなわち，ソーシャルワークとは，対個人や家族と同時に，対地域や社会へのアプローチを併せて遂行する営みであり，一人ひとりの生活の安定や再建と地域や社会全体の変化との両方を結びつけた実践を，その役割として担うものである。そして今日，人々の生活を取り巻く社会状況の変化と，そのなかで生じる様々な生活課題は，ソーシャルワークがますます求められていることを示している。

　人口の**少子・高齢化**，それに伴う人口減少や家族形態の多様化が進行する日本では，社会福祉を取り巻く状況も大きく変化している。産業構造や就業構造の変化に伴う不安定な就労条件や**非正規雇用**の増大，

➡**少子・高齢化**
出生率の低下と平均寿命の増大，すなわち人口の少子化と高齢化が同時に進行すること。日本の合計特殊出生率を見ると，2018（平成30）年では1.42となっている。また，総人口に占める65歳以上人口の割合（高齢化率）は，2018（平成30）年で28.1％であり，平均寿命は2017（平成29）年現在で，女性87.26年，男性81.09年となっている。

低所得や貧困問題の広がり，地域における血縁や地縁に基づく人々のつながりの希薄化や共同体機能の脆弱化，生活だけでなく生命の危機をもたらす大規模災害の発生など，人々の生活の安定を揺るがす様々な社会問題が各地で生じている。

そして，そのような社会状況の動きや変化のなかで，人々が様々な生活問題や生活課題に，直面している状況がある。たとえば，一人暮らしの住民が誰にも看取られずに亡くなる孤立死やその背景にある社会的孤立の問題，一つの世帯で親の介護と子育てを同時期に担うという**ダブルケア**➡の負担，**8050問題**➡と言われる80歳代の親とひきこもり状態にある50歳代の子どもの世帯が抱える生活困難，さらには18歳未満の子どもが祖父母の介護と病気の親の世話を同時に抱えて通学や学業に支障を来すなどのヤングケアラーと言われる子ども達の存在も指摘されている。

## ☐ 今日求められるソーシャルワークのあり方

このように今日の日本では，人々や家族，世帯が抱える生活課題は多様化・複雑化し，また一つの家族や世帯で同時に複数の課題を抱える複合化の状況もある。貧困や障害，地域における孤立，介護や子育てなどの家族のケア，就労や就学，住まいなどをめぐる困難が，個人や家族あるいは世帯ごとに複雑に絡み合っている状況である。また，既存の福祉制度やサービスでは対応できない，いわゆる**制度の狭間**➡の問題といわれる困難状況を抱える人々もいる。このような状況にある人々や家族・世帯に対しては，さまざまな制度やサービス，及び関係職種や関係機関による支援を組み合わせるなどして，総合的かつ包括的に，そして継続的に対応していかなくてはならない。

さらに，そのような状況にある人々が，必ずしも自ら支援を求めるわけではなく，支援拒否を訴える人やいわゆるごみ屋敷などの**セルフネグレクト**➡状態にある人もいる。こうした状況にある人々とその困難状況への対応としては，本人からのサービス利用の申請や支援機関まで来所しての相談を待つのではなく，支援者・支援機関の方から積極的に出向いて必要な支援につなげていく，あるいは社会との接点をもてるようにしていく**アウトリーチ**➡による実践が求められる。

それでは，日本の社会福祉や人々の日々の生活をこのような状況がとりまくなかで，求められるソーシャルワークやソーシャルワーカーのあり方とはいかなるものであろうか。それは，特定の分野や領域のなかだけで，あるいは特定の対象者が想定された法制度のもとだけで実践されるものではない。

➡ **非正規雇用**

正規雇用者とは異なり，短期間での雇用契約で働くこと。具体的には，派遣社員や契約社員，パートタイマー，アルバイトなどを言う。多様化するライフスタイルやニーズに対応した働き方である一方で，正規雇用を希望しているにもかかわらず，非正規雇用の契約によって，良くない労働条件のもとで働かざるを得ない人々を生み出しているという課題もある。

➡ **ダブルケア**

昨今の少子化・高齢化や女性の晩婚化等を背景に，親の介護と子育ての両方を同時期に担う状態にある世帯の増加が指摘されている。介護と育児の負担を一人で抱え込んでしまい，誰にも悩みを相談できずに孤立することも起こり得る。自身の仕事や健康にも支障を来すなどの問題が生じる。

➡ **8050問題**

80代の高齢の親と独身で働いていない50代の子の世帯が直面する生活困難であり，社会的孤立の問題である。引きこもりの長期化や高齢化が背景にある。親子関係への介入を通して，親と子の両方への支援，すなわち世帯を単位としてのかかわりや支援が求められる。

➡ **制度の狭間**

人々が抱える生活課題が多様化，複合化するなかで，既存の制度や公的なサービスでは，対応が困難な生活課題が生じている。いわゆる「縦割り」の制度の狭間で，直接に対応する制度がなく，支援の網の目から漏れる人々への対応が求められている。行政や専門機関，地域住民が相互に連携，

協働しながら地域全体
での支援に取り組む必
要がある。

**➡️ セルフネグレクト**

住まいの環境や衛生,
自身の健康や食事, 身
なりなど, 身の回りや
自分自身への世話（セ
ルフケア）を放棄して
いる状態。自ら周囲に
助けを求めることなく,
地域で孤立している状
況にある。孤立死に至
る恐れもあり, 早期の
発見と支援が必要であ
る。行政や関係機関,
地域住民が協力して,
孤立を未然に防ぐとと
もに本人が地域とつな
がる取り組みが重要で
ある。

**➡️ アウトリーチ**

何らかの支援が必要な
状態にあるにもかかわ
らず, 地域で孤立して
いたりサービス利用を
拒否する, また対象と
なる制度がないなどで,
必要な支援につながら
ない人々がいる。その
ような人々を発見して,
支援者・支援機関の側
から積極的に訪問など
を行い, 支援やサービ
ス等につなぐ働きかけ
のこと。

必要なのは, 分野横断的, 領域横断的, 制度横断的に, 総合的かつ包括的な社会生活支援, 地域支援として実践されるソーシャルワークのあり方である。生活課題を抱える個人や家族, 世帯への支援から, 住民同士が互いにつながり, 支え合う地域づくり, さらには様々な生活課題を生み出す社会構造的な要因へのまなざしから社会変革を志向する実践である。そして, そのようなミクロレベルからメゾ, マクロレベル（本書第8章参照）に至る実践のあり方を描いて, 関係する人々と連携・協働して具現化する社会福祉士や精神保健福祉士, すなわちソーシャルワーカーの存在とその働きなのである。

## ☐ あたりまえの日常の回復を支える

私たちは日頃, あたりまえに日々の生活を営んでいる。しかし, そのような日常があたりまえなだけに, その大切さに普段は気づかない。毎日学校に行く, 仕事に行く, 遊びや買い物に出かけるなどという, あたりまえに繰り返される日常が, 私たちが生きる基盤としていかに大切かということに気づくことはなかなかない。そのようなあたりまえの日常は, たとえば病気や事故, 災害など, 予想外や想定外の出来事によって脅かされる。社会生活上の困難に直面するということは, そのようなあたりまえの日常が揺らぐ体験である。

貧困や社会的孤立, 過労死や自殺などが社会問題となる現代社会は, 人々が様々な事情で追い詰められ, いつ誰がそのような状態になってもおかしくない社会である。そして, そのような困難状況のなかには, 個人だけであるいは家族だけでは抱えきれない場合もある。その困難状況を当事者である個人や家族とともに共有し, 向き合いながら, 再びあたりまえの日常を取り戻し, 支えていくための働きがソーシャルワークである。

現代は, 人間らしい生活とは何か, 本当の豊かさとは何かが, 改めて問われている時代である。そのような時代のなかで, 何が人々の生活困難をもたらしているのかの問いと, 地域や社会はどうあるべきかの問いとの双方をつなぐことから, 人々のあたりまえの日常を支える支援と地域や社会の変化を促す活動を見出し, 両方の実践を行うソーシャルワークへの期待は大きい。

#  現代社会と人々が抱える生活課題へのまなざし

## ☐ 個人と社会環境との関係から生じる人々の生活課題

　私たちが生きて生活するなかでは，様々に生じる困難に直面することがある。たとえば，身体や精神面等での病気のこと，認知症や要介護状態にある親の介護のこと，ひとり親家庭や子どもに障がいがあるなど子育てに伴うこと，いじめや不登校など就学や学校生活でのこと，非正規雇用やリストラなどの就労に伴うこと，家庭における経済的なことなどである。

　それらの困難を前に，時には自分や家族だけの力では解決できずに行き詰まってしまうこともある。特に今日のような変化が激しく，かつ複雑な社会状況のなかでは，このような**生活課題**は決して個人や家族だけで抱えるべきことではなく，またその全てを個人や家族だけで解決していくべきことでもない。同じような立場や状況に置かれれば，誰にでも起こる可能性のある困難状況なのである。そして，そのような困難状況の背景には，何らかの社会的，環境的，構造的な要因との関係があるという認識が重要である。

　たとえば，介護や子育てに悩む家族にとっては，身近に相談できる場所があるかどうかや利用可能なサービスが整備されているかどうかによってその困難の度合いも異なる。また，何らかの病気や障害を抱えつつ生活する人にとっては医療機関が身近にあるかどうか，職場の理解や配慮が得られるかどうかも日々の生活や就労の継続に大きく影響する。さらには，貧困や社会的に孤立した状態にある人や家族にとっても，地域住民同士の支えあいやつながり，行政や専門機関とのネットワークが形成されている地域とそうでない地域とでは，課題の現れ方も異なる。

　このように，現代社会のなかで人々が生きて生活していく上で，様々に生じる困難状況に対して，それらを特定の個人や家族，世帯だけの課題とするのではなく，地域全体の課題や社会全体で共有すべき問題としてとらえることが重要である。そして，そこにこそ個人や家族，世帯の社会生活の維持や立て直しと，地域や社会の変化や環境改善とを結びつけた実践，文字通り社会的な営みとしてのソーシャルワークの必要性と可能性があるのである。

　今日では，ソーシャルワークによる対応が求められる生活課題は，

**➡生活課題**

安定した生活や自らが望む生活に困難や支障を来たしているような状態であり，生活を営むなかで対応や解決が必要な課題のことを言う。ソーシャルワークでは，その状況や要因などを分析，把握しながら，生活課題の解決や状況の改善に向けた目標を設定し，本人や家族とともに取り組んでいく。

非常に多岐にわたる。しかし，たとえその内容は様々であっても，ソーシャルワークとして共通することは，それらを個人や家族の責任に帰するのではなく，あくまでも人々と地域や社会との関係から生じる課題としてとらえることである。そして，当事者である個人や家族とともに，ソーシャルワーカーその他の専門職，また地域住民が連携・協働して問題解決に取り組んでいくことである。その地域共生社会の推進について，法律での規定をみていく。

### ☐ 社会福祉法とそこに示された地域生活課題

　社会福祉の理念や目的，サービスの原則などが示され，日本の社会福祉の基礎となる「社会福祉法◯」が，2020（令和２）年に改正（2021（令和３）年４月１日施行）された。今回の改正は，地域共生社会の実現を目指したものである。改正法のなかで，地域福祉の推進を掲げた第４条は以下のように記されている。

→ 社会福祉法

日本の社会福祉サービスの全体に共通する基本的な事項を示した法律。1951（昭和26）年に社会福祉事業法という名称で制定され，2000（平成12）年に社会福祉法となった。社会福祉の目的や理念，原則が示され，社会福祉に関する行政組織や社会福祉法人，社会福祉協議会等に関する規定等も定められている。2020（令和２）年には地域共生社会の実現に向けた法改正が行われた。

> **第４条**　地域福祉の推進は，地域住民が相互に人格と個性を尊重し合いながら，参加し，共生する地域社会の実現を目指して行われなければならない。
>
> ２　地域住民，社会福祉を目的とする事業を経営する者及び社会福祉に関する活動を行う者（以下「地域住民等」という。）は，相互に協力し，福祉サービスを必要とする地域住民が地域社会の一員として日常生活を営み，社会，経済，文化その他あらゆる分野の活動に参加する機会が確保されるように，地域福祉の推進に努めなければならない。
>
> ３　地域住民等は，地域福祉の推進に当たつては，福祉サービスを必要とする地域住民及びその世帯が抱える福祉，介護，介護予防（要介護状態若しくは要支援状態となることの予防又は要介護状態若しくは要支援状態の軽減若しくは悪化の防止をいう。），保健医療，住まい，就労及び教育に関する課題，福祉サービスを必要とする地域住民の地域社会からの孤立その他の福祉サービスを必要とする地域住民が日常生活を営み，あらゆる分野の活動に参加する機会が確保される上での各般の課題（以下「地域生活課題」という。）を把握し，地域生活課題の解決に資する支援を行う関係機関（以下「支援関係機関」という。）との連携等によりその解決を図るよう特に留意するものとする。

　条文のなかでは，まず，地域福祉の推進は地域住民の参加によって行われるということが規定されている。そして第２項では，地域住民と社会福祉を目的とする事業の経営者や実践者等を合わせて「地域住民等」とされ，地域福祉推進のために相互に協力することが明記されている。さらに第３項では，地域住民が地域社会の一員として，あら

ゆる分野の活動への参加の機会が確保されることが示され，福祉サービスを必要とする地域住民及びその世帯が抱える様々な地域生活課題を把握し，その解決に資する支援を行う関係機関との連携等によりその解決を図ることとされている。

　ここで示されている「地域生活課題」には，地域での暮らしのなかで，個人が抱えるものだけでなく，「世帯」が抱える課題も含まれるということが重要である。すなわち個人を対象とした支援だけでなく，その家族や世帯全体を対象とした支援が，地域で求められることを示している。さらに，地域生活課題とされる範囲も，従来から福祉の対象となってきた介護や介護予防，保健医療の範囲に留まるものではない。住まいや就労，教育，さらには地域社会からの孤立や地域活動への参加する機会の確保に伴う課題まで含むとされている。

　今日のソーシャルワークに求められるのは，まさにこの地域生活課題への対応である。それは，社会福祉の法制度の範囲に留まらない多様な領域や分野にまたがる，地域全体で取り組むべき生活課題である。そして，ソーシャルワークがこのような課題へ対応していくために，様々な分野の職種や関係機関，また何よりも地域住民との連携，協働することが求められるのである。地域におけるそのような連携や協働を可能にするしくみをつくることも，ソーシャルワークの役割なのである。

**➡世帯**
同一の住居で暮らし，生計を共にする人の集まりのこと。夫婦や親子，きょうだいなどの家族や親族以外の者であっても，住居と生計を同じくしている場合は同一世帯と見なされる。一人暮らしも世帯として扱われる。世帯の構成によって，単独世帯や核家族世帯，三世代世帯等に分類される。

# ③ 社会生活支援としてのソーシャルワークの役割

## ☐ 社会福祉その他の制度やサービスと当事者とをつなぐ

　ソーシャルワークは，個人や家族が抱える生活課題を，あくまでもその社会的状況や環境との関係のなかで把握し，課題を抱える当事者だけでなく，その人が暮らす地域や取り巻く社会環境をも視野に入れての社会生活支援の営みである。そこには，様々な社会福祉やその他の制度またサービスなどを，当事者や家族，世帯の状況に応じて，適切な利用につなげるということも，ソーシャルワークの重要な役割として含まれる。

　介護や子育て支援に関するもの，就学や就業に関するもの，医療や所得保障に関するものなど，日本には人々の生活を支える様々な社会福祉や社会保障関連の法律があり，そしてそこに規定されている様々な制度やサービスがある。しかし，それらはただ存在するだけでは意

味はなく，それを必要とする人々に適切に利用されてはじめて意味があるものとなる。

　地域には，生活課題を抱えながらも必要な制度やサービスにつながっていない人々や，そもそも制度やサービスの存在を知らずに利用に至っていない人々もいる。何らかの生活課題を抱える人々や家族・世帯を必要な制度やサービスの利用につなぐこと，様々にある制度やサービスを，それらを必要とする人々にとってより身近で利用しやすいものにしていくこと，さらには地域で不足する制度やサービスがあれば，新たに開発して補っていく活動を行うことも，ソーシャルワークの重要な役割である。

### □ ソーシャルワークはその人の尊厳を守る営み

　そして，人々の生活を支援するソーシャルワークは，その人の生き方にもかかわる営みであり，生き方を支えていく活動でもある。何らかの生活課題を抱えている状況にあっても，その人がどういう人生を送りたいか，どういう生き方をしたいかということを大切にした支援でなければならない。その人の生活の主体はあくまでもその人である。その人の生活や人生は誰のものでもなく，その人のものなのである。たとえその人が何らかの病気を抱えたとしても，老いて障害を持つことになったとしても，その人らしい生活や人生を支えていこうとする営みがソーシャルワークなのである。それはすなわち，その人の「尊厳」を守り，保持する営みであると言える。

　今日では，人々の価値観やライフスタイル，性的傾向や性自認の多様化もみられる。また，日本で暮らす外国人も増加しており，夫婦や家族のあり方も多様化している。人々の尊厳が守られる社会とは，このような人々の多様性が尊重される社会であると言っても過言ではない。

　しかしながら，現実には，社会的な排除の構造や周囲の差別の意識からもたらされる生きづらさや生活のしづらさを抱える**マイノリティ**と呼ばれる人々がいる。またそのような状況のなかで，安定した主体的な生活が脅かされる人々がいる。このような人々の尊厳が侵される状況に徹底して抗い，そこで暮らす誰もが一人の構成員として大切にされ，尊厳を守られる地域や社会づくりに向けて，ソーシャルワークは機能しなければならない。様々な社会的な要因を背景とする生きづらさや生活のしづらさを抱える人々の社会生活を支え，その尊厳を守るソーシャルワークが様々な場所で求められている。

➡ **マイノリティ (minority)**

「少ない」「少数」という意味の語であり，一般的に社会的少数者や社会的少数派の人々を指して使われる。たとえば，LGBT等の人々に対して「セクシャルマイノリティ」と呼ぶことがある。マジョリティ（majority）である多数派とは異なる属性を備えた人々であることから，マイノリティに対する差別や社会的な排除が生じることもある。

**「地域共生社会」の実現を目指して**

## □ これからのソーシャルワーカーへの期待と担うべき役割

　2017（平成29）年2月7日に，厚生労働省「我が事・丸ごと」地域共生社会実現本部が発出した「『地域共生社会』の実現に向けて（当面の改革工程）」では，今後の日本社会が目指す姿としての「地域共生社会」について，以下のように記されている。[(1)]

> 　「地域共生社会」とは，制度・分野ごとの『縦割り』や「支え手」「受け手」という関係を超えて，地域住民や地域の多様な主体が『我が事』として参画し，人と人，人と資源が世代や分野を超えて『丸ごと』つながることで，住民一人ひとりの暮らしと生きがい，地域をともに創っていく社会を目指すものである。

　そして，同じく厚生労働省に設置された社会保障審議会福祉部会福祉人材確保専門委員会は，2018（平成30）年3月27日に「ソーシャルワーク専門職である社会福祉士に求められる役割等について」と題した報告書を発出した。この報告書では，社会福祉士をソーシャルワーク専門職であるとして，国家資格としての現状や社会福祉士を取り巻く状況の変化の分析を踏まえ，これからの社会福祉士への期待や担うべき役割，また養成のあり方やカリキュラム内容等について記されている。そのなかで，「地域共生社会」の実現に向けた社会福祉士の役割として，たとえば以下のような記述がある。[(2)]

> ○地域共生社会の実現に向けた各地での取組を見ると，社会福祉士が中心となって，地域住民等と協働して地域のニーズを把握し，多職種・多機関との連携を図りながら問題解決に取り組み，必要な支援のコーディネートや地域住民が主体的に取り組んでいる活動の支援等を行っている事例もあり，ソーシャルワークの機能を発揮する人材である社会福祉士が活躍することで，地域づくりの推進が図られている。
> ○人々が様々な生活課題を抱えながらも住み慣れた地域で自分らしく暮らしていけるよう，地域の住民や多様な主体が支え合い，住民一人ひとりの暮らしと生きがい，そして，地域を共に創っていく「地域共生社会」の実現に向けて，①複合化・複雑化した課題を受け止める多機関の協働における包括的な相談支援体制や②地域住民等が主体的に地域課題を把握して解決を試みる体制の構築を進めていくことが求められており，それらの体制の

構築を推進していくに当たっては，社会福祉士がソーシャルワークの機能を発揮することが期待されている。

　ここには，社会福祉士がソーシャルワーク機能を発揮することが地域共生社会の実現につながるとされ，そのためには社会福祉士が地域住民と協働すること，また多職種・多機関と連携することの必要性が示されている。そして，そのような体制の構築に向けても，社会福祉士によるソーシャルワーク機能の発揮が期待されている。

### ☐ 地域における包括的な支援体制の構築

　地域共生社会とは，人々が多様なかたちで地域や社会とつながり，地域や社会の一員として包摂され，様々な活動への参加が保障され，相互に支えあう関係のなかで，人々が自分らしく生きることのできる地域や社会のあり方である。言わば，そこで暮らす誰もが排除しない・されない，孤立しない・させない地域の姿であり，同時に地域の活性化や新しい地域活動の創出の可能性にも満たされた社会の姿である。

　そして，地域共生社会の実現には，福祉や医療，看護，保健や教育などの専門職が，相互に分野横断的，業種横断的な連携と協働の体制を築くこと，すなわち包括的な支援体制の構築が求められる。それは，地域住民やさまざまな専門職，行政を含めた様々な関係機関，組織や団体がネットワークを形成し，重層的に重なり合いながら，それぞれの役割を発揮するしくみである。

　ソーシャルワークは，人々の生活支援や地域支援，そして社会変革に向けた働きかけの実践と方法であり，それは，その時代の社会状況と，そのなかで営まれる人々の生活状況とともにある。そして人々が抱える生活課題が多様化，複雑化そして複合化する現代は，このような包括的な支援体制の構築は喫緊の課題であり，地域で活動するソーシャルワーク専門職である社会福祉士や精神保健福祉士が中心となって取り組むべき課題である。

　私たちが生きる現代は，ソーシャルワークが求められる時代であり，それは社会福祉士や精神保健福祉士の存在意義や，そのソーシャルワーカーとしての力量が問われる時代なのである。

◯注 ─────────

⑴　厚生労働省「我が事・丸ごと」地域共生社会実現本部（2017）「『地域共生社会』の実現に向けて（当面の改革工程）」2.

⑵　厚生労働省社会保障審議会福祉部会福祉人材確保専門委員会（2018）「ソーシャルワーク専門職である社会福祉士に求められる役割等について」4.

◯参考文献 ─────────

五石敬路・岩間伸之・西岡正次・有田朗編著（2017）『生活困窮者支援で社会を変える』法律文化社.

井出英策・柏木一恵・加藤忠相・中島康晴（2019）『ソーシャルワーカー──「身近」を革命する人たち』ちくま新書.

厚生労働省「我が事・丸ごと」地域共生社会実現本部（2017）「『地域共生社会』の実現に向けて（当面の改革工程）」.

厚生労働省社会保障審議会福祉部会福祉人材確保専門委員会（2018）「ソーシャルワーク専門職である社会福祉士に求められる役割等について」.

厚生労働省（2019）「地域共生社会に向けた包括的支援と多様な参加・協働の推進に関する検討会（地域共生社会推進検討会）最終とりまとめ」.

空閑浩人（2016）『ソーシャルワーク論（シリーズ福祉を知る2）』ミネルヴァ書房.

ペイン，M./竹内和利訳（2019）『ソーシャルワークの専門性とは何か』ゆみる出版.

宮本太郎編著（2017）『転げ落ちない社会──困窮と孤立を防ぐ制度戦略』勁草書房.

日本地域福祉学会（2019）『地域福祉教育のあり方研究プロジェクト報告書・協同による社会資源開発のアプローチ』.

保井美樹編著／全労協「つながり暮らし研究会」編（2019）『孤立する都市，つながる街』日本経済新聞出版社.

# ■第1章■
# 社会福祉士の役割と意義

ここでは，社会福祉士の専門性や役割等に関する理解を深めるため，社会福祉専門職問題の歴史的経緯や根拠法となる「社会福祉士法及び介護福祉士法」の成立の経緯，社会福祉士養成課程の教育内容について学ぶ。なお，2020年に社会福祉士養成課程の教育内容の見直しが行われた。社会状況が変化し，人々の生活課題が多様化・複雑化してきている中で，ソーシャルワーク専門職である社会福祉士が社会的要請に応えていくことができるかが問われている。

#  社会福祉士とは

## ☐ 社会福祉士の定義と義務等

### ① 定　義

　社会福祉士とは「社会福祉士及び介護福祉士法」の第2条において「（前略）**第28条**の登録を受け，社会福祉士の名称を用いて，専門的知識及び技術をもつて，身体上若しくは精神上の障害があること又は環境上の理由により日常生活を営むのに支障がある者の福祉に関する相談に応じ，助言，指導，福祉サービスを提供する者又は医師その他の保健医療サービスを提供する者その他の関係者（第47条において「福祉サービス関係者等」という。）との連絡及び調整その他の援助を行うこと（第7条及び第47条の2において「相談援助」という。）を業とする者をいう。」と規定されている。

　なお，定義については，サービスの利用支援，成年後見，権利擁護など新しい相談援助の業務の拡大に伴って，従来の福祉サービスを介した相談援助のほか，他のサービス関係者との連絡・調整を行い，橋渡しを行うことを明示するために改正が行われた（2007（平成19）年12月5日施行）。

### ② 義　務

　社会福祉士及び介護福祉士法には，社会福祉士が「行わなければならないこと」または「してはならないこと」などの義務が規定されている（**社会福祉士の義務**）。

・誠実義務（社会福祉士及び介護福祉士法第44条の2）

　社会福祉士及び介護福祉士は，その担当する者が個人の尊厳を保持し，自立した日常生活を営むことができるよう，常にその者の立場に立つて，誠実にその業務を行わなければならない。

**➡社会福祉士法及び介護福祉士法第28条（登録）**

社会福祉士となる資格を有する者が社会福祉士となるには，社会福祉士登録簿に，氏名，生年月日その他厚生労働省令で定める事項の登録を受けなければならない。

**➡社会福祉士の義務**

2007（平成19）年の法改正において義務規定が見直された。従前の「信用失墜行為の禁止」，「秘密保持義務」に加え，新たに「誠実義務」，「資質向上の責務」，「連携」が加えられた。

• 信用失墜行為の禁止（同法第45条）

　社会福祉士又は介護福祉士は，社会福祉士又は介護福祉士の信用を傷つけるような行為をしてはならない。

• 秘密保持義務（同法第46条）

　社会福祉士又は介護福祉士は，正当な理由がなく，その業務に関して知り得た人の秘密を漏らしてはならない。社会福祉士又は介護福祉士でなくなつた後においても，同様とする。

• 連携（同法第47条）

　社会福祉士は，その業務を行うに当たっては，その担当する者に，福祉サービス及びこれに関連する保健医療サービスその他のサービスが総合的かつ適切に提供されるよう，地域に即した創意と工夫を行いつつ，福祉サービス関係者等との連携を保たなければならない。

• 資質向上の責務（同法第47条の2）

　社会福祉士又は介護福祉士は，社会福祉及び介護を取り巻く環境の変化による業務の内容の変化に適応するため，相談援助又は介護等に関する知識及び技能の向上に努めなければならない。

　なお，義務規定については，「誠実義務」と「資質向上の責務」が加わり，他職種との「連携」の規定の改正が行われた（2007（平成19）年12月5日施行）。

　ちなみに，**社会福祉士の倫理綱領**➡において，「社会福祉士」とは，本倫理綱領を遵守することを誓約し，ソーシャルワークに携わる者をさす，と明記されている。

## ☐ 社会福祉士の任用・活用

　国家資格とは，国の法律に基づいて，各種分野における個人の能力，知識が判定され，特定の職業に従事すると証明される資格であり，法律によって一定の社会的地位が保証されるため社会からの信頼性が高いとえる。国家資格は，**表1-1**に示す通り，法律で設けられている規制の種類によって分類することができ，社会福祉士は名称独占資格ということになる。

　社会福祉士資格は社会福祉士及び介護福祉士法第48条第1項（名称の使用制限）において，「社会福祉士でない者は社会福祉士という名称を使用してはならない」と規定されていることから，名称独占資格として分類される。なお，名称独占資格は，資格をもっていないのに社会福祉士の名称を名乗った場合は処罰の対象となるが，資格をもっていなくても社会福祉の領域の相談援助の仕事をすることには罰則規定がない。一方，業務独占の場合は，資格をもたない者が業務を行うと

➡**社会福祉士の倫理綱領**

「前文（ソーシャルワークの定義を含む）」「原理」「倫理基準」で構成されている。「倫理基準」には，「Ⅰ. クライエントに対する倫理責任」「Ⅱ. 組織・職場に対する倫理責任」「Ⅲ. 社会に対する倫理責任」「Ⅳ. 専門職としての倫理責任」が定められている。

表1-1　国家資格の分類

| 業務独占資格 | 有資格者以外が携わることを禁じられている業務を独占的に行うことができる資格<br>例：医師，看護師，弁護士，公認会計士，司法書士　他 |
|---|---|
| 名称独占資格 | 有資格者以外はその名称を名乗ることを認められていない資格<br>例：社会福祉士，精神保健福祉士，保育士，栄養士　他 |
| 設置義務資格 | 特定の事業を行う際に法律で設置が義務づけられている資格<br>例：介護支援専門員，宅地建物取引士，衛生管理者　他 |
| 技能検定 | 業務知識や技能などを評価するもの<br>例：ファイナンシャルプランナー，ウェブデザイン技能検定，キャリアコンサルタント　他 |

**➡ 必置規定**

「次の者を置かなければならない」，「○○に置くべき従業者及びその員数は次のとおりとする」等と規定されているもの。

**➡ 任用要件**

「次のいずれかに該当する者のうちから任用しなければならない」，「配置する」等と規定されているもの。なお，社会福祉士は社会福祉主事の任用要件の一つになっているため，「任用要件」には，社会福祉主事を任用要件とする職種を含むとされている。

厳しい処罰があるため，この点が業務独占資格と名称独占資格との大きな違いとなる。

社会福祉士の任用の状況を見ると，地域包括支援センターには社会福祉士を設置しなければならない（**必置規定**）。しかしながら，社会福祉士は社会福祉法に定める社会福祉主事の**任用要件**の一つとしてとして規定されているため，福祉事務所の所員や社会福祉施設の長ならびに社会福祉施設の生活相談員等の任用要件として社会福祉主事の要件が準用されている場合には，特に社会福祉士という定めがなくても施設長や生活相談員等に社会福祉士を配置することができる。したがって，実際には多様な領域の施設・機関等において社会福祉士が配置されている。

また，社会福祉士は，診療報酬や障害福祉サービス等の算定要件や施設基準に位置づけられており，医療や社会福祉の制度やサービスの実施において重要な役割を果たしているといえる。

## □ 社会福祉士の実践と活躍の場の広がり

社会福祉士の実践は，高齢者福祉，障害児者福祉，児童福祉，地域福祉，災害福祉，教育，司法など幅広い分野や領域にわたっている。そして，社会福祉士は，各種制度の趣旨を達成するために配置され，養成課程で習得したソーシャルワークの価値規範，知識および技法を活用し，生活の質（QOL）の向上に向けた支援やウェルビーイングの実現を目指して実践に取り組んでいる。

たとえば，社会福祉振興・試験センターによる社会福祉士が就労している分野に関する調査結果を見ると，高齢者福祉関係の割合が最も高く43.7％となっている。次いで，障害福祉関係17.3％，医療関係14.7％，地域福祉関係7.4％，児童・母子福祉関係4.8％，行政相談所3.4％となっており，様々な分野で就労している[1]。また，行政分野で働く社会福祉士の資格保有者も増加してきており，福祉事務所における

生活保護担当現業員の13.5％，生活保護担当査察指導員の8.7％が社会福祉士の有資格者である。[2]　就労先での職種としては，相談員・指導員の割合が高く34.0％となっている。次いで，介護支援専門員13.8％，施設長・管理者13.3％，事務職員8.6％，生活支援員6.6％，介護職員（ホームヘルパー含む）6.3％となっており，多様な職種に従事している。[3]

　また，日本社会福祉士会の会員を対象に実施した調査では，社会福祉士の勤務先としては社会福祉施設等が40.8％を占めている。次いで，医療機関，地域包括支援センター，社会福祉協議会，行政機関と続いている。生活困窮者自立支援法に基づく自立相談支援事業においても，その主任相談支援員の42.3％（平成29年度）が社会福祉士の有資格者であるなど，多くの社会福祉士が活躍している。[4]

　教育分野においては，支援が必要な子どもを早期に発見し，関係機関につなぐことができるよう，スクールソーシャルワーカーの役割が重要とされているが，2015（平成27）年には，スクールソーシャルワーカーとして雇用された実人数のうち，50％が社会福祉士資格を有している。[5]

　司法分野においては，刑事施設及び少年院の受刑者等の出所後の地域生活支援のために，社会福祉士の活用や相談支援体制の整備等の必要性が指摘されており，平成28年度では，刑事施設において99人，少年院において16人が配置されるなど，社会福祉士の有資格者の配置が増えてきている。[6]

##  社会福祉士及び介護福祉士法成立の背景とその後の変遷

### ◯ 社会福祉士及び介護福祉士法成立までの経緯

　福祉専門職の法制化は，歴史的に見ると，古くから課題とされてきた。秋山は，戦後日本における社会福祉専門職問題の歴史として，その発展過程を専門職導入前期（1945〜52年），専門職導入後期（1953〜59年），専門職志向期（1960〜66年），専門職法定試行期（1967〜76年），第1期専門職法定期（1977〜87年），専門職確立期に分けて出来事や課題を整理している。

　専門職導入前期となる1951（昭和26）年には，「生活保護法（1950年5月4日）」，「社会福祉主事の設置に関する法律（1950年5月15日）」が公布施行された。その立案にあたった黒木利克は，アメリカでの経験を踏まえ，社会福祉主事を「各町村なり，あるいは福祉事務所に，まず

ゼネリックなワーカー(7)」として配置する制度とした。社会福祉士構想は専門職志向期に生まれており，1960年には，「日本ソーシャル・ワーカー協会」が結成され，国際ソーシャル・ワーカー連盟に加盟している。

　社会福祉士はソーシャルワークの専門職として国家資格化されているが，「社会福祉士」という名称に至るまでには，社会福祉分野における専門職の資格制度化や専門職問題に関する議論が交わされてきた。本節では，社会福祉士および介護福祉士法の成立背景のうち，特に社会福祉士の成立に関する経緯について整理する。

① 東京都社会福祉協議会民間社会福祉事業従事者処遇調査委員会「資格基準に関する小委員会中間報告（社会福祉士制度要綱）」(1962年7月)

　東京都社会福祉協議会民間社会福祉事業従事者処遇調査委員会の「資格基準に関する小委員会」の中間報告発表は，わが国において初めて「社会福祉士」制度を構想したものであり，この社会福祉士構想は専門職志向期にあって，その模索の道に一つの灯明をかかげたものとして高く評価されるものであった。(8)この要綱における特徴は，社会福祉士を学歴または経験によって一級社会福祉士と二級社会福祉士とし，東京都社会福祉協議会会長が資格を付与する民間的性格を持っていた。

　また，「社会福祉士法」制定試案の策定ならびに社会福祉士及び介護福祉士法の制定の過程に直接責任ある立場で関わった仲村は，「社会福祉士」という言葉がどのような由来で使用することになったのかを私見として述べている。仲村によれば，「社会福祉士法制定試案（以下，試案）」の作成にあたって，要綱が有力な参考資料として活用されたことは明らかであるとしている。(9)

② 東京都社会福祉審議会「東京都における社会福祉専門職制度のあり方に関する中間答申」(1967年3月31日)

　この中間答申は，1966（昭和41）年1月19日，東京都知事の諮問「東京都における社会福祉専門職制度のあり方ならびに専門職員の養成，確保，任用，再教育，昇進および各職種の必要数について」に対する中間答申である。ミラーソン（Millerson, G.）の専門職の定義の検討からはじめ，広範囲に専門職の概念を検討し，社会福祉専門職の必要性とその制度を提示した。中間答申は，日本の社会福祉専門職問題に重要な功績を残したとされる。(10)なお，同年9月29日に「東京都における社会福祉専門職制度のあり方に関する最終答申」が報告されたものである。

### ③　社会福祉専門職員の充実強化方策としての「社会福祉士法」制定試案（1971年11月）

　1969年11月，厚生大臣からの諮問に対して中央社会福祉審議会は職員問題専門分科会を設置し，その中で，当時の社会福祉専門職問題の最大の争点であった「社会福祉士法制定試案」について検討された。当時は非公式で議論がされていたが，1971年10月に開催された日本社会福祉学会第19回大会総会において試案の公表を求められたことを踏まえ，起草委員会のメンバーが厚生省社会局の了解を得て，1971年11月，「社会福祉専門職員の充実強化方策としての『社会福祉士法』制定試案」を公表した。

　試案の基本構想は，「ソーシャル・ワーカーを中心とする公私の社会福祉専門職者を包括的にとらえる専門職として社会福祉士（仮称）制度を設け，その資格基準を明定し，それによって社会福祉専門職の処遇の改善をはかる[11]」ものであった。試案は，社会福祉専門職の制度的体系化への第一歩を踏み出すことを試みる画期的な提案と評価されている[12]。しかしながら，制定試案は，社会福祉士とそうでない者との間，および，労働条件の問題を抜きにして資格基準のみを問題にしているなどの批判を受けて実施には至らず，1976年5月に白紙撤回された[13]。

　なお，現在の社会福祉士制度は，この試案で提案された内容がそのまま実現したものではなく，介護福祉士との抱き合わせの形をとり，「社会福祉士及び介護福祉士法」による国家資格制度として法制化されたものである。

### ◯ 社会福祉士及び介護福祉士法誕生の経緯

　社会福祉士及び介護福祉士法は，1987（昭和62）年3月23日に中央社会福祉審議会等福祉関係三審議会の合同企画分科会から出された「福祉関係者の資格制度について」（意見具申）に基づき，「社会福祉士及び介護福祉士法案」が第108回通常国会に提出され，同年5月21日，「増大する，老人，身体障害者等に対する介護需要」に対応するため，「誰もが安心して，老人，身体障害者等に関する福祉に対する相談や介護を依頼することができる専門的能力を有する人材を養成，確保」することを目的として社会福祉士及び介護福祉士法が成立し，同年5月26日公布され，1988（昭和63）年4月から施行された。

　社会福祉士及び介護福祉士法の成立の背景のひとつとなるのが，1986（昭和61）年に東京で開催された国際社会福祉会議である[14]。具体的に言えば，国際的な場で日本の社会福祉がかかえる課題が見直されたと共に，日本の福祉関係者が国際会議に向けて一つに集まり専門職

化に取り組んだことということである。京極は，専門職資格について
は，社会福祉主事や保母資格以外には専門職資格はないといういくつ
かの欠陥が指摘されたことが，福祉先進国を自称しようとする日本に
とって手厳しい指摘であったと述べている。[15]

□ 社会福祉士及び介護福祉士法の改正の背景と内容

　社会福祉士及び介護福祉士法の施行後，高齢者介護や障害者福祉を
取り巻く状況は大きく変化し，福祉サービスの提供の在り方について
も措置制度から契約制度に移行するなど，利用者本位の福祉サービス
の提供体制が求められることとなり，実践に従事する専門職の役割に
ついても変化が求められるようになった。

　たとえば，1990年の老人福祉法等の一部を改正する法律（福祉関係
八法改正）の成立，2000年の介護保険法の施行，2003年の支援費制度
の導入，2005年の介護保険法の改正（地域包括支援センターが設置され，
社会福祉士が配置されることとなった）など，様々な制度改正が行われ
た。このような社会状況の変化や利用者の権利意識の高まりを見せる
中，社会福祉士については，社会的認知度の低さや社会福祉士の養成
教育のあり方等に関する課題が指摘されてきた。

　このような社会状況を踏まえ，厚生労働省社会保障審議会福祉部会
が2006（平成18）年９月以降４回にわたって開催され，介護福祉士制
度および社会福祉士制度の在り方について審議が行われた。特に，両
資格の養成の在り方について法改正を視野に入れて議論され，「介護
福祉士制度及び社会福祉士制度の在り方に関する意見」（平成18年12月
12日社会保障審議会福祉部会）」として取りまとめられた。社会福祉士
制度については，制度施行後の社会福祉士を取り巻く状況の変化を踏
まえつつ，社会福祉士制度の現状と課題について整理を行った上で，
課題を解決していくための社会福祉士制度の見直しの方向性について
審議が行われた。検討にあたっては，まず新たな専門性や役割等につ
いて検証し，求められる社会福祉士像を整理すべきとの視点から，求
められる社会福祉士像として12項目が示された（資料1-1）。

　そして，社会福祉士の役割として，以下の３点が意見書にまとめら
れた。

　⑴　福祉課題を抱えた者からの相談に応じ，必要に応じてサービス
利用を支援するなど，その解決を自ら支援する役割

　⑵　利用者がその有する能力に応じて，尊厳を持った自立生活を営
むことができるよう，関係する様々な専門職や事業者，ボランティア
等との連携を図り，自ら解決することのできない課題については当該

資料1-1　求められる社会福祉士像

① 利用者の生活に関わる専門職としての自覚と高い専門職倫理を有している
② 施設，在宅を問わず，地域において，利用者の自立と尊厳を重視した相談援助をするために必要な専門的知識と技術を有している
③ 人と社会環境との交互作用に関する専門的知識とそのアセスメントをするための技術を有している
④ 利用者からの相談を傾聴し，適切な説明と助言を行うことができる
⑤ 利用者をエンパワメント（利用者自らが必要なサービスを利用しながら自立した生活を営むための力の獲得や，そのための動機付けの支援）することができる
⑥ 一連のケアマネジメントのプロセス（アセスメント，プランニング，モニタリング等）を理解し，自立支援のためのケアマネジメントを適切に実践することができ，その効果について評価することができる
⑦ 他職種とのチームアプローチをすることができる
⑧ 社会資源の調整や開発，ネットワーク化をすることができる
⑨ 権利擁護と個人情報の保護のための知識と技術を有し，実践することができる
⑩ 就労支援に関する知識と技術を有し，実践することができ，その効果について評価することができる
⑪ 福祉に関する計画を策定，実施し，その効果について評価することができる
⑫ 組織の管理やリスクマネジメント等，組織や経営に関する知識を有している

担当者への橋渡しを行い，総合的かつ包括的に援助していく役割

（3） 地域の福祉課題の把握や社会資源の調整・開発，ネットワークの形成を図るなど，地域福祉の増進に働きかける役割

今後，社会福祉士には，新しいニーズにも対応しつつ，3つの役割を状況に応じて適切に果たしていくことができるような知識及び技術を有することが求められているとした。なお，2010年12月3日，参議院で障害者自立支援法改正案が成立されたことに伴い，社会福祉士及び介護福祉士法が改正され，同法第44条の2の「その有する能力及び適性に応じ」という文言が削除された。

「介護福祉士制度及び社会福祉士制度の在り方に関する意見」に基づき，介護・福祉ニーズの多様化・高度化に対応し，人材の確保・資質の向上を図るため，政府は2007（平成19）年3月13日に「社会福祉士及び介護福祉士法の一部を改正する法律案」を閣議決定し，翌14日国会に提出し，同年12月5日に「社会福祉士及び介護福祉士法等の一部を改正する法律」が公布された。社会福祉士に関連する内容としては，上記の社会福祉士の3つの役割を果たしていくために必要な環境整備として，以下の4項目の改正が行われた。

① 定義規定の見直し（公布日2007（平成19）年12月5日施行）
② 義務規定の見直し（公布日2007（平成19）年12月5日施行）
③ 資格取得方法の見直し（2009（平成21）年4月1日施行）
④ 任用・活用の促進（2007（平成19）年，2009（平成21）年4月1日施行）

# ③ 社会福祉士養成課程と国家試験

## ❑ 資格取得方法とルート

社会福祉士国家資格は，福祉系4年制大学卒業者（指定科目履修），社会福祉士指定養成施設卒業者等で，社会福祉士国家試験に合格し登録することが必要である。資格取得ルートは**図1-1**の通りである。

## ❑ 国家試験の概要

社会福祉士国家試験は，社会福祉士及び介護福祉士法に基づき，年に1度実施される。国家試験の実施については，厚生労働省が官報で公告し，その概要を公表している。

社会福祉士国家試験の実施及び登録の事務は，厚生労働大臣の指定を受けた指定試験機関・指定登録機関として，公益財団法人社会福祉振興・試験センターが厚生労働大臣に代わって実施している。

受験資格を有するのは，上述した資格ルートにあるように，「社会福祉士及び介護福祉士法第7条及び同法施行規則第1条の3に規定する者」とされている。

2020年時点の試験科目は19科目である。なお，精神保健福祉士である者については，申請により上記試験科目のうち一部科目の試験が免除される。なお，カリキュラム改正により科目名が変更となる。

試験の合格者は，厚生労働省及び公益財団法人社会福祉振興・試験センターにその受験番号を掲示して発表するとともに，公益財団法人社会福祉振興・試験センターのホームページ上に合格者の受験番号を掲載している。第32回国家試験終了までの受験者数は911,925人となった。令和2年2月末現在の社会福祉士登録者数は，238,902人となっている。平均合格率は27.8%である。

## ❑ 養成教育課程2020年改正までの経緯

社会状況や福祉ニーズの変化等に伴い，社会福祉士の活躍の場は，高齢者支援，障害児・者支援，子ども・子育て支援，生活困窮者支援といった分野のみならず，教育や司法などの様々な分野に拡がってきている。時代や福祉ニーズの変化に合わせた各種制度改正が行われている一方で，社会福祉士の養成カリキュラムは2007（平成19）年度に見直しが行われてから10年が経過しており，社会の実情を踏まえた見

図1-1　社会福祉士国家試験受験（資格取得ルート図）

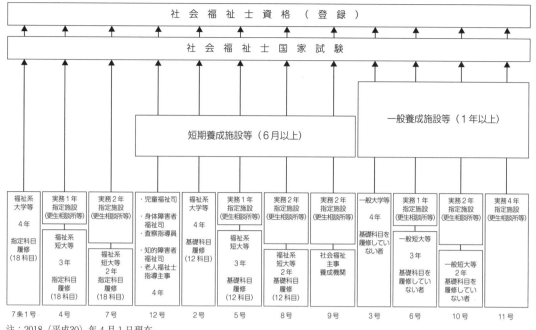

注：2018（平成30）年4月1日現在。
出所：厚生労働省「社会福祉士の資格取得方法」(https://www.mhlw.go.jp/stf/seisakunitsuite/bunya/hukushi_kaigo/seikatsuhogo/shakai-kaigo-fukushi1/shakai-kaigo-fukushi2.html) (2020. 11. 5).

直しが必要とされた。

　2014（平成26）年10月22日，福祉人材確保対策検討会から「福祉人材確保対策検討会における取りまとめ」が出され，社会福祉士の活用の基本的な考え方として，「社会福祉士については，多様化・複雑化する地域の福祉課題に対応できる能力をさらに開発し活用していくために，具体的な役割の明確化や実践力の強化等のための教育体系の充実に向けた再検証等が必要」とし，社会福祉士の活用の方向性として以下の3点が示された。

　①　社会福祉士のさらなる活躍の場の創出として，様々な福祉ニーズに対応するために必要なソーシャルワーク技術を持つ社会福祉士の能力は重要な社会資源であることから，様々な福祉領域等における任用拡大を含めた活用促進を図る。

　②　専門性の高い社会福祉士の養成として，より一層多様化・複雑化する地域課題に対応できる社会福祉士の養成に向け，養成施設・大学等と職能団体の連携による実践を重視した教育内容の充実について，さらなる検討を進め確立していく。併せて，継続的に資質を向上させるためのシステム（認定社会福祉士等）の普及・推進を図る。

　③　社会福祉士に対する理解促進として，職能団体，養成施設・大学等，事業者団体が連携し，国や地方自治体の必要な協力を得て，社

会福祉士の能力や果たしうる役割についての理解促進を図る。

　2015（平成27）年には，「2025年に向けた介護人材の確保～量と質の好循環の確立に向けて～」（社会保障審議会福祉部会福祉人材確保専門委員会報告書（平成27年2月25日））が出され，福祉人材確保指針の見直しの一つとして，「さらに，今後，地域包括ケアシステムや生活支援における社会福祉士や障害福祉人材を含めた福祉人材の役割や効果的な活用について，別途，検討することが求められる。」と記載された。なお，本報告書は，主に介護人材の在り方に関する検討が中心であったため社会福祉士に関する記載は限られたものとなっている。

　一方で，国会や審議会等における制度や支援のあり方等の検討過程においては，社会福祉士およびソーシャルワークの必要性や期待について言及されるようになっていた（**資料1-2**：下線部筆者，それぞれ抜粋して記載）。

　養成カリキュラムの10年ぶりの見直しの契機となったのが，厚生労働省内に設置された地域共生社会の実現に向けた新たな福祉サービスのシステム等のあり方検討プロジェクトチーム（平成28年3月24日）の取り組みである。検討資料として出された「「新たな時代に対応した福祉の提供ビジョン」実現に向けた工程表（案）」の項目の一つに「新たなシステムを担う人材の育成・確保」が位置づけられ，「複合的な課題を抱える者の支援においてその知識等を発揮することが期待される社会福祉士について，コーディネート人材としての活用を含め，その在り方を検討」と明記され，工程表には，社会福祉士のあり方とカリキュラムの見直しのスケジュールとして，「平成28年度：社会福祉士の在り方について議論」，「平成29年度：カリキュラムの見直し」，「平成30年度：新カリキュラムの周知」が提示された。本プロジェクトチームは，平成30年の社会福祉法の改正にもつながる地域共生社会の実現に向けた施策の起点といえるものである。したがって，2020年の社会福祉士養成課程の見直しは，政策的には新たな福祉サービスのシステムのあり方としての地域包括支援体制ならびに生産性の向上と効率的なサービス提供体制の確立に向けた人材養成と確保の観点から進められたものと理解することができる。

　このように，ソーシャルワークの専門職である社会福祉士には，社会的要請として，地域住民や団体等とも協働しつつ，多分野・多業種・多職種と連携しながら，生活課題を抱えた個人や世帯への包括的な支援を展開するのみならず，潜在化した課題への対応や資源開発といった役割も担っていくことが期待されることとなった。

## 資料1-2　社会福祉士およびソーシャルワークのへの言及

●「生活困窮者自立支援法に対する附帯決議」衆議院厚生労働委員会（平成25年12月4日）
　自立相談支援事業の相談員については，その責務の一環として訪問支援にも積極的に取り組むこととし，ケースワーカーや民生委員等，関係者間の連携と協力の下，生活困窮者に対し漏れのない支援を行うこと。また，そのために社会福祉士等の支援業務に精通する人員を十分に配置することを検討し，適切な措置を講ずること。

●「社会保障審議会児童部会児童虐待防止対策のあり方に関する専門委員会報告書」（平成27年8月28日）
　支援が必要な子どもを早期に発見して関係機関につなぐために，スクールソーシャルワーカー（社会福祉士や精神保健福祉士等の福祉に関する専門的な資格を有する者から，実施主体が選考する）の役割が重要であり，スクールソーシャルワーカーの活用と配置充実が必要。

●厚生労働省新たな福祉サービスのシステム等のあり方検討プロジェクトチーム「誰もが支え合う地域の構築に向けた福祉サービスの実現〜新たな時代に対応した福祉の提供ビジョン〜」（平成27年9月17日）
4.　の(2)新しい地域包括支援体制を担う人材の育成・確保のための具体的方策
①　包括的な相談支援システム構築のモデル的な実施等
　専門的知識及び技術をもって，福祉に関する相談に応じ，助言，指導，関係者との連絡・調整その他の援助を行う者として位置づけられている社会福祉士については，地域包括ケアシステム，複合的な課題を抱える者の支援においてその知識・技能を発揮することが期待されることから，新しい地域包括支援体制におけるコーディネート人材としての活用を含め，その在り方や機能を明確化する。
　※資料として出された工程表案に社会福祉士養成課程の見直しスケジュールが明記される

●中央教育審議会「チームとしての学校の在り方と今後の改善方策について（答申）」（平成27年12月21日）
　国は，スクールソーシャルワーカーを学校等において必要とされる標準的な職として，職務内容等を法令上，明確化することを検討する。国は，将来的には学校教育法等において正規の職員として規定するとともに，義務標準法（※）において教職員定数として算定し，国庫負担の対象とすることを検討する。
　※公立義務教育諸学校の学級編制及び教職員定数の標準に関する法律

●「社会保障審議会児童部会新たな子ども家庭福祉のあり方に関する専門委員会報告（提言）」（平成28年3月10日）
　子ども家庭への支援は身近な場所で行われる必要があり，そのためには市区町村に支援の拠点を整備する必要がある。この地域子ども家庭支援拠点が適切に機能するためには，ソーシャルワーカーや保健師の配置が必要となる。
　子ども家庭福祉の支援における指導的職員が有すべき知識・技能は，ソーシャルワークを基盤として，心理的な見立て，子どもの心身の健康に関する知識・技能が必要となる。

●「第3次犯罪被害者等基本計画（平成28年4月1日閣議決定）」
　犯罪被害者等を含む児童生徒の相談等に的確に対応できるよう，スクールカウンセラーやスクールソーシャルワーカー等の適正な配置や犯罪等の被害に関する研修等を通じた資質の向上を通じて学校における教育相談体制を充実させる。犯罪被害者等に関する専門的な知識・技能を有する社会福祉士等の養成及び研修の実施を促進する。

●「薬物依存者・高齢犯罪者等の再犯防止緊急対策〜立ち直りに向けた"息の長い"支援につなげるネットワーク構築〜」（平成28年7月12日犯罪対策閣僚会議決定）」より抜粋
　立ち直りに支援を必要とする高齢者・障害者等が，刑事司法のあらゆる段階を通じ，適切な時期に必要な支援を受けられるようにするため，犯罪をした高齢者・障害者等の再犯防止と社会復帰に向けて，福祉サービスや医療等の支援を必要とする者については，警察，検察，矯正，保護といった刑事司法の各段階において，適切にこれら支援を受けることができるよう福祉・医療機関等につなげる取組を推進する。

●「相談支援の質の向上に向けた検討会」における議論のとりまとめ（平成28年7月19日）
相談支援専門員は，障害児者の自立の促進と共生社会の実現に向けた支援を実施するため，ソーシャルワークの担い手としてスキル・知識を高めつつ，インフォーマルサービスを含めた社会資源の改善及び開発，地域のつながりや支援者・住民等との関係構築，生きがいや希望を見出す等の支援を行うことが求められている。

●「ニッポン一億総活躍プラン（平成28年6月2日閣議決定）」
　育児，介護，障害，貧困，さらには育児と介護に同時に直面する家庭など，世帯全体の複合化・複雑化した課題を受け止める，市町村における総合的な相談支援体制作りを進め，2020年〜2025年を目途に全国展開を図る。

●「成年後見制度利用促進基本計画に盛り込むべき事項についての成年後見制度利用促進委員会の意見について（平成29年1月13日）」より抜粋
〈社会福祉士会など福祉関係団体への期待〉
• 社会福祉・ソーシャルワークの理念や技術などに基づく被成年後見人等の意思決定の支援
• 福祉に関する相談の一環として行われる成年後見制度の利用相談，制度や適切な関係機関の紹介
• 地域の協議会等における，日常的な見守りにおけるチームのサポートや，後見の運用方針における専門的な助言等の活動他

## ❑ 社会保障審議会福祉部会福祉人材確保専門委員及び報告書

　社会保障審議会福祉部会福祉人材確保専門委員会（以下，人材確保専門委員会という）は，2016（平成28）年12月以降，計5回にわたって開催された。人材確保専門委員会では，社会福祉士の就労及び業務の現状，福祉人材確保対策検討会における取りまとめ（平成26年10月22日）の内容，社会福祉士を取り巻く状況の変化，社会福祉士の任用・活用の状況等に鑑み，地域共生社会の実現に向けて求められるソーシャルワークの機能やその中で社会福祉士が担うべき役割，多様化・複雑化する地域の課題に対応できる実践力の強化のための方策等について議論が行われた。

　人材確保専門委員会での議論を踏まえ，「ソーシャルワーク専門職である社会福祉士に求められる役割等について」（平成30年3月27日社会保障審議会福祉部会福祉人材確保専門委員会報告書，以下，報告書）がまとめられた。

　ソーシャルワークの機能の定義や概念には，たとえば，権利擁護・代弁・エンパワメント，支持・援助，仲介・調整・組織化，社会資源開発・社会開発等があるが，今回の見直しにあたっては，それらの機能に関する定義や概念を踏まえつつ，地域共生の推進という社会的要請に応えることを念頭に置き，「①複合化・複雑化した課題を受け止める多機関の協働による包括的な相談支援体制を構築するために求められるソーシャルワークの機能」，ならびに，「②地域住民等が主体的に地域課題を把握し，解決を試みる体制を構築するために求められるソーシャルワークの機能」，の2つに分類し，それぞれが相互に補完・強化し合って発揮されることを想定した形となっている（**資料1 -3**）。

　また，社会福祉士には，地域住民に伴走しつつ，「地域住民等と信頼関係を築き，他の専門職や関係者と協働し，地域のアセスメントを行う」，「地域住民が自分の強みに気づき，前向きな気持ちややる気を引き出すためのエンパワメントを支援し，強みを発揮する場面や活動の機会を発見・創出する」，「グループ・組織等の立ち上げや立ち上げ後の支援，拠点となる場づくり，ネットワーキングなどを通じて地域住民の活動支援や関係者との連絡調整を行う」などの役割を果たすことが期待された。

　さらに，社会福祉士には，個別の相談援助のほか，自殺防止対策，成年後見制度の利用支援，虐待防止対策，矯正施設退所者の地域定着支援，依存症対策，社会的孤立や排除への対応，災害時の支援，多文化共生など，幅広いニーズに対応するとともに，教育分野におけるス

資料 1 - 3　社会福祉士に求められるソーシャルワークの機能

【複合化・複雑化した課題を受け止める多機関の協働による包括的な相談支援体制を構築するために求められるソーシャルワークの機能】
- 地域において支援が必要な個人や世帯及び表出されていないニーズの発見
- 地域全体で解決が求められている課題の発見
- 相談者が抱える課題を包括的に理解するための社会的・心理的・身体的・経済的・文化的側面のアセスメント
- 相談者個人，世帯並びに個人と世帯を取り巻く集団や地域のアセスメント
- アセスメントを踏まえた課題解決やニーズの充足及び適切な社会資源への仲介・調整
- 相談者個人への支援を中心とした分野横断的な支援体制及び地域づくり
- 必要なサービスや社会資源が存在しない又は機能しない場合における新たな社会資源の開発や施策の改善の提案
- 地域特性，社会資源，地域住民の意識等を把握するための地域アセスメント及び評価
- 地域全体の課題を解決するための業種横断的な社会資源との関係形成及び地域づくり
- 包括的な相談支援体制に求められる価値，知識，技術に関する情報や認識の共有化
- 包括的な相談支援体制を構成するメンバーの組織化及びそれぞれの機能や役割の整理・調整
- 相談者の権利を擁護し，意思を尊重する支援や方法等の整備
- 包括的な相談支援体制を担う人材の育成に向けた意識の醸成

【地域住民等が主体的に地域課題を把握し，解決を試みる体制を構築するために求められるソーシャルワークの機能】
- 潜在的なニーズを抱える人の把握，発見
- ソーシャルワーカー自身が地域社会の一員であるということの意識化と実践化
- 地域特性，社会資源，地域住民の意識等の把握
- 個人，世帯，地域の福祉課題に対する関心や問題意識の醸成，理解の促進，福祉課題の普遍化
- 地域住民が支え手と受け手に分かれることなく役割を担うという意識の醸成と機会の創出
- 地域住民のエンパワメント（住民が自身の強みや力に気付き，発揮することへの支援）
- 住民主体の地域課題解決体制の立ち上げ支援並びに立ち上げ後の運営等の助言・支援
- 住民主体の地域課題解決体制を構成するメンバーとなる住民や団体等の間の連絡・調整
- 地域住民や地域の公私の社会資源との関係形成
- 見守りの仕組みや新たな社会資源をつくるための提案
- 「包括的な相談支援体制」と「住民主体の地域課題解決体制」との関係性や役割等に関する理解の促進

クールソーシャルワークなど，様々な分野においてソーシャルワークの機能を発揮していく役割を果たすことが求められることとなった。

## ☐ 2020年養成課程における教育内容

　報告書の指摘及び2007（平成19）年度に行われたカリキュラム改正以降の社会状況の変化や法制度の創設等を踏まえ，教育内容を充実するとともに，ソーシャルワーク機能を発揮できる実践能力を習得できる内容とするための見直しが行われた。教育内容は**表 1 - 2**のようになった。

　養成課程の見直しにおいては，これまで科目名や教育に含むべき事項等において「相談援助」という表現が使用されていたものが「ソーシャルワーク」に変更された。その背景には，科目を読み替えする場合の表現として「相談援助」を「ソーシャルワーク」として使用しており，社会福祉士を養成している教育現場等においても，広く「ソーシャルワーク」という表現が使用されていると認識されてきたという

表 1 - 2　社会福祉士養成課程の教育内容（2021年 4 月入学から）

| | 一般養成<br>（時間数） | 短期養成<br>（時間数） | 大学等<br>指定科目 | 大学等<br>基礎科目 |
|---|---|---|---|---|
| ❶医学概論 | 30 | | ○ | ○ |
| ❷心理学と心理的支援 | 30 | | ○ | ○ |
| ❸社会学と社会システム | 30 | | ○ | ○ |
| ❹社会福祉の原理と政策 | 60 | 60 | ○ | |
| ❺社会福祉調査の基礎 | 30 | | ○ | ○ |
| ❻ソーシャルワークの基盤と専門職 | 30 | | ○ | ○ |
| ⑦ソーシャルワークの基盤と専門職（専門） | 30 | | ○ | ○ |
| ❽ソーシャルワークの理論と方法 | 60 | 60 | ○ | |
| ⑨ソーシャルワークの理論と方法（専門） | 60 | 60 | ○ | |
| ⑩地域福祉と包括的支援体制 | 60 | 60 | ○ | |
| ⑪福祉サービスの組織と経営 | 30 | | ○ | ○ |
| ⑫社会保障 | 60 | | ○ | ○ |
| ⑬高齢者福祉 | 30 | | ○ | ○ |
| ⑭障害者福祉 | 30 | | ○ | ○ |
| ⑮児童・家庭福祉 | 30 | | ○ | ○ |
| ⑯貧困に対する支援 | 30 | | ○ | ○ |
| ⑰保健医療と福祉 | 30 | | ○ | ○ |
| ⑱権利擁護を支える法制度 | 30 | | ○ | ○ |
| ⑲刑事司法と福祉 | 30 | | ○ | ○ |
| ⑳ソーシャルワーク演習 | 30 | 30 | ○ | |
| ㉑ソーシャルワーク演習（専門） | 120 | 120 | ○ | |
| ㉒ソーシャルワーク実習指導 | 90 | 90 | ○ | |
| ㉓ソーシャルワーク実習 | 240 | 240 | ○ | |
| 合　計 | 1,200 | 720 | 23科目 | 15科目 |

注：数字白ヌキは精神保健福祉士との共通科目。
出所：厚生労働省（2019）「社会福祉士養成課程における教育内容等の見直しについて」
　　　（https://www.mhlw.go.jp/content/000523365.pdf）（2020.11.5）を一部加工.

事実がある。また，報告書においても「相談援助」に代えて「ソーシャルワーク」という表現を用いて社会福祉士のあり方等の提言を行っていることから，科目の名称に「ソーシャルワーク」という表現を用いることになった。なお，今回は社会福祉士及び介護福祉士法の改正は行われていないため，社会福祉士及び介護福祉士法第 2 条第 1 項に規定する社会福祉士の業を総称する「相談援助」については従前のとおりである。

　また実習に関しては，報告書の提言を踏まえ，地域における多様な福祉ニーズや多職種・多機関協働，社会資源の開発等の実態を学ぶことができるよう，今回の見直しにおいて，実習の教育内容を見直すとともに，実習時間数を180時間から240時間に拡充された。

# ④ 社会福祉士の専門性

## 🔲 専門職の概念

　ソーシャルワークに関する専門職論は，歴史的に見ても国内外で様々な論議が展開されてきた。ソーシャルワーカーが専門職業として成立するかどうかという問題については，特にアメリカで盛んに論じられてきている。そして，フレックスナー（Flexner, A.），グリーンウッド（Greenwood, E.），ミラーソン（Millerson, G.）などによる専門職の概念については，日本の社会福祉専門職の研究や養成教育および社会福祉行政に影響を与えた。秋山は，専門職の研究の中には「専門性」「専門職性」「専門職制度」の三概念が混在していると指摘し，専門性を「学問・研究レベル」，専門職性を「職業レベル」，専門職制度を「制度・システムレベル」の概念としてそれぞれ整理した。[16]

　社会福祉士の専門性について述べるとするならば，国家資格が「国の法律に基づいて，各種分野における個人の能力，知識が判定され，特定の職業に従事すると証明される資格」であること，並びに，福祉人材確保専門委員会報告書の名称が「ソーシャルワーク専門職である社会福祉士」とされたことに鑑みると，職業レベルでの専門職性に該当する内容を理解することが妥当である（専門職については，本書第6章を参照）。

　本節では，一部論者による専門職の構成要素を踏まえ，ソーシャルワーク専門職である社会福祉士の専門性について概観する。

## 🔲 ソーシャルワークの定義や機能からみた専門性

　ソーシャルワークの定義についてはいくつかの団体や組織が示しているが，国際的な合意に基づく標準的といえる定義は，2014年に国際ソーシャルワーカー連盟（IFSW）と国際ソーシャルワーク学校連盟（IASSW）の総会・合同会議で採択された「ソーシャルワーク専門職のグローバル定義（以下，グローバル定義）」である。グローバル定義は，ソーシャルワーク専門職としての実践の基盤や拠り所となるものであり，進むべき道を示している。

　グローバル定義には，IFSW と IASSW による「注釈」が付され，ソーシャルワーク専門職の中核となる①任務，②原則，③知，④実践，について詳述されている（表1-3）。グローバル定義を踏まえると，

**➡ IFSW（International Federation of Social Workers）**

ソーシャルワーカーの世界規模の組織。ソーシャルワーク，国際協力の促進等を通して，社会正義や人権，社会開発を目指している。

**➡ IASSW（International Association of School of Social Work）**

ソーシャルワークの学校と教育者で構成される世界規模の組織。

表1-3　ソーシャルワーク専門職のグローバル定義の主要な要素

| ①任　務 | ②原則（原理） | ③知 | ④実　践 |
|---|---|---|---|
| ・社会変革<br>・社会開発<br>・社会的結束<br>・エンパワメントと解放 | ・社会正義<br>・人権<br>・集団的責任<br>・多様性尊重 | ・ソーシャルワークの理論<br>・社会科学<br>・人文学<br>・地域-民族固有の知 | 生活課題に取り組みウェルビーイングを高めるよう人々やさまざまな構造に働きかけ |

表に示した通り，これらの要素を有し，実践することがソーシャルワーカーの専門性として理解できる（グローバル定義とソーシャルワークの専門性については，本書第3章第1節を参照）。

　そして，ソーシャルワーカーがクライエントや社会のウェルビーイングを実現し，関係者と連携しながら社会生活上の問題や社会の諸問題を解決するためには，価値基準，知識，スキルを統合的かつ適切に活用し，実施する能力，いわゆる「**コンピテンシー**」が求められる。コンピテンシーは，ソーシャルワーカーの専門性を示すものとして理解が必要である。ピーダースン（Pedersen, P.）は，多文化社会に必要なコンピテンスとして「気づき（awareness）」「知識（knowledge）」「スキル（skills）」の3領域を指摘している。アメリカではCSWEがソーシャルワーク教育のカリキュラム内容とソーシャルワーカー養成機関の認定を行っており，EPASにおいてカリキュラムの内容を規定し，開設する学校は示されたコンピテンシーを学生が獲得できるカリキュラムや体制を整備することが求められる。コンピテンシーを明確に設定して教育を展開するということは，養成課程修了後または卒業時に何ができるようになるかを想定して教育を行うことを意味している。

　また，ソーシャルワークの機能と役割の観点から見ると，ソーシャルワーカーは，価値基準に基づき，知識や技術を適切に活用して機能を遂行し，クライエント・システムからの求めや所属組織の割り当て（職務）によって決められた役目・任務を果たすことが求められている。養成課程を経てソーシャルワーク専門職として実践するということは，設定された機能を発揮し役割を果たす状態にあるということを意味していることから，ソーシャルワーカーの専門性を表すものとして理解しておく必要がある。なお，福祉人材確保専門委員会報告書で示された社会福祉士に期待される2つの機能（①複合化・複雑化した課題を受け止める多機関の協働による包括的な相談支援体制を構築するために求められるソーシャルワークの機能，②地域住民等が主体的に地域課題を把握し，解決を試みる体制を構築するために求められるソーシャルワークの機能）を発揮することも，社会福祉士の専門性として理解することができる。

**▶コンピテンシー**

ソーシャルワークの価値基準や理念，原則を基盤として実践する行動特性・能力特性のことを指す。辞書的には，能力や有能さを意味している。

**▶CSWE（Council on Social Work Education）**

ソーシャルワーク教育協議会。アメリカのソーシャルワーク教育を代表する全国組織。ソーシャルワーク学部（大学）と大学院（修士課程）の教育プログラムの認定を行っている。

**▶ EPAS（Education Policy and Accreditation Standards）**

教育方針および認定基準。CSWEによって定められたものであり，ソーシャルワークの教育方針と認定基準の項目で構成されている。

## ❏ 社会福祉士の職業的専門性の概念

### ①　仲村優一による定義

仲村は，「社会福祉士は専門職としてのソーシャルワーカーである」というときの「専門職」の解釈にあたり，前述した「東京都における社会福祉専門職制度のあり方に関する中間答申」で引用されたミラーソンの専門職（プロフェッション）の概念ならびに他の論者の概念を踏まえ，共通に含まれている専門職の視点の特徴点として以下の6点を挙げている。[19]

- 専門職とは，科学的理論に基づく専門の技術の体系をもつものであること
- その技術を得るためには，一定の教育と訓練が必要であること
- 専門職員（プロフェッショナル）になるには，一定のテストに合格して能力（コンピテンス）が実証されなければならないこと
- 行動の指針である倫理綱領を守ることによって，その統一性が保たれること
- 専門職員のサービスは，公衆の福祉に資するものでなければならないこと
- 専門職はその職が組織化されていること

### ②　京極高宣による定義

京極は，ソーシャルワーカーの職業的専門性（ソーシャルワークの専門性）として，少なくとも，①職業的倫理，②職業的専門知識，③職業的専門技術の3つの要素から構成されると述べ，**図1-2**のように，社会福祉士の職業倫理と専門性の構造の特徴を示した。[20]

### ③　秋山智久による定義

秋山は，フレックスナー，グリーンウッド，ミラーソンによる専門職の条件を検討して平均的な要因を抽出し，社会福祉専門職の条件として，(1)体系的な理論，(2)伝達可能な技術，(3)公共の関心と福祉という目的，(4)専門職の組織化（専門職団体），(5)倫理綱領，(6)テストか学歴に基づく社会的承認，の6点を挙げている。[21]

## ❏ 認定社会福祉士及び認定上級社会福祉士➡

これらの資格の導入の経緯を説明しておく。

まず，社会保障審議会福祉部会の「介護福祉士制度及び社会福祉士制度の在り方に関する意見（2006年12月）」のなかで，「社会福祉士の任用・活用の在り方」の一つに，職能団体として「資格取得後の体系的な研修制度の一層の充実を図るとともに，より専門的な知識及び技能を有する社会福祉士を専門社会福祉士（仮称）として認定する仕組

➡**認定社会福祉士**

社会福祉士及び介護福祉士法第2条第1項に定める相談援助を行う者であって，所属組織を中心にした分野における福祉課題に対し，倫理綱領に基づき高度な専門知識と熟練した技術を用いて個別支援，他職種連携及び地域福祉の増進を行うことができる能力を有することを認められた者（認定社会福祉士認定規則第2条）。

➡**認定上級社会福祉士**

社会福祉士及び介護福祉士法第2条第1項に定める相談援助を行う者であって，福祉についての高度な知識と卓越した技術を用いて，倫理綱領に基づく高い倫理観をもって個別支援，連携・調整及び地域福祉の増進等に関して質の高い業務を実践するとともに，人材育成において他の社会福祉士に対する指導的役割を果たし，かつ実践の科学化を行うことができる能力を有することを認められた者（認定社会福祉士認定規則第3条）。

**図1-2　社会福祉士の職業倫理と専門性**

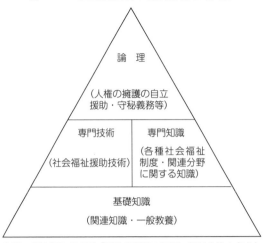

論　理

（人権の擁護の自立
援助・守秘義務等）

専門技術

（社会福祉援助技術）

専門知識

（各種社会福祉
制度・関連分野
に関する知識）

基礎知識

（関連知識・一般教養）

出所：京極高宣（1987）『福祉専門職の展望　福祉士法の成立と
今後』全国社会福祉協議会, 107.

みの検討を行うべきである」と指摘した。

　次に2007年の「社会福祉士及び介護福祉士法」の一部改正の際，「より専門的対応ができる人材を育成するため，専門社会福祉士及び専門介護福祉士の仕組みについて早急に検討を行う」ことが，参議院・衆議院（2007年4月・2007年11月）において附帯決議されたことに基づき導入が検討された。

　そして2011年10月30日，認定社会福祉士制度を運用する組織として，「認定社会福祉士認証・認定機構」が設立され，認定社会福祉士制度が開始した。本制度は，2006（平成18）年12月，社会福祉審議会福祉部会報告書において，職能団体が取り組むこととして「資格取得後の体系的な研修制度の充実や，より専門的な知識及び技能を有する社会福祉士を専門社会福祉士（仮称）として認定する仕組みの検討」が示された。そして，社会福祉士及び介護福祉士法改正法成立時に，衆議員・参議院において「より専門的対応ができる人材を育成するため，専門社会福祉士及び専門介護福祉士の仕組みについて早急に検討を行う」ことが附帯決議された。本資格は，社会福祉士の実践力を担保する初めての民間認定資格となる。

　本制度は，「認定社会福祉士」と「認定上級社会福祉士」の2つ資格がある。**表1-4**は，それぞれの具体的な活動場面や役割のイメージをまとめたものである。なお，認定社会福祉士は分野ごとの認定となる。

　認定社会福祉士制度は，「ソーシャルワーク専門職である社会福祉士に求められる役割等について」において，「社会状況の変化やニー

表 1 - 4　具体的な活動場面や役割のイメージ

|  | 認定社会福祉士（○○分野） | 認定上級社会福祉士 |
|---|---|---|
| 活動 | ①所属組織における相談援助部門で，リーダーシップを発揮<br>②高齢者福祉，医療など，各分野の専門的な支援方法や制度に精通し，他職種と連携して，複雑な生活課題のある利用者に対しても，的確な相談援助を実践 | ①所属組織とともに，地域（地域包括支援センター運営協議会，障害者自立支援協議会，要保護児童対策協議会等）で活動<br>②関係機関と協働し，地域における権利擁護のしくみづくりや新たなサービスを開発<br>③体系的な理論と臨床経験に基づき人材を育成・指導 |
| 役割 | ①複数の課題のあるケースへの対応<br>②職場内のリーダーシップ，実習指導<br>③地域や外部機関との窓口，緊急対応，苦情対応<br>④他職種連携，職場内コーディネートなど | ①指導・スーパービジョンの実施<br>②苦情解決，リスクマネジメントなど組織のシステムづくり<br>③地域の機関間連携のシステムづくり，福祉政策形成への関与<br>④科学的根拠に基づく実践の指導，実践の検証や根拠の蓄積 |
| 分野 | 高齢分野，障害分野，児童・家庭分野，医療分野，地域社会・多文化分野 | 自らの実践に加え，複数の分野にまたがる地域の課題について実践・連携・教育 |

出所：認定社会福祉士認証・認定機構ウェブサイト．

ズの多様化・複雑化に伴い，社会福祉士の活躍の分野は拡がってきており，実践力を向上させていくためには，資格取得後の不断の自己研鑽が必要である。一方で，社会福祉士は，同一の職場に配置される人数が少ないため，**OJT**➡が難しいという実態もある。この点も含めて，職能団体が中心となって取り組んでいる認定社会福祉士制度を活用することが考えられる。」とし，個人としての実践のみならず，**スーパーバイザー**➡としての機能を発揮することが期待されている。

➡ **OJT (On the Job Training)**
職場で実際の仕事を通じて知識や技術などを教えるトレーニング手法，教育手法のこと。

➡**スーパーバイザー**
監督者や管理職のことを意味しており，経験や訓練を積んだ立場の職員がスーパービジョンが必要な職員に対して，支持的，教育的管理的な観点から教育，育成する役割を担っている。

○**注**───────

(1)　社会福祉振興・試験センター（2015）「平成27年度社会福祉士・介護福祉士就労状況調査結果」．
(2)　厚生労働省社会・援護局調べ（2016年10月 1 日時点）．
(3)　日本社会福祉士会調査（2016年10月現在日本社会福祉士会調べ）．
(4)　厚生労働省社会・援護局調べ（2017年 4 月 1 日時点）．
(5)　文部科学省初等中等教育局調べ．
(6)　法務省矯正局調べ（非常勤の社会福祉士の人数）．
(7)　黒木利克・仲村優一（2002）「社会福祉主事誕生前夜（対談）」『仲村優一社会福祉著作集第六巻　社会福祉教育・専門職論』旬報社，177.
(8)　秋山智久（2007）『社会福祉専門職の研究』ミネルヴァ書房，25.
(9)　仲村優一（2002）『仲村優一社会福祉著作集第六巻　社会福祉教育・専門職論』旬報社，251.
(10)　(8)と同じ，27.
(11)　中央社会福祉審議会職員問題専門分科会起草委員会（1971）「社会福祉専門職員の充実強化方策としての『社会福祉士法』制定試案」．
(12)　(9)と同じ，19.
(13)　同前書．

⑭　京極高宣（1987）『福祉専門職の展望　福祉士法の成立と今後』全国社会福祉協議会，130.

⑮　同前書.

⑯　(8)と同じ，107.

⑰　Pedersen, P. Brislin, R. W. & Yoshida, T.（eds.）（1994）*Improving Intercultural Interactions: Modules for Cross-cultural Training Programs*, Thousand Oaks, California: Sage.

⑱　Millerson, G.（1964）The Qualifying Associations: a Study in Professionalization: Routledge, 4.

⑲　(9)と同じ，167.

⑳　⑭と同じ，106.

㉑　(9)と同じ，89.

# ■第2章■
# 精神保健福祉士の役割と意義

本章では，1997年に誕生した精神保健福祉士国家資格について，精神保健福祉領域のソーシャルワーカーの国家資格と位置づけた上で，その法的根拠や基盤となる価値と倫理に触れながら解説する。

　第1節では，まず精神保健福祉士法に基づいて精神保健福祉士の定義や位置づけについて解説する。また，精神保健福祉士を任用要件に含む，精神保健福祉相談員や社会復帰調整官などについても紹介する。第2節では，精神保健福祉士国家資格について精神保健福祉行政の変遷と関連づけながら概観する。第3節では，精神保健福祉士養成教育と国家資格取得のプロセスについて紹介する。そして第4節では，専門職としての精神保健福祉士について，職能団体による倫理綱領と業務指針，そして精神保健福祉士法に示された義務と責務などと関連付けながら解説する。

 精神保健福祉士とは

### ❏ 精神保健福祉士の定義

　精神保健福祉士は，1997（平成9）年に成立した精神保健福祉士法により誕生した国家資格である。精神保健福祉士国家試験に合格し，精神保健福祉士登録簿に登録することによって取得することができる。

　精神科病院等の医療施設において医療を受け，また，精神障害者の社会復帰の促進を図ることを目的とする施設を利用する者の社会復帰に関する相談に応じ，助言，指導，日常生活への適応のための相談援助を行う専門職とされ，2010（平成22）年の法改正により，地域相談支援の利用に関する相談に応じることが加えられた。

　精神保健福祉士法第2条には，次のように規定されている。「この法律において「精神保健福祉士」とは，第28条の登録を受け，精神保健福祉士の名称を用いて，精神障害者の保健及び福祉に関する専門的知識及び技術をもって，精神科病院その他の医療施設において精神障害の医療を受け，又は精神障害者の社会復帰の促進を図ることを目的とする施設を利用している者の地域相談支援（障害者の日常生活及び社会生活を総合的に支援するための法律（平成17年法律第123号）第5条第18項に規定する地域相談支援をいう。第41条第1項において同じ。）の利用に関する相談その他の社会復帰に関する相談に応じ，助言，指導，日常生活への適応のために必要な訓練その他の援助を行うこと（以下「相談援助」という。）を業とする者をいう」。

この定義によれば，精神保健福祉士の相談援助の対象は，①**精神科病院**[➡]等に入院している人と，精神科病院や診療所等に通院して医療を受けている人　②障害者の日常生活及び社会生活を総合的に支援するための法律（以下，**障害者総合支援法**[➡]）に定められた事業所を利用している人である。

精神保健福祉士は，これらの人々に対して，「地域相談支援」の利用に関する相談や，その他の社会復帰に関する相談に応じ，助言，指導，日常生活への適応のために必要な訓練その他の援助を行うこととされている。

ここにいう「地域相談支援」とは，障害者総合支援法第5条第18項に規定する「地域相談支援」であり，「地域移行支援」と「地域定着支援」が含まれる。「地域移行支援」の例としては，住居の確保をはじめとして，精神科病院等に入院している人が地域で生活を開始するために必要となる相談や支援を行うものがある。それらは病院内で行われることもあれば，障害福祉サービス事業所等への同行など，病院外で行われることもある。そして「地域定着支援」は，退院後に支援を希望する人に対して，電話等による常時の連絡体制の確保や，緊急時の対応，関係機関との連絡調整や一時的な滞在による支援などを行うものである。

なお，実際の業務では，受診・受療の前後を問わず，精神障害のある人またはその心配のある人の家族の相談・支援にあたることや，住民を対象とする予防啓発に協力することもある。

## ☐ 名称独占と業務独占

国家資格には，法律で有資格者以外はその名称を用いて業務を行うことが認められていない「**名称独占資格**」[1]と有資格者以外が行うことを禁じられている業務を独占的に行うことができる「**業務独占資格**」[2]がある。またそのいずれかにかかわらず，特定の事業を行う場合に法律等で設置が義務づけられている「**必置資格**」[3]がある。

精神保健福祉士については，精神保健福祉士法第2条において「精神保健福祉士の名称を用いて」と明記されていると共に，「（名称の使用制限）第42条　精神保健福祉士でない者は，精神保健福祉士という名称を使用してはならない。」と規定されており，社会福祉士と同様に名称独占資格にあたる。

しかし次に紹介するように，精神保健福祉に関連する法律，診療報酬点数表，施設基準等に，精神保健福祉士の任用等に関連する規定があることによって，実質的には必置資格として位置づけられる場合が

**➡ 精神科病院**

精神病床すなわち精神疾患を有する者を入院させるための病床のみを有する病院を指す。2020年3月末現在，精神科病院は1,055施設，精神科病床は325,634床（厚生労働省「医療施設動態調査」）。2006年に従前の精神病院から精神科病院へと呼称が変更された。

**➡ 障害者総合支援法**

2003（平成15）年に措置制度が，支援費制度に移行した後，2006（平成18）年施行の障害者自立支援法を経て，2013（平成25）年に「障害者の日常生活及び社会生活を総合的に支援するための法律（平成十七年法律第百二十三号）」が施行された。法律の基本的な構造は障害者自立支援法と同じである。法が対象とする障害者の範囲は，身体障害者，知的障害者，精神障害者（発達障害者を含む）の他，新たに難病等が加えられた。

**➡ 名称独占資格**

有資格者のみが，その名称を名乗ることを認められている資格を指す。

**➡ 業務独占資格**

有資格者のみが携わることを認められている業務を独占的に行うことができる資格。

**➡ 精神保健福祉法**

1950（昭和25）年に制定された精神衛生法の改正により，1987（昭和62）年に精神保健法，1995（平成7）年に精神保健及び精神障害者福祉に関する法律（通称，精神保健福祉法）へと改題された。

**➡ 退院後生活環境相談員**

医療保護入院者の退院に向けた相談支援や地域援助事業者等の紹介等を行なう。医療保護入院者1人につき1人の退院後生活環境相談員を入院後7日以内に選任することが，精神科病院の管理者に義務付けられている。

**➡ 精神保健福祉センター**

1965（昭和40）年の精神衛生法改正により，精神衛生行政の第一線機関として位置づけられるようになった保健所を支援・指導するために，各都道府県に設置されることとなった。精神衛生法の改題に伴い，精神保健センターを経て，現在の精神保健福祉センターへと名称変更された。2020（令和2年）4月現在，47都道府県（都は3か所）と20の政令指定都市に必置され，全国に69か所となっている。

**➡ 保健所**

1965（昭和40）年の精神衛生法改正で，精神障害者等に関する相談及び訪問指導が，保健所の業務として強化された。なお保健所法は，平成6（1994）年の改正時に改題され，地域保健法となった。また同年の「地域保健対策の推進に関する基本的指針」の改正で，保健所の管轄地域が二次医療圏又は介護保険事業支援計画に規定する区域とおおむね一致する

ある。

## ☐ 精神保健福祉法における精神保健福祉士の任用に関する規定

2013（平成25）年の「精神保健及び精神障害者福祉に関する法律」（以下，**精神保健福祉法**➡）改正により，医療保護入院者概ね50名につき1名の**退院後生活環境相談員**➡を配置することが義務づけられた。そして精神保健福祉士は，その選任における資格要件の筆頭に挙げられている。[5]

また，精神保健福祉法第48条には，**精神保健福祉センター**➡[6]及び**保健所**➡[7]等に配置され，精神保健及び精神障害者の福祉に関する相談を担う職員として，**精神保健福祉相談員**が明記されている。都道府県や市町村から，その任命を受ける者の有する資格の筆頭には，精神保健福祉士が明記されている。なお精神保健福祉相談員は，精神衛生法の1965（昭和40）年改正時に精神衛生相談員として同法に明記され，法律の名称変更に伴って1987（昭和62）年に精神保健相談員とされ，1995（平成7）年に現在の名称となった。[8]

## ☐ 医療観察法における精神保健福祉士の任用に関する規定

心神喪失等の状態で重大な他害行為を行った者の医療及び観察等に関する法律（以下，**医療観察法**➡）には，精神保健福祉士を任用の要件とする，精神保健参与員（第15条）と社会復帰調整官（第20条）についての規程がある。

**精神保健参与員**➡は，精神保健参与員の関与（第36条）に関する規定に基づき，事前に記録の内容を検討した上で審判期日に出席する他，審理終了後に，最終的な決定内容に関する裁判官及び**精神保健審判員**➡との評議に加わり，処遇の要否とその内容について精神保健福祉の観点から意見を述べる。精神保健福祉士は選任要件の筆頭となっている。[9]

**社会復帰調整官**は，保護観察所に配置され，医療観察法の対象者の社会復帰を支援する。審判の結果，医療観察法の入院による医療の決定を受けた人に対しては，入院期間中から退院後の生活環境の調整を実施する。また，医療観察法の通院による医療の決定を受けた人及び退院を許可された人については，処遇実施計画を作成し，原則として3年間厚生労働大臣が指定した医療機関による医療を受ける間，支援する。精神保健福祉士は，社会復帰調整官の資格要件の筆頭にあげられている。

## ☐ 診療報酬制度における精神保健福祉士の記載

　保険医療機関<sup>(10)</sup>は，診療行為の対価として受け取る医療費の一部を患者から徴収し，残り**は診療報酬**として保険者等に請求する。この診療報酬を算出するために用いる「診療報酬点数表」の中には，算定の要件に精神保健福祉士を含む項目が多数ある。

　たとえば，2020（令和 2）年度の改訂に伴って公表された診療報酬点数表では，「入院生活技能訓練法」「入院集団精神療法」「精神科退院指導料」「精神科退院前訪問指導料」「通院集団精神療法」等に，新たに精神科病棟における多職種・多機関による共同指導等に対する「精神科退院時共同指導料」や通院精神療法の一部としての「療養生活環境整備指導加算」などが追加された。

　また診療行為の中には，保険医療機関が一定の人員や設備等の基準を満たすと共に，その旨を地方厚生局に届け出ることにより算定可能となるものがある。それらの基準すなわち「施設基準」は，診療報酬点数表とは別に厚生労働大臣告示で定められ，通知によって細かい取扱いが示されているが，それらの中にも精神保健福祉士が明記されているものがある。先述の「精神科退院時共同指導料」については「当該保険医療機関内に，専任の精神保健福祉士が 1 名以上配置されていること」とされている。

　また「療養生活環境整備指導加算」については，「ア　当該保険医療機関内に，当該支援・指導に専任の精神保健福祉士が 1 名以上勤務していること。イ　保健師，看護師又は精神保健福祉士が同時に担当する療養生活環境整備支援及び指導の対象患者の数は，1 人につき30人以下であること。」とされている。

---

ことが原則とされ，全国的に保健所と福祉事務所の統合が進んだ。保健所数は1989年度は848か所2020年度は469か所と半減している。

**➡ 精神保健福祉相談員**

1965（昭和40）年の精神衛生法改正により，保健所に精神衛生相談員を配置できることとなった。相談事業や在宅精神障害者とその家族等を対象とする訪問指導を担う。精神衛生法の改題に伴い，精神保健相談員を経て現在の精神保健福祉相談員へと名称変更された。

**➡ 医療観察法**

心神喪失等の状態で重大な他害行為を行った者の医療及び観察等に関する法律を指す。心神喪失又は心神耗弱の状態で，重大な他害行為を行った人に対して，適切な医療を提供し，社会復帰を促進することを目的とする制度。対象となる人の入院や通院を地方裁判所で行われる審判で決定する。審判の結果，医療観察法の入院による医療の決定を受けた人に対しては，厚生労働大臣が指定した医療機関において，専門的な医療の提供が行われる。

**➡ 精神保健参与員**

医療観察法による審判の過程で，必要に応じて精神保健福祉の専門家としての意見を述べる。精神保健福祉士その他の，精神障害者の保健及び福祉に関する専門的知識及び技術を有する者の，名簿の中から選任される。

**➡ 精神保健審判員**

医療観察法による審判の過程で，裁判官とともに合議体を形成し，精神障害者の医療に関する学識経験に基づき意見を述べる。

**➡ 診療報酬**

患者が保険証を提示して医師などから受ける医療行為に対して，医療機関が保険制度から受け取る報酬。その金額は，国によって定められている。診療報酬はいわゆる公定価格であり，通常 2 年に 1 回改定される。

**➡ 社会復帰調整官**

保護観察所に配置され，心神喪失等の状態で重大な他害行為を行った人の社会復帰を促進するために，精神保健福祉その他の専門的知識に基づいて，生活環境の調査，生活環境の調整，精神保健観察，関係機関相互間の連携の確保等にあたる。

精神保健福祉士法成立の背景とその後の変遷

### ❏ 精神科ソーシャルワーカーの誕生とあゆみ

国内では，精神保健福祉士国家資格が創設される以前から，精神障害者を主な支援の対象とするソーシャルワーカーが活動を続けていた。その源流は，1948（昭和23）年に国立国府台病院に初めて2名の「社会事業婦」が配置され，1952（昭和27）年に国府台病院に隣接して開設された国立精神衛生研究所に7名の精神科ソーシャルワーカー（PSW）が採用されたことなどに遡ると言われている。[11][12][13]

その後，精神科ソーシャルワーカーは精神科病院において少しずつ増え，1964年には日本精神医学ソーシャルワーカー協会が設立され，会員数は88名を数えた。翌年には「PSW通信」と機関誌「精神医学ソーシャル・ワーク」を創刊すると共に毎年全国大会を開催し，専門職としての実践を重ねていった。その後国家資格を求める動きもあったが，長らく実現には至らなかった。[14]

### ❏ 精神衛生法1987年改正から精神保健福祉士法成立まで

1984（昭和59）年に，精神科病院における病院職員による患者への暴行をはじめとする，重大な人権侵害が起こっていたことが新聞報道によって明らかとなった。このいわゆる宇都宮病院事件を契機として1987（昭和62）年に「精神衛生法」が改正されることとなり，「精神保健法」へと題名が変更されると共に，次の①〜⑤をはじめとする，主に入院患者の人権擁護と社会復帰に関する事項が明記された。

①精神障害者自らの同意に基づく「任意入院」をはじめとする新たな入院形態，②入院時の告知，③患者の処遇等，④精神医療審査会，⑤精神保健指定医，⑤精神病院等に対する監督規定，⑥精神障害者社会復帰施設の設置。

5年後の1993（平成5）年の改正では，精神障害者地域生活援助事業（グループホーム）の法定化，精神障害者社会復帰促進センター創設，保護義務者を保護者とする名称変更等が行われた。

この年から翌年にかけては，精神保健福祉施策に大きな影響を与える法改正等が続いた。まず1993（平成5）年に実施されたのが，「心身障害者対策基本法」の改正である。これにより同法の題名は「障害者基本法」に改められ，それまで身体障害と知的障害のみとされてきた，[15]

障害者の定義に精神障害が加えられることになった。この改正が，精神障害者に対する福祉施策の充実化に与えた影響は大きいといえる。

続く1994（平成6）年7月には，「保健所法」が改正され，「地域保健法」と改題された。これにより，国や都道府県及び市町村の役割分担をなど，地域保健対策の枠組みが抜本的に見直され，地域精神保健の充実化が求められることとなった。

1995（平成7）年5月には「障害者基本法」を受けて，「精神保健法」の改正が行われ，その題名は「精神保健及び精神障害者福祉に関する法律」いわゆる精神保健福祉法となった。この改正では，福祉サービスの充実化を図るために，**精神障害者保健福祉手帳制度**➡️が創設された。

また社会復帰施設として，精神障害者生活訓練施設（援護寮），授産施設，福祉ホーム，福祉工場が法律上明記され，通院患者リハビリテーション事業（精神障害者社会適応訓練事業）も法定化された。この他にも，精神保健指定医制度の充実化や医療保護入院時の告知義務の徹底化をはじめとする，より良い精神医療の確保に関する事項が定められた。

同年12月には「障害者プラン」として，1996（平成8）年から2002（平成14）年度までの7か年計画が策定された。このプランには，関係省庁の施策が横断的に記載されると共に，具体的な数値目標を含む政策目標が明記された。

1996（平成8）年7月には，障害者施策の総合的推進を図るために，厚生省内の組織体制の整備が行われた。これにより，それまでの3局3課（保健医療局精神保健課，社会・援護局更生課，児童家庭局障害福祉課）にわたっていた障害者福祉にかかわる部署は一元化されて，大臣官房に「企画課」「障害福祉課」「精神保健福祉課」からなる「障害保健福祉部」が設置された。この組織改編は，精神障害者を身体障害者や知的障害者と等しく「障害者」として位置づけ，障害者福祉を一元的に捉えた上で，その向上を目指す実務的な取り組みを後押しするものとなった。

## 精神保健福祉士法の成立

前述のように，精神障害者の人権に配慮した適正な医療及び保護や社会復帰の促進について，組織体制や施策に関する法改正が次々と進められる中で，それらを踏まえて実際に精神障害者の支援にあたる人材の充実化が迫られることとなった。

精神障害者の支援にあたるソーシャルワーカーの資格化については，

➡️ **精神障害者保健福祉手帳制度**

精神障害者（知的障害者を除く）は，厚生労働省令で定める書類を添えて，その居住地（居住地を有しないときは，その現在地）の都道府県知事に交付を申請することができる。各自治体によって，また等級により異なる場合があるが，障害者雇用，自動車税などの軽減，公共料金の割引サービス等の対象となる。二年ごとの更新手続きが必要である。手帳の表紙には「障害者手帳」とのみ表記されている。なお，当初は当事者らの要望を踏まえて写真貼付の義務づけはなかったが，各種料金減免等の際の本人確認のために必要であるとの理由などから，2006（平成18）年の精神保健福祉法改正により，原則義務づけられることとなった。

1987（昭和62）年の精神衛生法改正時には，精神科ソーシャルワーカー等のマンパワーの充実を図る旨の付帯決議が，そして1993（平成5）年の精神保健法改正では，精神科ソーシャルワーカーの国家資格制度の創設について検討する旨の付帯決議が，衆参両院でなされ，公衆衛生審議会からも数度に亘りその必要性が指摘された。[16]

そして1997（平成9）年12月12日に精神保健福祉士法が成立し，1998（平成10）年4月1日に施行され，[17]国家資格である精神保健福祉士が誕生することとなった。

## □ 精神保健福祉士法制定後の精神保健福祉施策の動き

精神保健福祉士法制定後も，精神保健福祉法の改正をはじめ，精神障害者をとりまく法制度の改正は続いた。

1999（平成11）年の精神保健福祉法改正では，医療保護入院・応急入院のための移送制度創設，保護者の自傷他害防止監督義務の廃止，精神障害者地域生活支援センターの法定化等が行われた。この他，在宅福祉事業として従来の精神障害者地域生活援助事業（グループホーム）に，精神障害者短期入所事業（ショートステイ）と精神障害者居宅介護等事業（ホームヘルプ）が加えられた。

また，福祉サービスの利用に関する相談・援助の窓口，精神障害者保健福祉手帳や通院医療公費負担の申請の窓口は，市町村に移管されることとなった。

2001（平成13）年1月には，省庁再編に伴って厚生省と労働省が統合して厚生労働省が設置された。これに伴って，それまで大臣官房にあった障害保健福祉部は社会・援護局の中に置かれることとなった。

2003（平成15）年には，「医療観察法」が成立し，2005（平成17）年7月15日に施行された。これは，心神喪失又は心神耗弱すなわち精神障害のために善悪の区別がつかないなど，刑事責任を問えない状態で，重大な他害行為（殺人，放火，強盗，強姦，強制わいせつ，傷害）を行った人に対して，適切な医療を提供し，社会復帰を促進することを目的とするものである。同法では，社会復帰調整官を保護観察所に置くことが定められた。

2002（平成14）年には，平成15年度を初年度とする新障害者基本計画とその重点施策実施5か年計画（新障害者プラン）が策定された。その中には，条件が整えば退院可能とされる約7万2千人の入院患者について，10年間で退院・社会復帰を目指すといった内容が含まれていた。

2004（平成16）年9月には，精神保健福祉対策本部報告「精神保

医療福祉の改革ビジョン」が示された。これは，「入院医療中心から地域生活中心へ」という基本的な方策を進めるために，①国民の理解の深化，②精神医療の改革，③地域生活支援の強化を今後10年間で進め，約7万床の精神病床の削減を促すことを骨子として，具体的な数値目標が掲げられた。同年10月には，厚生労働省障害保健福祉部から「今後の障害保健福祉施策について（改革のグランドデザイン案）」が示された。

　また，同年12月には，発達障害者支援法が成立し，翌2005（平成17）年4月から施行された。

　2005（平成17）年10月には，前年の「今後の障害保健福祉施策について（改革のグランドデザイン案）」に基づき，障害者自立支援法が成立した。これは，身体，知的，精神といった障害の種別に関わらず，障害者の自立支援を目的とした共通の福祉サービスを共通の制度により提供しようとするものであった。そして，それまで都道府県と市町村に分立していたサービスの提供主体を市町村に一元化するものでもあった。

　また同年には，精神保健福祉法改正も行われ，それまで精神障害者の通院医療の継続を経済的側面から支えてきた「通院医療公費負担制度（第32条〜第32条の4）」は削除され，同じく同年に制定された障害者自立支援法において自立支援医療として規定されることとなった。また，「精神障害者居宅生活支援事業第50条の3〜第50条の3の4（ホームヘルプサービス，ショートステイ，グループホーム）」「精神障害者社会復帰施設（第50条〜第50条の2の5）」も削除され，障害者自立支援法において障害福祉サービス等として規定されることになった。

　この他，定期病状報告の頻度や様式の見直し等をはじめとする精神科病院等に対する指導監督体制の見直しや，精神科救急医療体制の確立に向けた法的整備，任意入院患者の適切な処置の確保，市町村における相談体制の強化等の改正が行われた。なお，この改正によって，精神保健福祉法における精神障害者の定義規程の「精神分裂病」という用語が「統合失調症」に変更された。

　2006（平成18）年4月には，前年に制定された障害者自立支援法が一部施行，10月に全面施行されたが，利用者への応益負担の導入や事業者への報酬の日払い方式の導入など，様々な問題点が指摘され，12月には「特別対策」が，翌年の12月には「緊急措置」が講じられた。

## ☐ 精神保健福祉士法2010年改正とその背景

　先のような状況のもとで，2008（平成20）年4月には，社会保障審

議会障害者部会において，障害者自立支援法の施行後3年の見直しについての検討が行われ，12月16日に「社会保障審議会障害者部会報告〜障害者自立支援法施行後3年の見直しについて〜」としてとりまとめられた。精神保健福祉士については，「Ⅶ-6精神保健福祉施策の見直し」に次のような記載がある。[18]

> （精神保健福祉士の養成の在り方等の見直しについて）
> ○精神障害者の地域生活の支援を担うという役割の明確化，資格取得後の資質向上の責務の明確化をはじめ，制度上の対応を図るべきである。また，質の高い精神保健福祉士の養成のためのカリキュラムの見直しについて引き続き検討すべきである。

この翌年2009（平成21）年3月に「障害者自立支援法等の一部を改正する法律案」が国会提出されたが，7月の衆議院解散に伴い廃案となった。

その後，調整が重ねられ，2010（平成22）年12月3日に「障がい者制度改革推進本部等における検討を踏まえて障害保健福祉施策を見直すまでの間において障害者等の地域生活を支援するための関係法律の整備に関する法律」が成立した。

このいわゆるつなぎ法によって，障害者自立支援法の他，児童福祉法，精神保健及び精神障害者福祉に関する法律，精神保健福祉士法，社会福祉法社会福祉士及び介護福祉士法などが改正された。

このつなぎ法[19]による精神保健福祉士法の改正は，2010（平成22）に行われ，2012（平成24）年4月1日に施行された。

その内容のうち，精神保健福祉士のあり方に直接関わるものは，次の4点である。

①　精神保健福祉士の定義に，「地域相談支援の利用に関する相談その他」が加えられ，精神障害者の地域生活の支援を担う者であることが明示されたこと。

②　「連携等」の範囲が，従来の「医師その他の医療関係者」から「保健医療サービス，障害者の日常生活及び社会生活を総合的に支援するための法律第5条第1項に規定する障害福祉サービス，地域相談支援に関するサービスその他のサービスを提供する者その他の関係者等」へと拡大されたこと。

③　新たに「誠実義務」が追加されたこと。

④　新たに「資質向上の責務」が追加されたこと。

精神保健福祉士養成課程と国家試験

### 資格取得方法とルート

　2020年3月末日現在，精神保健福祉士の登録者数は89,121名となっている[20]。1999年1月の第1回精神保健福祉士国家試験以降，1年に1回実施され，2020年2月1日〜2日に行われた第22回国家試験では4,119名が合格した。

　国家試験を受験するためには，保健福祉系四年制大学等において指定科目を全て履修して卒業すること（第3条第1号）をはじめとして，精神保健福祉士法第7条の第1〜11号のいずれかに該当する形で，受験資格を満たす必要がある。これらを資格取得ルート図として表したものが**図2-1**である。2020（令和2）年4月1日現在，短期養成施設は27か所[21]，一般養成施設は30か所[22]が設置されている。

　国家試験の実施に関する事務はすべて，第10条に定められた指定試験機関である社会福祉振興・試験センターが行っている。同センターは，社会福祉士国家試験，介護福祉士国家試験の指定試験機関でもあり，同センターのホームページ（http://www.sssc.or.jp/index.html）には，それぞれの資格についての受験資格，試験概要，受験申込手続き，出題基準・合格基準，過去の試験問題その他の最新情報が掲載されている。

　なお，精神保健福祉士法には，公務員や他の国家資格と同様に**欠格条項**➡が設けられている。従前の規程では，成年被後見人及び被保佐人は精神保健福祉士となることができないとされ（第3条第1項），また精神保健福祉士が成年被後見人及び被保佐人に該当する場合には，登録が取り消されることとなっていた（第32条第1号）。

　しかしこうした規定は，人権侵害にあたるとの批判があり，2019（令和元）年に，「成年被後見人等の権利の制限に係る措置の適正化等を図るための関係法律の整備に関する法律」の公布に伴ない，成年被後見人及び被保佐人を一律に排除する規程が改められた。

### 精神保健福祉士養成課程のカリキュラム

　先の図2-1のいずれのルートを経る場合においても，受験資格を得ようとする場合は，**表2-1**に示された精神保健福祉士養成科目を履修することとなる。

➡ 欠格条項

資格，職種等から除外される条件を定める規定。精神保健福祉士法には次の定めがある。
第3条　次の各号のいずれかに該当する者は，精神保健福祉士となることができない。
1　心身の故障により精神保健福祉士の業務を適正に行うことができない者として厚生労働省令で定めるもの
2　禁錮以上の刑に処せられ，その執行を終わり，又は執行を受けることがなくなった日から起算して二年を経過しない者
3　この法律の規定その他精神障害者の保健又は福祉に関する法律の規定であって政令で定めるものにより，罰金の刑に処せられ，その執行を終わり，又は執行を受けることがなくなった日から起算して二年を経過しない者
4　第32条第1項第2号又は第2項の規定により登録を取り消され，その取消しの日から起算して二年を経過しない者

図 2-1　精神保健福祉士国家試験受験資格（資格取得ルート図）

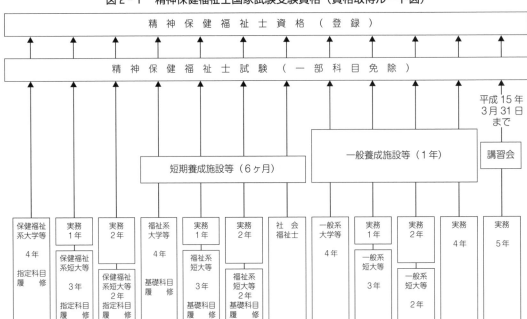

出所：厚生労働省「資格取得方法」（https://www.mhlw.go.jp/file/06-Seisakujouhou-12200000-Shakaiengokyokushougaihokenfuk
　　　ushibu/syutokuhouhou.pdf）（2020. 4. 8）.

　　養成課程のカリキュラムは2020年に改訂され，精神保健福祉士養成
科目は，2021年度入学生より，講義科目18科目と演習科目2科目，実
習科目2科目となった。
　　なお，2020年のカリキュラムの見直し[23]では，精神保健福祉士と社会
福祉士は共にソーシャルワーク専門職であることを踏まえて，社会福
祉士養成課程共通科目が従前の11科目から上記の13科目へと拡大され
た。表 2-1 の①～⑩，⑬，⑮，⑲の13科目がこれにあたる。

表2-1　精神保健福祉士養成課程の教育内容（2021年4月入学から）

| 【見直し後】<br>精神保健福祉士養成科目 | 一般養成<br>（時間数） | 短期養成<br>（時間数） | 大学等 | |
| --- | --- | --- | --- | --- |
| | | | 指定科目 | 基礎科目 |
| ❶医学概論 | 30 | | ○ | ○ |
| ❷心理学と心理的支援 | 30 | | ○ | ○ |
| ❸社会学と社会システム | 30 | | ○ | ○ |
| ❹社会福祉の原理と政策 | 60 | | ○ | ○ |
| ❺地域福祉と包括的支援体制 | 60 | | ○ | ○ |
| ❻社会保障 | 60 | | ○ | ○ |
| ❼障害者福祉 | 30 | | ○ | ○ |
| ❽権利擁護を支える法制度 | 30 | | ○ | ○ |
| ❾刑事司法と福祉 | 30 | | ○ | ○ |
| ❿社会福祉調査の基礎 | 30 | | ○ | ○ |
| ⑪精神医学と精神医療 | 60 | 60 | ○ | |
| ⑫現代の精神保健の課題と支援 | 60 | 60 | ○ | |
| ⑬ソーシャルワークの基盤と専門職 | 30 | | ○ | ○ |
| ⑭精神保健福祉の原理 | 60 | 60 | ○ | |
| ⑮ソーシャルワークの理論と方法 | 60 | 60 | ○ | |
| ⑯ソーシャルワークの理論と方法（専門） | 60 | 60 | ○ | |
| ⑰精神障害リハビリテーション論 | 30 | 30 | ○ | |
| ⑱精神保健福祉制度論 | 30 | 30 | ○ | |
| ⑲ソーシャルワーク演習 | 30 | | ○ | ○ |
| ⑳ソーシャルワーク演習（専門） | 90 | 90 | ○ | |
| ㉑ソーシャルワーク実習指導 | 90 | 90 | ○ | |
| ㉒ソーシャルワーク実習 | 210 | 210 | ○ | |
| 合　計 | 1,200 | 750 | 22科目 | 12科目 |

注：「指定科目」精神保健福祉士法第7条第1号，同第4号，同第7号により受験資格を得る場合には，大学または短期大学においてこれらの科目を修めて卒業しなければならない。「基礎科目」精神保健福祉士法第7条第2号，同第5号，同第8号により受験資格を得る場合には，大学または短期大学においてこれらの科目を修めて卒業しなければならない。

なお，指定科目と基礎科目については，入学年度によって異なるため，令和3年3月以前の入学者については，下記URLより確認されたい。

（指定科目）http://www.sssc.or.jp/seishin/shikaku/se_01.html

（基礎科目）http://www.sssc.or.jp/seishin/shikaku/se_02.html

数学白ヌキは，社会福祉士との共通科目となる。

出所：社会・援護局障害保健福祉部精神・障害保健課（2020）「精神保健福祉士養成課程における教育内容等の見直しについて」（https://www.mhlw.go.jp/content/12205000/000524181.pdf）（2020.6.25）を一部加工.

# 4 専門職としての精神保健福祉士

## ❑ 精神保健福祉士とソーシャルワーカー

1997年に精神保健福祉士国家資格が創設される以前から，精神障害者を主な支援の対象とするソーシャルワーカーは存在し，精神科ソーシャルワーカー（Psychiatric Social Worker：PSW）を名乗って相談支援を行ってきた。

国家資格制定までの精神科ソーシャルワーカーの実践の歴史や，現在の精神保健福祉士養成課程のカリキュラムの内容に照らせば，精神保健福祉士として相談支援を行う人々の職業アイデンティティはソーシャルワーカーにあるといえる。

ソーシャルワーカーは専門職であるとされるが，その定義に共通する要素には，職業規範や倫理が含まれている。弁護士，医師，看護師等の職能団体では倫理綱領を定めており，組織の構成員はそれに沿って自らの行動を律することとされている（専門職の定義については，本書の第1章第4節，第6章を参照）。

ソーシャルワーカーにおいても，「ソーシャルワーカーの倫理綱領」が定められている。これは，2002年に社会福祉専門職団体協議会に加盟する4団体がそれぞれの倫理綱領を踏まえて協議を重ね，2005年に制定したものである。[24]

2020年6月には，2014年に行なわれた「ソーシャルワーク専門職のグローバル定義」の改訂内容を踏まえて，日本ソーシャルワーカー連盟（JFSW）[25]による改訂が行われ，同連盟に加盟する4団体で承認された。

ソーシャルワーカーの倫理についてのくわしい内容は，本書第5章を参照されたい。

## ❑ 精神保健福祉士の倫理綱領

国家資格の種別を問わない，専門職としてのソーシャルワーカーの倫理綱領が，国内で最初に制定されたのは2005年であることは，前述の通りであるが，社団法人日本精神保健福祉士協会はそれ以前に独自の倫理綱領を制定していた。

この精神保健福祉士の倫理については，国家資格化以前の精神科ソーシャルワーカー達が，日本精神医学ソーシャル・ワーカー協会とし

て，「Y問題」に取り組んで来た歴史と切り離すことができない。「Y問題」は，1973年の第9回PSW全国大会におけるY氏の告発に端を発するものである。Y氏の訴えは，医師の診察なしに不当な強制入院が行われ，そのことからPSW会員の日々の実践に疑いの目を向けざるを得ないというものであった。

　日本精神医学ソーシャル・ワーカー協会では，議論の混迷を経ながらもY氏の入院に関わったソーシャルワーカー個人の問題とするのではなく，全ての精神科ソーシャルワーカーにかかわる問題として受け止めて，PSWの役割や実践のあり方を問い続けることとなった。そして10年後の1982年に開催された第18回日本精神医学ソーシャル・ワーカー協会全国大会において「精神障害者の社会的復権と福祉のための専門的・社会的活動」を進めることを活動の基本方針として採用した。いわゆる札幌宣言である。

　「精神保健福祉士の倫理綱領」は，こうした経過を経て1988年に制定され，その後改訂が重ねられてきた。2018年に改訂された現在の「精神保健福祉士の倫理綱領」には，「前文」「目的」に続いて「倫理原則」と「倫理基準」の項目があり，それぞれにクライエントに対する責務，専門職としての責務，機関に対する責務，社会に対する責務について記述されている。

　なお，2020年6月の公益社団法人日本精神保健福祉士協会第8回定時総会において，新たな「ソーシャルワーカーの倫理綱領」が承認された際には，同協会の構成員においては「精神保健福祉士の倫理綱領」が優先されるものであることが併せて確認されている。

## ◻ 現行の精神保健福祉士法における義務と責務

　精神保健福祉士は，専門職として「精神保健福祉士の倫理綱領」と「ソーシャルワーカーの倫理綱領」により自らの行動を律するものであるが，精神保健福祉士法においては，**資料2-1**のような義務と責務を課されている。これらの中には，罰則が設けられているものもあるため，十分に理解しておくことが必要である。

### ① 誠実義務

　誠実義務は，2010（平成22）年改正時に追加されたが，これは専門職としての倫理に照らして適正な行動を取る上で大きな礎となるものである。そして同時に支援の対象者との信頼関係の構築において不可欠なものでもある。とりわけ「常にその者の立場に立って」の文言は，当事者の同意によらない入院医療が行われる場合の手続きが法制度化されている精神科医療の現場や，精神障害に対する誤解や偏見が未だ

---

（誠実義務）
第38条の2　精神保健福祉士は，その担当する者が個人の尊厳を保持し，自立した生活を営むことができるよう，常にその者の立場に立って，誠実にその業務を行わなければならない。

（信用失墜行為の禁止）
第39条　精神保健福祉士は，精神保健福祉士の信用を傷つけるような行為をしてはならない。

（秘密保持義務）
第40条　精神保健福祉士は，正当な理由がなく，その業務に関して知り得た人の秘密を漏らしてはならない。精神保健福祉士でなくなった後においても，同様とする。

（連携等）
第41条　精神保健福祉士は，その業務を行うに当たっては，その担当する者に対し，保健医療サービス，障害者の日常生活及び社会生活を総合的に支援するための法律第五条第一項に規定する障害福祉サービス，地域相談支援に関するサービスその他のサービスが密接な連携の下で総合的かつ適切に提供されるよう，これらのサービスを提供する者その他の関係者等との連携を保たなければならない。
2　精神保健福祉士は，その業務を行うに当たって精神障害者に主治の医師があるときは，その指導を受けなければならない。

（資質向上の責務）
第41条の2　精神保健福祉士は，精神保健及び精神障害者の福祉を取り巻く環境の変化による業務の内容の変化に適応するため，相談援助に関する知識及び技能の向上に努めなければならない。

（名称の使用制限）
第42条　精神保健福祉士でない者は，精神保健福祉士という名称を使用してはならない。

---

根強い社会状況の下で精神障害者の支援にあたる際に，精神保健福祉士が精神障害者の人権を守るという姿勢を一貫して取り続けることを後押しするものである。

### ②　信用失墜行為の禁止

信用失墜行為の禁止は，精神保健福祉士の専門職としての信用を損ね，精神保健福祉士全体が批判を受けるような行為を禁止するものである。具体的な行為の例示はないが，他の専門職の例を勘案すると，まず，精神保健福祉士法の中に定められている義務規程や禁止規定，そして精神保健福祉士の職能団体である精神保健福祉士協会の倫理綱領に示されている内容が理解の手がかりになるであろう。これに違反した場合には，資格登録の取消や一定期間精神保健福祉士の名称の使用停止を命じられることがある（第32条第2項）。

### ③　秘密保持義務

「精神保健福祉士でなくなった後においても，同様とする」との記載からもわかるように，秘密保持義務は，精神保健福祉士に課せられた義務の中でも，特に厳格なものである。今後ますます，多機関，多職種間での連携が期待される中で，クライアントに関する情報の取扱いには一層の慎重を期すことが求められる。

### ④　連携等

精神保健福祉士には，その連携の対象を医療関係者のみに限らず，

広く支援の対象者の福祉にかかわる機関や職種に広げることが求められている（第41条）。連携の対象の中でも，特に医師との関係については，「精神障害者に主治の医師があるときは，その指導を受けなければならない。」とされている（第41条第2項）。

この「指導」については，公認心理師や看護師をはじめとする医療系国家資格の場合に規定されている医師の「指示」よりも拘束力は低く，精神保健福祉士としての裁量が一定程度認められていることのあらわれと言える。

なお，この第41条第2項に違反した場合には資格登録の取消や，一定期間精神保健福祉士の名称の使用停止を命じられることがある（第32条2）。

#### ⑤　資質向上の責務

資質向上の責務は，「誠実義務」と共に2010（平成22）年改正時に追加されたものである。専門職として質の高い支援を行うためには，国家試験に合格した後においても知識と技術をアップデートし続けていくことが求められているということである。日本精神保健福祉士協会では，2008年に生涯研修制度を創設して，職能団体として自律的に精神保健福祉士の質の担保に取り組んでいるが，精神保健福祉士法における「資質向上の責務」の明文化は，こうした取り組みの強化につながるものと期待される。

#### ⑥　名称の使用制限

精神保健福祉士以外にその名称の使用を禁じた第42条の規程は，精神保健福祉士が名称独占資格であることの根拠となるものである。これに違反した者は，30万円以下の罰金に処される（第47条第2号）。

### ❏ 精神保健福祉士の業務指針

精神保健福祉士国家資格取得を目指す人においては，精神保健福祉士の専門性とは何か，ソーシャルワーク専門職として具体的には何を行うのかということについて，高い関心が寄せられるところであろう。

しかし，ソーシャルワーク実践では，クライアントの個別性を重視し，多様な価値を尊重することや，生活の全体を視野に入れて展開されることなどから，その内容が多岐にわたることが多い。そのため，ソーシャルワークを学ぶほどに，ソーシャルワーカーについて一言で相手に理解してもらえるような説明をすることが難しく感じられるかもしれない。

一つの手がかりとして，ここでは，社団法人日本精神保健福祉士協会が職能団体として，倫理綱領に加えて策定している業務指針及び業

務分類を紹介しておきたい。その端緒は，前身である日本精神医学ソーシャル・ワーカー協会が1989年に採択した「精神科ソーシャルワーカー業務指針」に遡り，2010年の「精神保健福祉士業務指針及び業務分類第1版」採択を経て，2014年に現在の「精神保健福祉士業務指針及び業務分類第2版」採択に至ったものである。

その中で，精神保健福祉士の主な業務は24項目に分類され，それぞれについて定義，指針，レベル，業務内容と主な機能・技術，実践上必要な理論・知識が示されている。そして精神神保健福祉士の業務特性について，「価値」「理念」「視点」「業務」「機能」「技術」「知識」それぞれの定義と関連性を踏まえて説明が加えられている。

これらを読み解く際に重要なのは，業務について，その行為自体に専門性を見いだそうとするのではなく，それらの業務がどのような価値，理念，視点に根づくものなのかに注意を払うことである。

この点について，社団法人日本精神保健福祉士協会は次のように示している。(32)

> 業務指針とは，単に個々の業務内容の羅列やその分類を示すものではない。つまり，精神保健福祉士が「何を」行うかをだけではなく，それを「何のために」「いかに」行うかを明確化することが求められる。先述したとおり，「何のために行うか」の基盤となるのは精神保健福祉士の価値や理念であり，「倫理綱領」がそれを定めている。また，「いかに行うか」については，精神保健福祉士の視点がその枠組みを示している。
>
> 「倫理綱領」が示す価値と理念そして精神保健福祉士の視点は，あらゆる業務に不可欠な共通基盤である。しかし，それらの表現は抽象度が高く，そのまま実践場面に落とし込むには，実践を省察し，また研鑽を続け，精神保健福祉士として熟練する必要があり，特に新人や初任者にとっては困難が伴う。「業務指針」があくまでも「業務」を遂行するうえでの「指針」であるならば，具体的な業務内容を提示するなかで，その諸行為が価値や理念及び視点とどのように結びついているのかを説明する必要がある。また，業務内容には，どの分野にも共通して精神保健福祉士が取り組む代表的なものもあれば，医療，地域，行政など各分野に特徴的なものもある。

精神保健福祉士には，法律や職能団体が示す倫理綱領や業務指針を十分に理解し，それらに基づいて相談支援を行うことが求められている。しかしそれは，法律や倫理綱領あるいは業務指針の内容について，そこに示された行為をただトレースすることや，全ての精神保健福祉士が画一的な支援を提供することを意味しているわけではない。規範の遵守と同時に，常にクライエントの立場に立った相談支援を展開するために，クライエントとクライエントを取り巻く状況の個別性に配

慮し，クライアントの価値の多様性を尊重しながら，ソーシャルワークを基盤とする専門職として自ら判断することができる力量が期待されているのである。

　こうしたことから，精神保健福祉士に限らずソーシャルワーカーを目指す学びの過程では，「誰のための支援か」「支援のゴールはなにか」「なぜその方法を採るのか」を常に意識し，自身の言葉で説明できる力をつけることが重要である。

## □ 国家資格と専門性

　現在，精神保健福祉士国家試験はマークシート形式の筆記試験のみによって実施されており，実技試験等は行われていない。資格失効に関する規定や更新制度もないので，一度合格して登録すれば，取り消し処分を受けない限り，生涯に亘って精神保健福祉士であり続けることができる。では，資格を取得してから一度もそれを必要とする職に就いておらず，研修も受けていない場合でも，国家資格を有してさえいれば，専門職を自任できるのだろうか？

　精神保健福祉士国家資格取得は専門職としての最終ゴールではなく，むしろ専門職としての入場券のようなものととらえることができる。資格を有していることによって採用され，そこで精神保健福祉士としての職務経験を積むことができる。そして支援の対象者や他の専門職等に自らが信頼に足る何者であるかを伝えるためにその名称を使用することができる。しかしその一方では，専門職としてその名称に見合うソーシャルワークを基盤とする相談支援の力量を備えるために，実践の蓄積と自己研鑽が求められる。とりわけ精神保健福祉に関連する法制度や社会状況が急速に変化する昨今の状況にあっては，専門性の維持向上のための知識と技術のアップデートが不可欠である。

　専門性や専門職性は，国家資格や業務独占に自動的に付帯するものではなく，またそれらを有していることのみによって完成されるわけでもない。専門性は専門職としての価値と倫理，そして職務経験を通じて身につけられた技術により高められていくものである。

　しかしそのためには，ただ実践を続けているだけで十分というわけではない。職務経験を専門的スキルとして修得するためには，書物等による知識獲得のみでなく，事例検討やスーパービジョン等による，自らの実践についての開示や自身の内面の振り返りなどが必要である。恐れや不安もあるかもしれないが，自身の実践についての他者の助言や提案を得ることによって，専門職としての大きな成長がもたらされることが期待される。職能団体には，これらを踏まえた体系的な研修

制度が用意されているので，積極的に活用されるとよいだろう。

○注 ─────────

⑴　社会福祉士，精神保健福祉士以外には，公認心理師，保健師，保育士，介護福祉士，管理栄養士，調理師等がこれにあたる。

⑵　医師，看護師，薬剤師，歯科技工士，弁護士，社会保険労務士，通訳案内業者，行政書士，税理士，建築士，美容師他，医療関連に留まらず多岐にわたっている。

⑶　社会福祉士は，地域包括支援センターにおける必置資格とされている。設置義務資格とも呼ばれる。

⑷　医療保護入院は，精神保健福祉法第33条に定められた入院形態のひとつである。本人の同意がなくても家族等のうちいずれかの者の同意を以て精神科病院に入院させることができる。精神保健指定医又は特定医師の診察の結果，入院を必要とする精神障害者であり，かつ自傷他害のおそれはないが，本人の同意による入院を行う状態にない者を対象としている。

⑸　「医療保護入院者の退院促進に関する措置について」（平成26年1月24日）（障発0124第2号）（各都道府県知事・各指定都市市長あて厚生労働省社会・援護局障害保健福祉部長通知）（https://www.mhlw.go.jp/web/t_doc?dataId=00tb9817&dataType=1&pageNo=1）（2020.4.8）.

⑹　精神保健福祉法第6条に，「精神保健の向上及び精神障害者の福祉の増進を図るための機関」として明記されているもので，次の業務を行う。1. 精神保健及び精神障害者の福祉に関する知識の普及を図り，及び調査研究を行うこと，2. 精神保健及び精神障害者の福祉に関する相談及び指導のうち複雑又は困難なものを行うこと，3. 精神医療審査会の事務を行うこと　4. 自立支援医療の支給認定に関する事務のうち専門的な知識及び技術を必要とするものを行うこと，5. 特別区を含む市町村が行う，障害支援区分に関する審査及び判定や地域相談支援給付決定にあたって，意見を述べること，6. 市町村に対し技術的事項についての協力その他必要な援助を行うこと。

⑺　1937（昭和12）年に保健所法が制定され，国民一般を対象とする国の健康指導相談の機関として，保健所が設置されることとなった。1947（昭和22）年の保健所法制定により，保健所の機能は拡大・強化され，衛生行政の第一線機関とされたが，メンタルヘルスの問題はその対象に含まれていなかった。

⑻　精神保健福祉法の制定当時の法律名。1987（昭和62）年の改正で精神衛生法から精神保健法，1995（平成7）年の改正で現在の精神保健及び精神障害者福祉に関する法律（精神保健福祉法）となった。

⑼　三澤孝夫監修（2014）『医療観察法審判ハンドブック第2版（改訂版）Ver1.1』18-22.（https://www.ncnp.go.jp/nimh/chiiki/documents/06-03.pdf）（2020.4.8）.

⑽　厚生労働大臣の指定を受け，健康保険で診療を受けられる病院または診療所。

⑾　精神医学ソーシャルワーカーは Psychiatric Social Worker の訳である。略称の PSW や精神科ソーシャルワーカーなどの呼称もある。

⑿　日本公衆衛生協会（2018）『我が国の精神保健福祉（精神保健福祉ハンドブック）平成29年度版』日本公衆衛生協会出版社，214.

⒀　日本精神保健福祉士協会50年史編集委員会編（2014）『日本精神保健福祉士協会50年史』公益社団法人日本精神保健福祉士協会，3.

⒁　公益社団法人日本精神保健福祉士協会『過去の全国大会・学術集会』

（http://www.japsw.or.jp/taikai/kako.htm）（2020. 4. 8）.

⒂　当時は精神薄弱と表記されていた。

⒃　⑿と同じ，34.

⒄　⑿と同じ，26-35.

⒅　厚生労働省（2018）「社会保障審議会障害者部会報告～障害者自立支援法施行後 3 年の見直しについて～」49.（https://www.mhlw.go.jp/shingi/2008/12/dl/s1216-5a.pdf）（2020. 4. 8）.

⒆　障がい者制度改革推進本部等における検討を踏まえて障害保健福祉施策を見直すまでの間において障害者等の地域生活を支援するための関係法律の整備に関する法律」（https://www.mhlw.go.jp/seisakunitsuite/bunya/hukushi_kaigo/shougaishahukushi/kaiseihou/dl/hourithu_110926_01.pdf）（2020. 4. 8）.

⒇　社会福祉振興・試験センター（2020）「社会福祉士・介護福祉士・精神保健福祉士の都道府県別登録者数（令和 2 年 2 月末日現在）」（http://www.sssc.or.jp/touroku/pdf/pdf_t04_r.2.pdf）（2020. 7. 30）.

(21)　2020年 4 月 1 日現在，昼間 6 か月 1 箇所，夜間 1 年 1 箇所，9 ～11ヶ月の通信25箇所。社会福祉振興・試験センター「短期養成施設」（http://www.sssc.or.jp/seishin/shikaku/se_10.html）（2020. 7. 30）.

(22)　2020年 4 月 1 日現在，昼間 1 年 10箇所，夜間 1 年 5 箇所，1 年 6 ヶ月～ 1 年10ヶ月の通信15箇所。社会福祉振興・試験センター「一般養成施設」（http://www.sssc.or.jp/seishin/shikaku/se_10.html）（2020. 7. 30）.

(23)　見直しの内容については，厚生労働省（2020）「令和元年度精神保健福祉士養成課程のカリキュラム改正ガイドブック」にわかりやすくまとめられている。（https://www.mhlw.go.jp/content/000607163.pdf）（2020. 4. 8）.

(24)　改訂作業は，日本ソーシャルワーカー協会の呼びかけにより，2000年12月に同会と日本社会福祉士会によって開始され，2001年 3 月に日本医療社会事業協会（当時）が加わり2002年10月に「『ソーシャルワーカーの倫理綱領』改訂案」を公表した。同年12月に日本精神保健福祉士協会が加わり，「ソーシャルワーカーの倫理綱領（最終案）」が作成された。日本ソーシャルワーカー協会（http://www.jasw.jp/about/rule/）（2020. 7. 27）.

(25)　2017年に社会福祉専門職団体協議会から名称変更。

(26)　⒀と同じ，56-66.

(27)　「日本精神医学ソーシャル・ワーカー協会宣言（第18回札幌大会）―当面の基本方針について―」（1982）日本精神医学ソーシャル・ワーカー協会（http://www.japsw.or.jp/ugoki/hokokusyo/19820626.html）（2020. 4. 8）.

(28)　⒀と同じ，88-90.

(29)　公益社団法人日本精神保健福祉士協会（2018）「精神保健福祉士の倫理綱領」（http://www.japsw.or.jp/syokai/rinri/japsw.html）（2020. 4. 8）.

(30)　「公認心理師法第42条第 2 項に係る主治の医師の指示に関する運用基準について」（29文科初第1391号）（障発0131第 3 号）（各都道府県知事宛 厚生労働省 社会・援護局 障害保健福祉部長通知）（https://www.mhlw.go.jp/file/06-Seisakujouhou-12200000-Shakaiengokyokushougaihokenfukushibu/0000192943.pdf）（2020. 4. 8）.

(31)　公益社団法人日本精神保健福祉士協会「生涯研修制度とは」（www.japsw.or.jp/ugoki/kensyu/2.htm）（2020. 9. 8）.

(32)　公益社団法人日本精神保健福祉士協会（2014）『精神保健福祉士業務指針及び業務分類第二版』20.

(33)　公益社団法人日本精神保健福祉士協会では，2020年 6 月に協会の英語表記を「Japanese Association of Mental Health Social Workers」と称し，略

称を「JAMHSW」とする定款の変更を行っている.

## ◯参考文献 ─────

大谷實（2017）『新版 精神保健福祉法講義 第3版』成文堂.

公益社団法人日本精神保健福祉士協会（2014）『精神保健福祉士業務指針及び業務分類 第二版』（http://www.japsw.or.jp/ugoki/hokokusyo/20140930-gyoumu2/all-gyoumu2.pdf）（2020. 4. 8）.

公益社団法人日本精神保健福祉士協会（2018）「精神保健福祉士の倫理綱領」（http://www.japsw.or.jp/syokai/rinri/japsw.htm）（2020. 4. 8）.

社団法人日本精神保健福祉士協会事業部出版企画委員会（2004）『日本精神保健福祉士協会40年史』社団法人日本精神保健福祉士協会.

精神保健福祉研究会監修（2016）『四訂 精神保健福祉法詳解』中央法規出版.

日本精神保健福祉士協会50年史編集委員会編（2015）『日本精神保健福祉士協会50年史』. 公益社団法人日本精神保健福祉士協会.

日本公衆衛生協会（2018）『我が国の精神保健福祉（精神保健福祉ハンドブック）平成29年度版』日本公衆衛生協会出版社.

橋本鉱市（2019）『専門職の質保証』玉川大学出版部.

Dent, M., Bourgeault, I. L., Denis, Hean-Louis, et.al.（2016）*The Routledge Companion to the Professions and Professionalism.* Routledge.

## ■第3章■
# ソーシャルワークの概念及び
# 基盤となる考え方

ソーシャルワークとは何か。ソーシャルワークの固有性はどこに見出すことができるのか。本章ではその答えを学んでいく。第1節でソーシャルワーク専門職のグローバル定義をてがかりに，ソーシャルワークの概念枠組み，ソーシャワーク実践が拠って立つ基盤を明らかにする。第2節では，ソーシャルワークの基本構造を確認したうえで，実践に基づいた専門職であり学問である，ソーシャルワークの固有性を，知と実践展開からとらえていく。そして，第3節は，ソーシャルワークを根底から支える原理について検討する。第4節では，原理と整合性をもつ，ソーシャルワーク実践を導く指針でもある理念について考察する。以上を通して，ソーシャルワーク実践が何を大切にし，どのような目的志向をもち，その行為を通して何を実現しようとしているのか，考えていく。

# 1　ソーシャルワークとは何か

　ソーシャルワークとは何か。ソーシャルワークの固有性はどこにあるのだろうか。また，ソーシャルワーク実践を行う専門職であるソーシャルワーカー（以下，ワーカー）の実践は何を拠りどころにしているのだろうか。こんにち，ソーシャルワークは世界各国で展開され，一国内にとどまらず国際的に展開されている。現在のソーシャルワークの国際的な定義は，以下に示すように，**国際ソーシャルワーカー連盟**（IFSW）と国際ソーシャルワーク学校連盟（IASSW）によって，「ソーシャルワーク専門職のグローバル定義」（261頁参照）として2014年に採択されたものである。この定義をてがかりに，ソーシャルワークの概念枠組みについて考える。

**国際ソーシャルワーカー連盟(IFSW)** (International Federation of Social Workers)
……………………
ソーシャルワーカーの専門職団体が加盟する国際組織。1928年に設立された「国際ソーシャルワーカー恒久事務局」を前身とし，1956年に正式に現在の団体名が採択された。日本からは，日本ソーシャルワーカー連盟が加盟している。日本ソーシャルワーカー連盟は，特定非営利活動法人日本ソーシャルワーカー協会，公益社団法人日本社会福祉士会，公益社団法人日本医療社会福祉協会，公益社団法人日本精神保健福祉士協会の4団体で構成されている。

**□「ソーシャルワーク専門職のグローバル定義」を読み解く**
　「ソーシャルワーク専門職のグローバル定義」(2014)(以下，「グローバル定義」）では，ソーシャルワークを次のように定義している。
　「ソーシャルワークは，社会変革と社会開発，社会的結束，および人々のエンパワメントと解放を促進する，実践に基づいた専門職であり学問である。社会正義，人権，集団的責任，および多様性尊重の諸原理は，ソーシャルワークの中核をなす。ソーシャルワークの理論，社会科学，人文学，および地域・民族固有の知を基盤として，ソーシャルワークは，生活課題に取り組み**ウェルビーイング**を高めるよう，

人々やさまざまな構造に働きかける」

　ソーシャルワークは，実践に基づいた専門職であると同時に学問であるとしている。これは，実践に基づく理論構築，そして，編み出された理論と実践との絶えまぬ循環により展開する，実践学としてのソーシャルワークの特質を表していると言えよう。

　ソーシャルワークの枠組みについて，「グローバル定義」においては，次のように読み取ることができよう。ソーシャルワークの任務は，社会変革と社会開発，社会的結束，および人々のエンパワメントと解放の促進である。そして，ソーシャルワークの拠り所となる諸原理は，社会正義，人権，集団的責任，および多様性尊重である。知の基盤とは，ソーシャルワークの理論，社会科学，人文学，および地域・民族固有の知のことをいう（くわしくは本章第 2 節参照）。それらを基盤にして，人々が主体的に生活課題に取り組みウェルビーイングを高められるよう人々に関わるとともに，ウェルビーイングを高めるための変革に向けて人々とともにさまざまな構造に働きかけるのがソーシャルワーク実践である。

## ☐ ソーシャルワークの任務：マクロの視点とミクロの視点の統合

　「グローバル定義」では，ソーシャルワークの中核となる任務として，社会変革，社会開発，社会的結束といった，コミュニティや社会全体に働きかけるマクロの視点（本書第 8 章参照）が強調されている。ここに，ソーシャルワークのなかに「ソーシャル」を再配置すること，また，抑圧的な権力や不正義の構造的障壁に挑戦する，反抑圧でクリティカルな視点が表れていると言えよう。

　ソーシャルワークは，これまで個人と社会の間を右往左往してきたが，個人の変化をもたらすことに力点が置かれがちであった。個人に焦点を当てると，構造的な問題も個人的なことがらで表現され，客観的なパワーの欠如した状態の果たす役割は見落される。結果として，ソーシャルワークの介入はしばしば状況を変化させることよりも，クライエントが困難状況に対処したり，それを受け入れたりすることを促すことになる。

　社会変革とは，個人・家族・小集団・共同体・社会等のさまざまなレベルで，周縁化，社会的排除，抑圧を生み出す構造的条件の変革に取り組むことである。偏見・差別・抑圧・排除などの社会的不正義な構造的条件を打破するべく，社会制度・政策，文化，伝統，組織文化，コミュニティの慣習，一般社会の人々の社会意識・態度の変革に向けて働きかけるのである。社会変革の強調は，個人の変革と社会変革の

**➡ ウェルビーイング（well-being）**

福利，良き生，幸福などと訳される。もともとは，1946年の WHO（世界保健機構）憲章における健康の定義で，個人の権利や自己実現が保障され，身体的，精神的，社会的に「well-being（良好な状態）」という意味で用いられた。ウェルフェア（welfare）という言葉がもつ保護的福祉観を払拭し，生活者の視点からよりよく生きることという意味合いをもつウェルビーイングという言葉が用いられるようになった。

統合を意味していよう。

　次に，社会開発とは，「介入のための戦略，最終的にめざす状態，および（通常の残余的および制度的枠組に加えて）政策的枠組」などを意味するとされており，コミュニティや政策，さらには社会全体への働きかけが重視されている。そこでは次の世代も継承できる，持続可能な発展をめざし，ミクロからマクロレベルに至る包括的なレベルで，複数のシステムレベルおよびセクター間・専門職間の協働によって，全体的，生物―心理―社会的，およびスピリチュアルなアセスメント（本シリーズ6巻『ソーシャルワークの理論と方法Ⅱ』第10章参照）と介入が求められている。つまり，社会開発は経済成長第一主義から脱し，特定のコミュニティや社会全体において，貧困，教育，保健，雇用など，さまざまな社会的側面について包括的なアセスメントを行う。そして，それに基づいて，個人から政策レベルまでの連続帯において，複数の専門職や機関が協働して，総合的・多角的に戦略を立案し，それらの社会的側面を総合的に改善，向上させていくことを意味している。

　さらに，社会的結束については，不利な人々と連帯しつつ，貧困を軽減し，脆弱で抑圧された人々を解放し，社会的包摂と社会的結束を促進するとしているものの，その解説はなされていない。社会変革に関連して，ソーシャルワーク専門職は，社会的安定の維持にも等しく関与するが，その安定がいかなる特定の集団の周縁化・排除・抑圧にも利用されてはならないと制限を加えている。そうした点を考慮すると，社会的結束は，すべての人々を社会の構成員として，その生活基盤・居場所を確保し，連帯し支え合うこと。さらに，特定の層の利益はもたらしたが，社会的不利益を受ける層を新たにつくることがあってはならないということを含意していよう。

　社会的結束に関して，社会福祉専門職団体協議会国際委員会は，人々の社会的・精神的結びつきや社会としてのまとまりを促進しようとする背景には，社会の亀裂（格差，人種的・民族的差異）の拡大があり，ワーカーは，社会変革をめざす一方で，社会の安定や一体性の保持にも取り組むものであり，特定の人や集団の権利侵害につながらないよう注意が必要であるとしている[2]。また，「秩序や安定，社会の一体性を強調する方向に偏り，多様性を圧殺したり，社会的コントロールを促進してしまったりする危険性[3]」があることを看過してはならない。

## ❏ ソーシャルワークの任務：人びとのエンパワメントと解放

　「グローバル定義」では，ソーシャルワークのもうひとつの任務である「人々のエンパワメントと解放」をめざす実践の中核として，批判的意識を養うこと，構造的・個人的障壁の問題に取り組む行動戦略を立てることを置いている。エンパワメントとは，社会的に不利な状況におかれやすい人々の権利や機会の回復を図り，自分たちの生活のありようを決定する過程に参画し，周囲や社会への影響力を自ら獲得していくのを支援することである。ソーシャルワークにおいて最初に，エンパワメントを概念化したソロモン（Solomon, B.）は，「エンパワメントは，スティグマ化されている集団の構成メンバーであることに基づいて付与された否定的な評価によって，引き起こされるパワーの欠如した状態を減じることをめざして，クライエントもしくはクライエント・システムに対応する一連の諸活動にワーカーが取り組んでいく過程である」(4)といっている。

　エンパワメントは，問題の所在を個人に求め，個人の変化を引き起こすのではなく，問題を社会的状況のなかで構造的に把握し，人間の尊厳を確保し，人々が本来有している**ストレングス**➡（強み）を再構築し，主体性の回復を図ろうとする概念である。具体的には，クライエントが個人的，対人関係的，社会的，政治的に抑圧された状況を改善し，自らの生活の支配権を握り，自らが力を獲得することを支援する。

　具体的にはエンパワメントは，以下のような諸レベルからなるパワーの獲得・増強を図る。

　①　自分自身を生活の主体者として自覚し，基本的なサービスを活用しながら，自尊感情をもって，自らの生活をコントロールしていく現実的なパワー。

　②　生活課題を共有する仲間と相互支援関係を樹立したり，サポートネットワークを形成したりして，他者との効果的な相互影響作用をするパワー。

　③　サービスの向上，社会資源の改善のために政策決定過程に参画したり，社会的行動をとったりするパワー。

　エンパワメントは，すべての人の潜在性の解放と，社会正義に基づき社会の構造的矛盾の解消を図るべく，社会的・構造的変化に同時に焦点をあてる，解放的・創造的な変化志向の概念である。

## ❏ グローバルからローカルへ

　「この定義は，各国および世界の各地域で展開してもよい」とされているように，「グローバル定義のアジア太平洋地域における展開」(5)

➡**ストレングス (strengths)**

人々のもつ強みを表す用語で，その内容は，人々が日常生活のなかで獲得し，身に付けてきた体験知，生活課題への対処を含む生活の知恵，共同性，文化，価値，意味の創造のとりくみなどを含む。その視点は，クライエントの問題を個人の病理・欠陥としてとらえ，それを治療するという立場を批判し，クライエントの潜在性に絶対的信頼をよせ，クライエントが対処し，生き抜き，回復し，成長する多くのあり方に着目し，それを最大限に発揮する方向をめざすものである。

（2016）が採択された。そこには，アジア太平洋地域が，異なる宗教的・哲学的・政治的な視点をもつ西洋と東洋，また南半球と北半球が交わる地域であることを自認し，ソーシャルワーク専門職が重視する項目として，以下のように５つ挙げている。

　①すべての人々に適切な社会的な保護が提供されるにあたり，ソーシャルワーク専門職によるケアと共感を実現すること。②人々の生活における信仰を容認し，様々な信念体系を尊重すること。③多様性を賞賛すること。④ソーシャルワーク実践において，地域内の民族固有の知及びローカルな知と営みを肯定すること。⑤持続可能なソーシャルワークと社会開発実践を推進すること，などである。

　さらに，「グローバル定義」及び「グローバル定義のアジア太平洋地域における展開」を継承し，「グローバル定義の日本における展開[(6)]」（2017）が採択された。そこでは，「現在の日本の社会は，高度な科学技術を有し，めざましい経済発展を遂げた一方で，世界に先駆けて少子高齢社会を経験し，個人・家族から政治・経済にいたる多様な課題に向き合っている。また日本に暮らす人々は，伝統的に自然環境との調和を志向してきたが，多発する自然災害や環境破壊へのさらなる対応が求められる」と述べ，日本において重要視する取り組みとして，以下の４項目を示している。

　①日本に住むすべての人々の健康で文化的な最低限度の生活を営む権利を実現し，ウェルビーイングを増進すること。②多様な文化を尊重した実践を展開しながら平和を希求すること。③生活課題を有する人々がつながりを実感できる社会への変革と社会的包摂の実現に向けて関連する人々や組織と協働すること。④すべての人々が自己決定に基づく生活を送れるよう権利を擁護し，予防的な対応を含め，必要な支援が切れ目なく利用できるシステムを構築すること，である。

　まさに，グローバル定義のローカリゼーションであり，こんにち，日本が直面している状況を踏まえた項目が盛り込まれている。

ソーシャルワークの基本構造

　第 1 節では，グローバル定義をもとに，ソーシャルワークとは何か，その概念枠組みについて述べた。現代的なソーシャルワークに関する定義の出発点といえるのは，全米ソーシャルワーカー協会（NASW）に設置された，ソーシャルワーク実践に関する検討委員会が1958年に呈示した「ソーシャルワーク実践の作業定義」である。そこでは，次のように述べている。「ソーシャルワーク実践は，すべての専門職の実践と同じように，価値，目的，権限の委譲，知識，および方法の総体として認識される。そのなかのひとつの要素だけではソーシャルワーク実践の特性を示すことはできない。また，それぞれの要素はいずれもソーシャルワークに固有のものではない。これらの要素がどのような特有な内容をもち，そして全体としてどのように示されるかによって，ソーシャルワーク実践としてかたちづくられ，他の専門職の実践と異なる固有性が明らかになる[7]」

　この定義は，すべてのソーシャルワーク実践をとらえ，しかも専門職としてのソーシャルワークという観点からとらえようとしており，ソーシャルワーク実践が専門職モデルへ発展する端緒となるものであった。

　時代とともにソーシャルワークの構造・枠組みも変化している。グローバル定義では，その構造を「任務，原則，知，実践」ととらえることができる。任務については第 1 節で述べた。ここでは，知と実践について述べ，原則については第 3 節で述べる。

### □ ソーシャルワークの知
　グローバル定義では，ソーシャルワークの基盤となる「知」として，ソーシャルワークの理論，社会科学，人文学，および地域・民族固有の知が挙げられている。そして，注釈では，ソーシャルワークは，複数の学問分野をまたぎ，その境界を超えていくものであり，広範な科学的諸理論および研究を利用すると述べており，具体的にはコミュニティ開発・全人的教育学・行政学・人類学・生態学・経済学・教育学・運営管理学・看護学・精神医学・心理学・保健学・社会学など，他の人間諸科学の理論をも利用するとしている。それは，ソーシャルワークが独自科学の探究を進める一方で，応用科学であり，他の学問

領域の研究成果を導入し，ときに借り物科学と揶揄されながら，目前の社会課題の解決に取り組むべく，実践理論を構築してきた歴史性が表れていよう。

　注目すべき点としては，世界各地に根ざし，人々が集団レベルで長期間受け継いできた知，すなわち，先住民を含めた地域・民族固有の知が重視されていることである。その背景には，西洋社会による植民地主義の結果，西洋の理論や知識が，地域・民族固有の知に取って代わって支配するようになったことがある。そうした事態を見直し，ソーシャルワークの知は，グローバルな知とローカルな知の融合により生成され，リアリティに即し，より適切に実践されることを示していよう。加えて，多くのソーシャルワーク研究と理論は，実践と分離した机上の空論として展開されるのではなく，また，ワーカーの選択だけでなされるのではなく，サービス利用者とワーカーとの双方向性のある対話的過程を通して共同で作り上げられてきたものであると認識している。それはサービス利用者を客体化し，受動的な位置に置くのではなく，協働作業のパートナーとして位置づけることを意味している。

## ☐ 実　践

　次にソーシャルワークの基本構造の一つとして，実践について述べる。ソーシャルワークの正当性と任務は，人々がその環境と相互作用する接点への介入にあり，ソーシャルワーカー（以下，ワーカー）は相互作用の改善に向けて，人々とともにさまざまな構造に働きかける。これはソーシャルワークの固有の視点であり，その内容は，日本学術会議18期社会福祉・社会保障研究連絡委員会報告（2003）「ソーシャルワークが展開できる社会システムづくりへの提案[8]」で示された，以下のソーシャルワークの定義とつながっていよう。

　「ソーシャルワークとは，社会福祉援助のことであり，人々が生活していく上での問題を解決なり緩和することで，質の高い生活（QOL）を支援し，個人のウェルビーイングの状態を高めることを目指していくことである。そのため，ソーシャルワークは，人々が社会サービスを活用しながら，自らの力で生活問題を解決していくことを支え，人々が生活する力を育むよう支援することを言う。その支援の過程において，必要があれば既存の社会サービスで足りない問題解決のために社会資源の開発をはじめとした社会環境面での改善にも努めることである」

　ある人がなんらかの社会生活上の困難（生きづらさ）を抱えている

<br>

**➡ QOL（生活の質：quality of life）**

生命の尊重・生存の保障，人生の質の向上・生きがい，生活の質・生活環境の整備といったものを含む，身体的，精神的，社会的に快適で満足のいく生の状態としてとらえられる。客観的指標としての経済的・物質的な豊かさを基盤として，主観的な満足感・幸福感などを中心とする，その人の価値観・生活観を考慮する。支援においては，個々人の意思や希望を基点として，環境を制限するのではなく，他者との交流を含めて，一人ひとりの個別のニーズに対応した環境，生活の営みを妨げる種々の障壁をなくしていくことが求められる。

**➡ 社会資源**

社会的ニーズを充足させるために活用できる，社会福祉の諸制度，機関，施設，組織など物理的なものと，ワーカー，ボランティア，家族・友人・近隣などの人的なものの総称。社会資源はソーシャルワーク実践の構成要素のひとつであり，ソーシャルワークの支援過程において，クライエントと適切な社会資源をつなぐことはワーカー重要な機能である。社会資源の配置状況は，人びとの抱える生活問題や支援活動の過程と結果に影響を及ぼす。したがって，不足している社会資源があれば，開発していくことが求められる。

場合，その人と環境との相互作用のあり方に問題があると考え，その
人を取り巻く環境に着目し，社会の一員としての主体的な生活を可能
にする条件整備や改善のために，ソーシャルワークは機能するのであ
る。そのような働きかけを通して，その人が，安心して，勇気と自信
をもって，その人らしい主体的な生活を維持していくことが可能にな
る。

　ソーシャルワークの実践方法は，さまざまな形のセラピーやカウン
セリング，グループワーク，コミュニティワーク，政策立案や分析，
アドボカシーや政治的介入など，広範囲に及ぶ。この定義が支持する
解放促進的視角からして，ソーシャルワークの戦略は，介入のミクロ
―マクロ的，個人的―政治的次元を一貫性のある全体に統合すること
ができる。そして，社会開発パラダイムにしたがってワーカーは，さ
まざまなシステムレベルで一連のスキル・テクニック・戦略・原則・
活動を活用する。目の前の個人を直接支援するミクロソーシャルワー
クも，その課題解決のプロセスで，マクロレベルの視点を持つことが
求められる。マクロレベルの実践もまた，究極的には一人ひとりのウ
ェルビーイングの維持・向上に反映されるのであり，ミクロレベルの
視点をもつ必要がある。ソーシャルワーク実践は，ミクロ・マクロの
レベルが相互浸透しながら展開する総合的実践なのである（本書第 8
章参照）。

# ③ ソーシャルワークの基盤となる原理

　第1節で述べた社会変革と社会開発，社会的結束，および人々のエンパワメントと解放の促進は，ソーシャルワーク専門職として，果たすべき責任であり，社会から付託されたものとして，ソーシャルワーカー（以下，ワーカー）が遂行すべき機能といえる。それは，ソーシャルワークが達成すべき目的，望ましいと判断された到達点を示しているといえよう。これらのめざす方向性は，どのような判断基準に基づいているのだろうか。

　ブトゥリム（Butrym, Z. T.）が，「ソーシャルワークは価値を担う活動」と指摘するように，価値は，ソーシャルワーク実践の根底をなすものとして，極めて重要な位置を占めている。本節では，まず，価値と原理・原則・理念の用語の関連について述べた上で，グローバル定義で呈示されている，ソーシャルワークの中核をなす原理について述べる。これらは抽象的であるが，ソーシャルワークの存在を根拠づけ，ソーシャルワークの目標達成に導く指針といえよう。

## ☐ ソーシャルワークにおける価値
### ――原理・原則・理念の根底にあるものとして

　価値とは，広い意味では「よい」といわれる性質のことをさし，人間の欲求や関心を満たすもの，望ましいもの，ある目的に役立つものなどを意味する。そして，より日常的には，ある文化・人間集団・個人が好ましいと考える，習慣・行動基準・原則と定義される。人間は，その生活において，何が望ましいか，より善きものは何か，何が値打ちがあるかといったことを判断し行動する。その意味で，価値判断は人間の全活動の本質をなしているといえよう。

　NASW のソーシャルワーク実践の作業定義（1958）では，「ソーシャルワーク実践は，価値，目的，権限の委譲，知識，および方法の総体」としている。また，IFSW と IASSW によるソーシャルワークの旧定義（2000）では，「ソーシャルワークは，価値，理論，および実践が相互に関連しあうシステムである」として，価値が構成要素のひとつとされている。一方，IFSW と IASSW による新定義である「グローバル定義」においては，「ソーシャルワーク実践の中核となる任務，原則，知，実践」として，それぞれの項目が詳述されている。

　ソーシャルワークの支援行為を導く根底に価値があり，ソーシャルワークの中核をなす原理とは，価値に裏打ちされた，ソーシャルワークの存在の根拠を示す，ソーシャルワークが拠って立つ根本法則といえよう。そして，原則は，原理と連動して，ワーカーの行為指針として，ワーカーの行為の方向性を導くものであり，具体的な思考の枠組みを呈示するものである。また，理念は，ソーシャルワークの価値が反映され，原理と整合性をもつ，望ましい，目指すべき実践目標として実践を支えている。価値，原理，原則，理念といった言葉は，それぞれ異なる，独自の意味を含んでいる。ただし，大切にし，望ましいとすることとして表現され，行為の判断根拠となるという共通項をもっている。

　グローバル定義では，「この定義に表現された価値や原則を守り，高め，実現することは，世界中のソーシャルワーカーの責任である。ソーシャルワーカーたちがその価値やビジョンに積極的に関与することによってのみ，ソーシャルワークの定義は意味をもつのである」としている。ソーシャルワーク実践は目的を志向する意思的行為であり，人びとの生きる過程を支援する倫理的行為である。したがって，その専門性が高度になればなるほど倫理性が問われることになる。ソーシャルワークの価値や原則は，ワーカーの手をとおしてクライエントに届けられるのであり，ソーシャルワーク実践は，ワーカー自身が選択・判断した価値や原則の具現化といえる。

　ワーカーがどのような価値や原則を内在化し，目的志向をもっているかが実際の実践を決定づけることになる。技術は，知識と価値を結合させて，実践に導くものであり，時間をかけて獲得されるものであり，実際の実践は価値的な側面を重視しながら，科学的考慮が働く範囲が大きい。だからこそ，ワーカーには専門職としての共通基盤となる価値を身につけ，それを専門的判断に基づいて運用していく実践力が求められる。

## ◻ 社会正義

　正義とは，一般的には，「社会全体の幸福を保障する秩序を実現し，維持すること。さらに，社会の正義にかなった行為をなしうるような個人の徳性」とされ，社会と個人の共同責任によって実現されるものと解釈できる。そして，社会正義とは，「社会の全メンバーが同様の基礎的権利，保護，機会，義務，給付を確保している理想的状態[11]」と説明される。

　ソーシャルワークは，貧困と社会的不正義を減じるための運動とし

て始まった。社会的不正義は，人権が侵害され，社会への人々のじゅうぶんな参加が制限され，機会，資源への平等なアクセスが否定されることである。構造的に不利な状況に置かれている人々に目を向け，その人たちの側にともに立ち，既存の不平等な社会関係に挑戦していくところにソーシャルワークの存在意義がある。社会正義は，そのようなソーシャルワークの拠り所となる原理であり，使命といえる。

社会正義の実現は人間らしく生きるための基盤であるが，それは法律をとおしてなされ，さらには社会的に不利な状態に置かれている人々に対して他の人々が共同して支援を行う，愛他的感情あるいは共同体的感情によって支えられている。支配層や多数派の論理に従属するのではなく，少数派の生存と主張を擁護することがソーシャルワークの社会的使命である。自由と平等は人権の基礎であり，人権は正義と公正に基づき，他者とのかかわりのなかで実現するのである。社会正義は，一人ひとりの尊厳ある人間どうしの共同・連帯というような人間社会の根本的性格に根ざしている。したがって，人々が自らの生活の支配権を獲得し，人間の成長を支える環境を創り上げていくことが社会正義の実現といえるのである。

## 　人権尊重

人権とは，人間が人間として生まれながらにもっている権利であり，実定法上の権利のように自由に剝奪または制限されない，人間の尊厳に基づく人間固有の権利であり，人々が生存と自由を確保し，それぞれの幸福を追求する権利ととらえることができる。人権の確立は社会的不公正への抗議から始まったのであり，抑圧に対して抗議していくという側面をもつ。自由権（国家からの自由）の獲得により，近代的個人主義的な人権が確立し，その後，社会権へと展開していった。さらに，第二次世界大戦後，国家の枠を超えて，世界的な視座から人権の確立を図るべく，世界人権宣言が1948年に採択された。そこには，人権の固有性，普遍性，不可侵性が示されている。

日本国内においては，こうした人権の保障を確かなものにするために，法律上の権利として構成し，その実現を図っている。その典拠になる日本国憲法では，基本的人権の永久不可侵性（第11条）を明言している。基本的人権は，具体的には，生存権（第25条），幸福追求権（第13条），平等権（第14条），精神的自由権（第19〜23条），経済的自由権（第29条）・身体的自由権（第18条），教育を受ける権利（第26条），勤労権（第27条）などから構成されており，幅広い。

ソーシャルワーク実践の場面で出会う人びとは，このような，人が

生まれながらにしてもっている権利を剥奪されている状態にある可能性が高い。さらに，社会福祉のサービス利用において，人々の権利性が弱く，それ自体がサービスを必要としている人の人権を侵害し，結果としてサービス利用者になれなかったり，サービス利用者になってもサービス提供者に服従する立場に立たされやすい側面があることを否定できない。ここにおいてこそ，支援を必要としている人をあくまでも人権をもつ主体者として，向き合うことが要請されるのである。

そして人権の実質的実現を達成するためには，搾取，差別，排除などの対象となり，社会的に不利な立場に置かれている人たちを擁護するとともに，一般市民を人権尊重社会実現の過程に巻き込んでいく必要がある。

## ☐ 集団的責任

人類が生き延びてきたのは，共同して困窮・自然災害など諸困難を乗り越えてきたからである。人権を実現するためには，社会の構成員として，支え合うつながりの構築が重要である。そして，人々が互いのウェルビーイングに責任をもち，人々と身近な環境から地球規模に至る環境とが相互依存関係にあることを認識し尊重することによってはじめて，日常レベルで個人の権利が実現されるということを意味する。これは，西洋を中心とした近代的個人主義的な人権，個人の自由の主張の相対化といえよう。

人間は社会的存在であり，それぞれに独自性をもった生きものであるが，その独自性を貫徹するのに，他者に依存する存在である。ここにいう依存は，自立と対立的にとらえられる否定的な意味合いの依存ではなく，他者を独立の存在として認め，互いに依存し，かつ同時に独立する関係が，各人が自分自身の人生の主人公として歩んでいくための基盤であることを意味している。それは，個人の尊重が他者の尊重をも含むもの，すなわち相互尊重を意味しているといえ，環境との共生をも含めた，人間の道徳性を認めるものであろう。

グローバル定義の注釈では，第一世代の権利から，第二世代・第三世代の権利へと権利の構成概念が拡大・展開し，これらの権利が互いに補強し依存しあう関係にあり，個人の権利と集団的権利が共存するようになったとしている。第一世代の権利は，国家からの自由や妨害排除を意味する古典的な自由権である，市民的・政治的権利を指す。第二世代の権利は，国家による積極的是正措置を要求する社会権である，社会経済的・文化的権利を指す。これらに継ぐ新たな権利としての第三世代の権利は，連帯の権利と称される，自然界，生物多様性や

**➡ 世界人権宣言**

第二次世界大戦直後の1945年に誕生した国際連合の1948年12月第3回総会で，人権尊重を謳い採択された，世界共通の人権宣言である。人類が犯した二度の世界大戦の人権蹂躙ともいえる無数の残虐行為への反省から，人権は国家という単位を超えて，国際的な舞台で共有することが求められるようになったのである。第1条で「すべての人間は，生まれながらにして自由であり，かつ，尊厳と権利とにおいて平等である」から始まり，人権尊重の原則を定めている。すべての人がもっている市民的，政治的，経済的，社会的，文化的分野にわたる多くの権利を内容としている。

→ コンピテンス
課題に対処する際に必
要となる能力のこと。
個人が身につける，単
なる知識や技能を越え
た能力・力量のことを
いう。ワーカーは，ワー
カーとしての専門的
能力を獲得し，自らの
能力の範囲内で実践を
行い，専門性を絶えず
高め，強化し続けるこ
とが求められる。また，
専門職として，自らの
能力が個人的な事情や
その他の問題により損
なわれないように責任
をもつ必要がある。ソー
シャルワーク実践に
おいては，人々が自身
を取り巻く環境と効果
的に相互作用していく
力としてとらえる必要
がある。つまり，個人
的な特徴というより，
①個人の認知，知覚，
健康といった個人的な
要素，②環境に対処し
ていくための原動力と
なる動機的側面，③個
人の機能に影響を与え
る環境資源，が相互に
影響しあう総体とみな
すのである。クライエ
ントのこうしたコンピ
テンスに着目し，それ
を発揮できるように支
援することが求められ
る。

→ グローバリゼーショ
ン（globalization）
グローバリゼーション
は，社会科学など多く
の分野でよく使われ，
その定義は多様である
が，国境を越えた活動
が増え，相互に依存し
関連する状況が生まれ
ている状態を指してい
る。グローバリゼーショ
ンがもたらすさまざ
まな問題に対処するに
は，従来の国民国家の
枠組みを前提としたソー
シャルワーク実践で
は限界がある。ワーカ
ーは，実践拠点が国内
か国外かにかかわらず，
グローバリゼーション
やそれに関連する社会
的，経済的，文化的な
状況，多文化の問題に
関する知識を身につけ
ておく必要がある。

世代間平等の権利に焦点を当てている。ソーシャルワークはこれらの
権利を尊重するものである。

## 多様性の尊重

　サリービー（Saleebey, D.）は，「ソーシャルワーク実践は，ワーカー
とクライエント，そして，文化のそれぞれが有する意味が出会う場で
ある[12]」という。全米ソーシャルワーカー協会の文化的**コンピテンス**→の
基準と指標によると，多様性は，人種・エスニシティのほか，国籍，
肌の色，社会階層，宗教的およびスピリチュアルな信念，移民資格，
性的志向，ジェンダー・アイデンティティや表現，年齢，婚姻状況，
身体的・精神的障害につながる人々の社会文化的経験を含んでいると
している[13]。

　こうした要素を踏まえて，社会のなかで優位にある文化に依拠して
つくられた社会制度は，異なる文化集団に対してニーズを生み出すこ
とへの理解が不可欠である。そして，環境要因を理解するために，文
化の特質が人間の発達と機能に与える影響への理解，クライエントの
属する民族および人種集団の文化について相当な知識をもつ必要があ
る。ただし，文化的信念という名のもとに特定の人々の多様な権利が
侵害される場合がある。こうした場合，ワーカーは基本的人権アプロ
ーチに基づき，その文化集団のメンバーとの対話を通して建設的な変
化を促していく。

　また，多様性の尊重は，問題を構造的に把握せず，個人化する傾向
をもたらし，個別的理解による個別的解決を志向し，社会変革に向か
うクリティカルな視座が背後に退くことになる可能性があることを認
識しておかなければならない。それは，人間が類型的側面と独自の側
面を併せもつ存在であること，個人のなかに社会がどのように現れて
いるか見極めなければならないことを示していよう。

　社会における文化の形成過程，個人レベルにおける文化の内面化の
ありように影響を及ぼしているのが**グローバリゼーション**→である。グ
ローバリゼーションの進展に伴い，土着の知が喪失されることが危惧
されることも，多様性の尊重が強調される要因でもある。日本におい
て，出入国管理及び難民認定法及び法務省設置法の一部を改正する法
律が2019年４月に施行され，外国人労働者の受入れが拡大された。こ
れから日本で暮らす外国人が増加することが予想される。多様性の尊
重という用語自体は，これまで日本のソーシャルワーク領域ではあま
り使用されてこなかったが，たとえば，人種や民族，宗教などが異な
る人びとに対するソーシャルワークは「**多文化ソーシャルワーク**→」と

して展開されてきている（多文化とソーシャルワークにおいては本シリーズ6巻『ソーシャルワークの理論と方法Ⅱ』第11章を参照）。多様性の尊重は，ますます重要になるであろう。

# ④ ソーシャルワーク実践を支える理念

ソーシャルワーク実践は，第3節で述べたソーシャルワークの存在を根拠づける原理と整合性をもち，ソーシャルワーク実践の方向性を指し示す，めざすべき実践目標ともいえる理念に支えられている。原理・理念は相互に関連づけられていることを認識し，実践において具現化していくことが求められる。そして，理念は不変のものではなく，時代，社会状況，人々の意識の変化に伴い，その重要度が変化したり，新たに生み出されていく理念もあることを忘れてはならない。ここでは，こんにち，より重要な位置を占めている理念である，当事者主権，尊厳の保持，権利擁護，自立支援，ノーマライゼーション，ソーシャルインクルージョン，ソーシャルワーカー・アイデンティティ，を取り上げる。

## ☐ 当事者主権

ソーシャルワークの支援対象となる人のことをクライエントと呼ぶ。近年ではクライエントという言葉の代わりに，サービスの利用者（ユーザー：user）や消費者（コンシューマー：consumer）と呼ぶ傾向にある。クライエント・利用者は，支援対象者として受動的な立場に置かれるのではなく，ソーシャルワーカー（以下，ワーカー）とともに状況に対処していく主体的な存在である「当事者」として立ち現れるのであり，クライエント・利用者を権利の主体として位置づける考え方が当事者主権である。

中西正司と上野千鶴子は，障害のある人の**自立生活運動**の理念を「当事者主権」という言葉で表現し，当事者主権は自己決定権をさしており，この権利は誰にも譲ることができないし，誰からも侵されないとしている。そして，当事者について，「問題を抱えた人々と同義ではない。問題を生み出す社会に適応してしまっては，ニーズは発生しない。ニーズ（必要）とは，欠乏や不足という意味から来ている。私の現在の状態を，こうあってほしい状態に対する不足ととらえて，そうではない新しい現実を作り出そうとする構想力をもったときに，

**▶ 多文化ソーシャルワーク**

多様な文化的背景をもつ人たちに対するソーシャルワークのこと。その基本概念となるのが，文化的コンピテンス（文化を理解する能力，あるいは異なった文化背景をもつ人々と効果的にかかわる能力）である。クライエントの文化的視点がワーカーのものと合致しない場合，クライエントに合致した文化的に適切な介入戦略を選択する必要がある。また，クライエント個人の生活課題を改善する，1対1のミクロレベルの実践だけでなく，クライエントの属する組織，コミュニティ，政策，社会といった環境に働きかけ，平等な機会の確保を阻害している構造的・文化的な政策を変革していくことが求められる。

**▶ 自立生活運動（IL運動）**

1960年代のアメリカ・カリフォルニア州における重度障害のある学生自身の抗議運動に端を発する。公民権運動やノーマライゼーションとともに，全米に広がり，1970年代以降，世界的に広がっていった。障害のある人が人間として当たり前の生活を実現するため，自立生活プログラムや具体的支援方法の開発に取り組んだ。自己決定権の行使と，障害のある人本人の主体性を強調した自立観を提起したところに大きな意義がある。

はじめて自分のニーズとは何かがわかり，人は当事者になる。ニーズはあるのではなくて，つくられる。ニーズをつくるというのは，もうひとつの社会を構想することである。『問題をかかえた』人々とは，『問題をかかえさせられた』人々である」と主張する。[14]

　当事者主権の具現化は，生活課題に取り組む主体はクライエント本人であるとして，クライエント不在の支援を否定し，支援活動の中心にクライエントを位置づけ，クライエントとワーカーが対等な立場でパートナーシップを形成し協働作業に取り組むことである。ワーカーにとっては，クライエントが抱えている生活課題は支援の対象であるが，クライエントにとっては，生活・人生の過程で生じた具体的で極めて現実的課題である。生活課題をクライエントがどのように規定するか，クライエントの視点が重要になってくる。そして，支援の方法や内容は，クライエントの人生を左右するものであり，本来，クライエントは支援計画の策定に参画する権利をもっているはずである。この発想の根底にあるのは，解決すべき課題をもっともよく知っており，何がもっともよいか決定するのはクライエントであるという信念である。

　ワーカーがクライエントの潜在性に絶対的信頼を寄せることによって，クライエント自身も自らの潜在性を信じることができるようになる。支援活動の結果とともに生きていくのはクライエントであって，支援者ではないことを認識しておかなければならない。ワーカーがクライエントとの協働作業に取り組むにしても，支援の過程に限定される。ワーカーは支援の場から立ち去ることはできるが，クライエントは支援を必要とする状況から逃れることはできないのである。

　一方，多くの支援者を自らの「生きる過程」に巻き込んでいかざるを得ないということは，クライエントにとって拘束・圧迫を伴う。しかし，それは，支援者を巻き込み，生活課題を抱えている本人であるクライエントからの発信を地域・社会への訴えにつなげたり，さらには，社会のありようを変革していく起点ともなりうる。このクライエントであるということと支援者であるということの立場性の違いを認識しながら，それでもなおクライエントのリアリティに寄り添い続けていくことが，協働者であるワーカーには求められる。


## ☐ 尊厳の保持

　プラント（Plant, R.）は，人間尊重について，「ひとりの人間として尊重すること。特定の役割遂行によってではなく，ひとりの人間として尊重される権利がある」[15]という。人間の尊厳とは，人間のもって生

まれた価値によるもので，その人が実際に何ができるとか，どのような行動をとるかということに左右されるのではない。人を何らかの属性で評価するのではなく，ただ人間であるということによっている。それは，民主主義社会の根幹をなすものであり，人権の根拠といえる。人間は唯一絶対の存在であり，人間は単なる手段として，ある目的を達成するための道具として扱われるものではないということである。

　日本国憲法第13条において，人々は人間の尊厳にふさわしくよりよく生き抜く権利を保障されている。すべての人が社会を構成する一員として自己実現して生きることの保障の具現化は，人間の尊厳の具現化でもある。また，社会福祉法第3条では福祉サービスの基本的理念を，「福祉サービスは，個人の尊厳の保持を旨とし，その内容は，福祉サービスの利用者が心身ともに健やかに育成され，又はその有する能力に応じ自立した日常生活を営むことができるように支援するものとして，良質かつ適切なものでなければならない」と明記している。まさに，人間の尊厳は社会福祉の根幹をなす理念と言える。

### ☐ 権利擁護

　人は生活課題を抱えている時，同時に社会的に不利な立場に置かれ，自分の権利や利益を主張できなかったり，そもそも自分の権利や利益を認識していなかったり，虐待，搾取，差別などの対象にされ，権利を侵害されても声をあげることができない場合が多い。自分の権利や利益を主張しづらい人たちの声なき声を聴き，その権利を支持・主張し，護り，自らの人生の支配権の獲得を支援していくのが権利擁護である。たとえば，認知症高齢者や重度の知的障害のある人など，権利侵害の実体を訴えることに不安がある人たちの権利の回復を図ったり，権利侵害の可能性から擁護するのである。

　近年，施設利用時の支援者による体罰，経済的搾取，身体的拘束，プライバシーの侵害，家庭内の家族メンバーによる暴力・虐待，在宅で暮らす高齢者の詐欺被害など，権利侵害の実態が明らかにされるようになり，解決を要する社会課題として認識されるようになった。意見表明等に不安があったり，判断能力に不安がある人たちの権利がどのようなものであるか明確にするとともに，権利侵害の状況を改善するべく，環境に働きかけていくことが，生活主体者としてその人らしい人生を送るのを支援するためには不可欠である。

　また，地域で孤立し，支援を自ら求められず，忘れられた存在になっている人たちが地域で安心して暮らす権利を護るべく，見守りネットワークの形成など，地域住民を巻き込んだ予防的権利擁護の実践も

大切である。権利擁護実践においては，クライエントの意思や主体性を尊重し，その人のエンパワメント支援を忘れてはならない。

　一方，こんにちの日本において，権利擁護が重要視されるようになったのは，直接的には，2000年の介護保険制度の導入，社会福祉法の成立を中心とする社会福祉基礎構造改革における，措置制度から利用契約制度への転換である。サービスの利用選択の権利を実質的に保障し，サービス利用者の利益を保護する権利擁護の実践が求められるようになり，成年後見制度や地域福祉権利擁護事業（現在の日常生活自立支援事業）が整備された。また，社会福祉法第82条では社会福祉事業の経営者に福祉サービスについて，利用者等からの苦情の適切な解決を求めている。

　権利擁護はアドボカシー（advocacy）の訳語として使われることが多い。日本にアドボカシーの概念が導入された当初は，代弁・弁護と訳されていた。アドボカシーは，「直接的な介入やエンパワメントをとおして，個人やコミュニティの権利を擁護すること。専門職の基礎的な責務[16]」とされる。アドボカシー実践は，クライエント一人ひとりのニーズや意思・希望などを聴き取ったり，クライエントとサービス提供者との対等な関係を構築しながら，クライエント主体のサービスの展開をめざすレベル（ケースアドボカシー）から，社会問題の犠牲者である特定の集団の利益・権利を守るべく，行政・社会に施策の改善を求めてソーシャルアクションを起こすレベル（コーズアドボカシー）まで幅広い。このように，ソーシャルワークにおける権利擁護は，ミクロレベルからマクロレベルに至る。したがって，ひとりのワーカーの力では限界があり，社会福祉士などの専門職団体が組織的に訴えていくことも必要になってくる。

### ◻ 自立支援

　「自立とは何か」という問いに対する答は，唯一絶対のものはなく多義的である。自立の概念は時代の変遷とともに変化してきており，人々の自立のとらえ方も多様である。伝統的に自立は，社会経済的に，かつ身体精神的にも社会福祉の支援を必要としないような，他者・社会への依存から脱皮した自助自立的な生活の確立を意味していた。

　こうした自立概念に異議申し立てをしたのが障害のある人たちの自立生活運動であった。それは施設収容主義に対して抗議し，専門職否定を掲げ，経済的自立，身辺自立に収斂されていた自立概念に対して，社会的自立を新たに打ち立てた。そしてさらには自己決定権の行使を支柱にした精神的自立へと拡大させ，権利としての自立へと大きな転

換をもたらしたのである。こうして，こんにちでは，身辺自立や経済的自立を第一とする見方から精神的自立・社会的自立に力点がおかれている。さらに，人々がその生活をみずから決定し，制御し，自己の実現を求めて努力しうる状態である人格的自立を目的的自立ととらえ，そのための道具的自立として，身体的，心理的，社会関係的，経済的な自立をみなすようになっている。[17]

　自立とは人格の尊厳を基盤に，社会環境との関係において，個人がよりよい生活・人生を送ること，安定した社会的活動を展開することである。それは生活問題を抱えることによって破綻した生活の再構築，クライエントの人間的・社会的復権をも意味している。自立は社会関係のネットワークから排除され，社会環境から遮断されてはなりたたない。したがって，クライエントが社会の正当な構成員として自己実現にむけて，他者の支援，社会資源を活用しながら自分自身の生活の支配権を握り人生の主人公となって生きていくことを，側面的に支援することがソーシャルワークの理念ととらえることができる。

　人間は誕生から死に至るまで，その人生において，ある時期にある側面で他者に依存せざるをえない存在である。少子高齢化の進行した現代社会において，自助的自立が困難な人口層が増加している。そこでは，他者に依存しない自立ではなく相互依存，つまり互いが互いの自立を支援し，互いが互いを必要とする関係的自立が求められている。

## ❏ ノーマライゼーション

　ノーマライゼーション（normalization）とは，障害のある人もない人も一市民として当たり前の普通の生活を保障しようとする考え方である。そして，障害の有無や年齢差，性差などによって人間を類型化するのではなく，ひとりの人間どうしのさまざまなかかわりをとおして，それぞれの生の過程を理解し，人間としてあるがままに受け容れ，対等な関係性のもと，それぞれが互いの生活のありようの差違を認め合い，多元化社会を構築していこうとする考え方を導き出した。

　ノーマライゼーションは，1950年代の北欧の知的障害のある人の福祉向上運動のなかで生まれた。その端緒は親たちの抗議運動であった。つまり，状況に対処する本人からの異議申し立て，いわば弱さの力が生み出したものである。

　ノーマライゼーションを理論化した第一人者は，デンマークの行政官バンク-ミケルセン（Bank-Mikkelsen, N. E.）である。彼は，ノーマライゼーションを，「障害者は，他の市民と同じ権利と義務をもつことを意味している。障害者をノーマルな人にすることを目的にしている

のではない。障害者をその障害とともに受容することであり，彼らにノーマルな生活条件を提供することである。すなわち，最大限に発達できるようにするという目的のために，障害者個人のニードに合わせた処遇，教育，訓練を含めて，ほかの市民に支えられているのと同じ条件を彼らに提供することを意味している[18]」と言う。その核にあるのは，すべての市民は同じ利益を享受する平等な権利をもっている，つまり，知的障害のある人が，尊厳ある人間として，その地域社会の市民と同じ生活をする権利をもっているという考えである。

バンク-ミケルセンの影響を受けたスウェーデンのニイリエ（Nirje, B.）は，ノーマライゼーションの概念をより具現化させ，その原理を具現化するために次のものを挙げている。①一日のノーマルなリズムの提供，②ノーマルな生活上の日課の提供，③家族とともに過ごす休日や家族単位のお祝いや行事等を含む，一年のノーマルなリズムの提供，④ライフサイクルを通じて，ノーマルな発達的経験をする機会の確保，⑤知的障害者本人の選択や願い，要求に対する可能な限り十分な配慮と尊重，⑥男女が共に住む世界で暮らすこと，⑦ノーマルな経済水準の保障，⑧病院，学校，グループホームといった場所の物理的設備基準が一般市民の同種の施設の基準と同等であること，である[19]。

さらにノーマライゼーションは，北欧から北米に導入され，新たな展開を見せる。ヴォルフェンスベルガー（Wolfensberger, W.）は，ノーマライゼーションにまつわる誤解を解消し，障害のある人たちが保有している人間としての固有の価値を大切にすることを主張するために，この用語を放棄して，ソーシャルロール・ヴァロリゼーション（Social Role Valorization）を提唱した[20]。それは，障害のある人の社会的イメージを高め，社会的に価値がないとされている人々に対して，社会的に価値ある役割をつくりだしたり，それを期待できるよう支援していくことを意味している。

ノーマライゼーションは，身体障害のある人の自立生活運動，精神障害のある人の権利擁護運動などと影響しあいながら，障害のある人全体の運動に展開し世界的に定着した。そして，国連・国際障害者年（1981）における「完全参加と平等」というスローガンの思想的基盤となった。

日本においても，ノーマライゼーションの理念が導入され，法令や政策策定，実践の理念となり，在宅福祉サービスの重要性に気づかせ，施設ケア中心の福祉から地域ケア中心の福祉へ転換させる契機となった。そこにケアマネジメントの手法が誕生する必然性があったといえよう。住み慣れた地域で，その人らしく人生を全うできるようにすべ

く，地域を基盤とした包括的な支援・サービス供給体制，すなわち**地域包括ケアシステム**➡の構築を推進している今日，ノーマライゼーションはその基盤にある理念である。

## 🔲 ソーシャルインクルージョン

　インクルージョンの考え方は，障害のある子どもの教育界で統合教育の限界を超えて編み出された。本来的にすべての子どもは特別な教育的ニーズをもっている固有の存在であり，差違のある子どもたちが存在していることを前提として，その一人ひとりの特別なニーズに適した教育の方法を組み立てていこうとする考え方であり，文字通りすべての子どもたちを包み込んでいこうとする理念である。

　社会的包摂（social inclusion：ソーシャルインクルージョン）は，厚生省の「社会的な援護を要する人々に対する社会福祉のあり方に関する検討会」報告書（2000）において鍵となる概念とされた。[21] 本報告書では，現代社会の社会福祉の諸問題として，ホームレス・孤独死，虐待をはじめ，貧困，心身に障害・不安のある人，**社会的排除**➡や摩擦の対象になっている人，**社会的孤立**➡や孤独の状態にある人々を呈示している。1980年代に若者の長期の失業問題に直面していたフランスに端を発し，イギリスをはじめヨーロッパに浸透している社会的排除対策は政策課題になっていた。ソーシャルインクルージョンはソーシャルエクスクルージョン（社会的排除：social exclusion）の対極にある概念として提示されたのである。

　第22回社会保障審議会（2012）の「社会的包摂政策を進めるための基本的考え方」においては，社会的包摂について，「第二次大戦後，人々の生活保障は福祉国家の拡大によって追求されてきたが，1970年代以降の低成長期において，失業と不安定雇用の拡大に伴って，若年者や移民などが福祉国家の基本的な諸制度（失業保険，健康保険等）から漏れ落ち，様々な不利な条件が重なって生活の基礎的ニーズが欠如するとともに社会的な参加やつながりも絶たれるという『新たな貧困』が拡大した。このように，問題が複合的に重なり合い，社会の諸活動への参加が阻まれ社会の周縁部に押しやられている状態あるいはその動態をソーシャル・エクスクルージョン（社会的排除）と規定し，これに対応して，社会参加を促し，保障する諸政策を貫く理念として用いられるようになった[22]」と述べられている。

　人間社会には，さまざまな偏見・差別・不公正・搾取・抑圧・矛盾が渦巻いている。社会的に不利な立場におかれ，自分の生活を築いていく現実的なパワーが欠如しているため，生活上の諸課題に適切に対

➡ **地域包括ケアシステム**

さまざまな生活課題を抱えながらも，住み慣れた地域でその人らしく生きていくため，その人の状況に応じた包括的な支援を整える体制を意味する。地域で暮らすための支援の包括化，地域連携，ネットワーク形成を指す。地域包括ケアシステムの構築は，主に，介護保険制度の課題や高齢者介護のあり方の検討のなかで，かたちづくられてきた。その後，高齢者に限定せず，地域で支援を必要とするすべての人々の生きる過程を支えられるよう，地域包括ケアを深化させていく必要性が示されている。

➡ **社会的排除（ソーシャルエクスクルージョン）**

1980年代に若者の長期の失業問題に直面していたフランスに端を発し，その後，ヨーロッパ連合（EU）で注目され，社会的包摂と対語となって社会政策のキー概念になった。従来の貧困の概念と異なり，社会の構成員として生きていく上での，社会制度への加入，健康や教育，政治的発言力などといった，社会への参入が阻止された，複合的な不利な状態を指す。社会経済状況の変化における，社会の分断が引き起こす様々な社会問題を表す言葉として登場したともいえる。社会的排除に対する政策では，排除する側＝社会の仕組みや制度を問題視し，そうした状況が顕在化する前から支援することが課題となる。

処できない状態にあり，さらにそれによって無力感をもっている人々が存在している。制度化された差別により社会資源へのアクセスが制限され，衣食住・教育・就労などのニーズを充足できず，社会生活から排除される人々が存在する。社会的排除がどのように行なわれているのか，その背景には何があるのか，そのメカニズムを解き明かし，それを解消し，すべての人がよりよい生活を営むために必要な社会資源を獲得し，自分たちの生活のあり方をコントロールし自己実現できるように支援し，かつそれを可能にする公正な社会の実現を目指すことが，ソーシャルインクルージョンの考え方である。

## □ ソーシャルワーカー・アイデンティティ

　グローバル定義に関する追加動議には，「ソーシャルワークの定義は，専門職集団のアイデンティティを確立するための鍵となる重要な要素である」としている。ソーシャルワークの概念，考え方，原理・理念を身につけることによって，ソーシャルワーカーであると自己規定でき，ソーシャルワーカーとしてのアイデンティティ，すなわち専門職業的自己が形成されていく。

　ソーシャルワーカーの実践の根底には，これまで見てきた原理・理念があり，それらは個々に独立したものではなく，相互に関連し補足しあう関係にある。それらの原理・理念具現化とは，どのような支援行為なのかを明示することは容易ではない。したがって，これらの原理・理念が現実的な要請に合致するものであるかどうか，実践との相互循環関係のなかで批判的に検証し，再構成していく努力を積み重ねていく必要がある。なぜなら，ソーシャルワーク実践の原理・理念は実際の実践のなかからつくりあげられるものでもあるからである。

　そして，社会福祉が社会制度である限り，社会を構成する人間の価値意識に裏打ちされた社会からの要請を受けることになる。ソーシャルワークの原理・理念を論じる際に忘れてはならないのは，こうした社会的文化的価値，さらには集団的価値，ワーカーの所属する機関・施設の価値，ワーカーあるいはクライエントの個人的価値の存在である。ソーシャルワークの原理・理念は，これらの価値から直接的・間接的に影響を受けており，これらの価値の間に葛藤が生じることもある。たとえば，クライエントの価値とワーカーの価値に不一致が生じたり，同僚との間に価値判断の相違が生じたり，また，多職種連携・協働による実践展開において，医療・保健，心理，教育職等の専門職が依拠する価値が一致するとは限らず，隣接領域の保有する価値との葛藤に悩むこともある。

　こういう価値葛藤の事態において，ワーカーは専門的な判断を求められることになる。ワーカー自身を支援活動において活用し，クライエントの視点を最大限尊重し，よりよい支援を提供するためには，ワーカーが一個人としての信条，行動様式，パーソナリティや能力，感情のメカニズムや，ワーカーになった動機づけ，ソーシャルワークの原理・理念の内在化などについて洞察を深め理解しておく，**自己覚知**が不可欠である。また，こうした状況に対処する努力は，制度の狭間にこぼれ落ち，社会的に不利な立場に置かれている人たちに現れている社会不正義や社会的孤立に敏感になること，問題を構造的にとらえる批判的思考力を養う，専門職としての成長の機会でもある。自らの実践に取り組む姿勢や支援内容を振り返り，その支援展開がクライエントの生活のありようにどのような変化をもたらすのかを考え続け，そこで得た気づきをもとに支援方法を見直しながら支援活動を行っていく省察的実践が求められる。ソーシャルワーカー・アイデンティティは，そうした気づきを得て，育まれていく。

**➡ 自己覚知**

ワーカー自身を支援活動において活用し，クライエントの視点を最大限尊重し，よりよい支援をしていくために，ワーカーが自分自身を知り，理解することをいう。自己覚知は，個人的自己覚知と専門職業的自己覚知に分類される。個人的自己覚知は，一個人としての信条，行動様式，パーソナリティや能力，感情のメカニズムなどについて洞察することが中心となる。専門職業的自己覚知は，ワーカーとしての社会福祉観，支援観，ワーカーになった動機づけ，ソーシャルワークの価値・理念の内在化などについて洞察を深め，理解しておくこと。なお，ワーカーとなった動機づけは，個人的自己覚知とともに行うことが望ましい。

## ◯注

(1)　国際ソーシャルワーカー連盟（IFSW）＆国際ソーシャルワーク学校連盟（IASSW）（2014）「ソーシャルワーク専門職のグローバル定義」（https://ifsw.org/wp_content/uploads/ifsw_cdw/assets/ifsw_64633-3.pdf）（2017.5.1).

(2)　社会福祉専門職団体協議会国際委員会（2016）「ソーシャルワーク専門職のグローバル定義と解説」（https://www.jacsw.or.jp/06_kokusai/IFSW/files/SW_teigi_01705.pdf）（2019.11.3).　なお，社会福祉専門職団体協議会は，2017年4月1日に日本ソーシャルワーカー連盟に名称変更している。

(3)　片岡信之（2015）「ソーシャルワークのグローバル定義における新概念と翻訳の問題」『ソーシャルワーク研究』相川書房，41(2)，61.

(4)　Solomon, B. (1976). *Black Empowerment: Social Work in Oppressed Communities*. Columbia University Press. 19.

(5)　国際ソーシャルワーカー連盟アジア太平洋地域（IFSW-AP）＆アジア太平洋ソーシャルワーク教育連盟（APASWE）（2016）「ソーシャルワーク専門職のグローバル定義のアジア太平洋地域における展開」（http://www.jacsw.or.jp/06_kokusai/IFSW/files/SW_teigi_asia.pdf）（2017.6.30).

(6)　日本ソーシャルワーカー連盟・日本社会福祉教育学校連盟（2017）「ソーシャルワーク専門職のグローバル定義の日本における展開」（https://www.jacsw.or.jp/06_kokusai/IFSW/files/tenkai_01.pdf）（2017.7.25).　なお，2017年4月1日に，日本社会福祉教育学校連盟，日本社会福祉士養成校協会，日本精神保健福祉士養成校協会の3団体が合併し，日本ソーシャルワーク教育学校連盟となっている。

(7)　Bartlett, H. M. (1958). Toward Clarification and Improvement of Social Work Practice. *Social Work*, 3(2), 5.

(8)　日本学術会議18期社会福祉・社会保障研究連絡委員会報告（2003）「ソーシャルワークが展開できる社会システムづくりへの提案」（http://www.scj.go.jp/ja/info/kohyo/18pdf/1821.pdf）（2017.6.30).

(9)　Butrym, Z. T.（1976）*The Nature of Social Work*, Macmillan Press,（＝1986, 川田誉音訳『ソーシャルワークとは何か』川島書店, iv）.

(10)　国際ソーシャルワーク学校連盟・国際ソーシャルワーカー連盟・日本社会福祉教育学校連盟（2009）『ソーシャルワークの定義, ソーシャルワークの倫理：原理についての表明, ソーシャルワークの教育・養成に関する世界基準』相川書房, 9-11.

(11)　Barker, R.（2003）. *The Social Work Dictionary*（*5th ed.*）The NASW Press. 404-405.

(12)　Saleebey, D.（1994）. Culture, Theory, and Narrative: The Intersection of Meanings in Practice. *Social Work*, 39(4), 305.

(13)　National Association of Social Workers（2015）. *Standards and Indicators for Cultural Competence in Social Work Practice*, NASW, 9.

(14)　上野千鶴子・中西正司（2003）『当事者主権』岩波書店, 2-9.

(15)　Plant, R.（1970）*Social and moral theory in casework*, Routledge & K. Paul.（＝1980, 丸木恵祐・加茂陽訳『ケースワークの思想』世界思想社, 17）.

(16)　(11)と同じ, 11.

(17)　古川孝順（2003）『社会福祉原論』誠信書房, 252-257.

(18)　Bank-Mikkelsen, N. E.（1976）. The Principle of Normalization, *FLASH*, 39（＝1978, 中園康夫訳「ノーマリゼーション（normalization）の原理」『四国学院大学論集』42, 四国学院大学文化学会, 145-146）.

(19)　Nirje, B.（1992）*The Normalization Principle Papers*, Center for Handicap Research, Uppsara University（＝1998, 河東田博・橋本由紀子・杉田穏子訳『ノーマライゼーションの原理——普遍化と社会変革を求めて』現代書館, 22-28）.

(20)　Wolfensberger, W.（1983）. Social Role Valorization: Proposed New Term for the Principle of Normalization, *Mental Retardation*, 21(6), 234-239.

(21)　厚生省（2000）「社会的な援護を要する人々に対する社会福祉のあり方に関する検討会報告書」（http://www1.mhlw.go.jp/shingi/s0012/s1208-2_16.html）（2017.5.1）.

(22)　第22回社会保障審議会（2012）資料「社会的包摂政策を進めるための基本的考え方」（https://www.mhlw.go.jp/stf/shingi/2r9852000001ngpw-att/2r9852000001ngxn.pdf）（2017.5.1）.

(23)　Schön, D.（1983）. *The Reflective Practitioner: How Professionals Think in Action*. Basic Books（＝2007, 柳沢昌一・三輪建二監訳『省察的実践とは何か——プロフェッショナルの行為と思考』鳳書房）.

○**参考文献**─────

芦部信喜（1994）『憲法学Ⅱ─人権総論』有斐閣.

Barker, R. L.（2003）*The Social Work Dictionary*, 5th ed., The NASW Press.

Bartlett, H. M.（1970）*The Common Base of Social Work Practice*, Routledge & K. Paul（＝1978, 小松源助訳『社会福祉実践の共通基盤』ミネルヴァ書房）.

花村春樹訳著（1998）『「ノーマリゼーションの父」N. E. バンク-ミケルセン その生涯と思想』（増補改訂版）ミネルヴァ書房.

岩田正美（2008）『社会的排除 参加の欠如・不確かな帰属』有斐閣.

川本隆史（1995）『現代倫理学の冒険——社会理論のネットワーキングへ』創文社.

北島英治（2016）『グローバルスタンダードにもとづくソーシャルワーク・プ

ラクティス——価値と理論』ミネルヴァ書房.

三島亜紀子（2017）『社会福祉学は「社会」をどう捉えてきたのか　ソーシャルワークのグローバル定義における専門職像』勁草書房.

見田宗介（1966）『価値意識の理論　欲望と道徳の社会学』弘文堂.

中園康夫（1996）『ノーマリゼーション原理の研究　欧米の理論と実践』海声社.

高山直樹・川村隆彦・大石剛一郎編著（2002）『権利擁護』中央法規出版.

吉崎祥司（2014）『「自己責任論」をのりこえる——連帯と「社会的責任」の哲学』学習の友社.

# ■第4章■
# ソーシャルワークの形成過程

困窮者を支援することは有史以来，人類に備わったものであろう。しかし，それが今日のソーシャルワーカーのような専門職という形へと発展をしたのは，近代の英米であり，それほど長い歴史があるわけではない。とりわけそれがもっとも典型的な形で現れたのはアメリカである。そこでは，ソーシャルワークの援助方法，技術において著しく発展をとげ，それが今日にいたるまで世界各国へ影響を及ぼしていった。

　ところで，本書で用いている「ソーシャルワーク」，「ソーシャルワーカー」という外来語のカタカナをそのまま使用せざるを得ないのは，それを翻訳する適切な日本語が見つからないからに他ならない。日本でも，当然ながら，困窮者への支援という形は古代からあるが，専門職と援助方法の発展という意味に限っては，欧米の概念を「輸入」せざるを得なかったのである。以下では，英米のソーシャルワークの歴史，特にアメリカを中心に概説していくこととする。なぜならアメリカのソーシャルワーク史は，宗教（慈善）から専門職としてのソーシャルワークへという典型的な発展パターンをもっているからである。

　ところで，現在ソーシャルワークは包括的な一体系として扱われるが，はじめから一つの体系であったわけではない。ケースワーク，グループワーク，コミュニティワークという援助技術が別個に形成され，それが「人工的」に一つの体系としてまとめられていくことになる。ここでは，もっとも発展を遂げたケースワークを中心に，グループワーク，コミュニティワークとの関連を踏まえて考察していきたい。なお，「ソーシャルワーク」「ソーシャルワーカー」という用語は，これら3つの援助技術およびその専門職の総称として使用する場合と，伝統的ケースワークを指して使う場合を必ずしも区別していないが，これはケースワークがソーシャルワークの歴史を主導し，20世紀前半まではソーシャルワークの全体像を示していた経緯があるからである。

# ソーシャルワーク前史

　歴史研究において最も大切なことでありながら，実は最も難しいことの一つに，ある歴史事象の起源を厳密に特定させることである。それはよく譬えられる大河の源流を一つに絞ることが難しいことと同じである。それはソーシャルワークの源流，起源においてもそのままあてはまる。

## ❏ 前史としてのキリスト教慈善

　ソーシャルワークの直接的な起源を特定化させることは至難であるが，ソーシャルワークの源流に溯ると少なくともそこで多大な影響を与えているキリスト教的な愛の概念「アガペー」，ユダヤ教的な神の慈しみ，正義といった概念「ヘセド」がその源流にある[1]。

　欧米社会ではこの宗教概念が文化・社会のなかで熟成し，キリスト教会を中心に発展し，それをもとに宗教的動機による慈善活動が展開されていくことになる。特に鍵となるのは，アガペーという「無条件の愛」である。このアガペーが，近代社会において慈善（Charity）としてソーシャルワークの歴史において重要な概念となった。

## ❏ チャーマーズの隣友運動

　この慈善を組織的に社会のなかで運用していくこと，つまり援助方法が課題となる。その際，諸種の源流があり，その影響を読み取ることはできるが，イギリスのチャーマーズ[2]（Chalmers, T.: 1780-1847）の主導した隣友運動の影響は甚大である。チャーマーズは，著名な神学者，政治経済学者であり，また長老教会のリーダーであったが，後にキリスト教史において一大事となった決裂を主導し，スコットランド自由教会を創設させた牧師としても著名である。彼が自ら担当するスコットランド教区において実践した隣友運動の方法は見逃せない。事実，「ケースワークの母」と称されるリッチモンド（Richmond, M. E.: 1861-1928）も，"Friendly Visiting"の支援の原型の一つに彼の発想を挙げていることからも，チャーマーズの影響は絶大であったといえる[3]。

　それはいったいどのようなものであったのだろうか。そもそもイギリスでは教会のもと，アルマナー（almoner），すなわち「施しを与える人」と呼ばれる人々が，地域のみならず，病院等でも地区訪問をし

ていたという前提がある。[4] 通常，プロテスタント教会の場合では，牧会（主に聖職者による教会員や教区の人々への相談やお世話）の一環として，牧師による困窮者，病者への慰問（地区訪問，家庭訪問）という伝統があるが，チャーマーズの場合，それを独自に発展させた。それによると，牧師だけでなく，教会の役職者として長老，特に訓練を受けた執事の信徒集団がそれぞれの教区ごとに担当の割り当てを決めて生活困窮者を組織的に地区訪問した。従来は主に牧師による困窮者へ施しと祈禱や奨励が中心であったのに対し，チャーマーズは，地区訪問を担当する執事は，従来の施しではなく，友人，友情（friends）であることを示すことが重要な支援であると主張した。[5]

この隣友運動による地区訪問が，当時は画期的で自由教会内の発展とともに定着した。そしてやがて，プロテスタントの諸教会全体に拡大していく。そして後述するCOS運動へと発展していくのである。

## ☐ COS運動

その後，欧米において，個々人やプロテスタント諸教会の慈善活動も盛んになっていった。先述したイギリスにおける自由教会のチャーマーズの隣友運動の方式だけでなく，個人の慈善活動も盛んになり，それがやがて個人の恣意的活動となる傾向が強くなっていく。一方では，それで援助する側の動機は満足できても，その恣意性が，援助される側にとってみれば漏救・濫救を生み出すという皮肉な結果となっていた。

しかし産業革命以後，資本主義の矛盾構造が近代的な大量の貧困者を生じさせており，従来の個人の慈善事業では対応ができなくなってきた。また教会も次第に世俗化していき，その主導権を次第に失っていくことになるが，先述したチャーマーズ方式を踏襲しつつも，それを世俗化して，個人の恣意的な慈善を組織化・合理化するという発想が生まれ，1869年にロンドンで慈善組織化協会（Charity Organization Society, 以下COS），が誕生した。ロック（Lock, C. S.: 1849-1923）の指導の下で，アルマナーたちが要保護者の個別的訪問調査，ケース記録の集積，慈善団体の連絡・調整・協力が合理的になされていった。

アメリカにCOSが最初に導入されたのは，聖公会の司祭であったガーティン（Gurteen, S. H.: 1836-1898）が，1877年にバッファローに設立したのがきっかけである。ところで，COS運動はイギリスより，アメリカにおいて急速に発展した。特に，アメリカで急速に発展した理由は，一点目はアメリカでは公的救済が弱いがゆえに教会や，民間セクターやボランティアに頼らざるを得なかった点，二点目は合理性と

---

**➡漏救**

本来は支援が必要な人が救済から漏れてしまうこと。

**➡濫救**

必要でない人までに救済・支援が無秩序に過度に及ぶこと。

科学性といったプラグマティック（実際的）な思考をもつアメリカ人気質に親和性があった点，三点目は専門職運動との関連で，アメリカでは女性の新たな職業の可能性を提供した点，などがあげられる。

　その後，アメリカのCOSでは，先述したイギリスで行われていたアルマナーによる地区訪問活動やチャーマーズ方式の隣友運動を倣いつつ，それがやがて友愛訪問員（friendly visitor）として定着し，各地区（教区）を巡回し，生活困窮者や貧困家庭を支援した。ここでは，「施しではなく，友情を」が一つのコンセプトとなった[6]。このCOS運動は次第に教会（宗教）との連携を弱めながら世俗化し，各地に同様の組織が相次いで作られていった。

　やがて1890年代にボランティアであった友愛訪問員が有給化となった頃からプロフェッショナルな職業意識が生まれていった。この有給化は，「プロ意識」を生じさせ，後のソーシャルワーカーの専門職の発展に大きな転換点となった。

　このような中，1897年に慈善矯正会議（以下，NCCC）で「ケースワークの母」と称されるリッチモンドが「応用博愛学校の必要性」を呼びかけ，翌年に夏期講座として実現した。リッチモンドの他に，アダムズらも講師陣として参加した。1899年に養成学校，ニューヨーク慈善博愛学校となった。この学校はさらに変遷をとげ，現在のコロンビア大学社会福祉学専攻の大学院へと発展した。

## ❏ セツルメント運動

　COS運動と並んでもう一つ重要な役割を担ったのがセツルメント運動である。それは知識人や裕福な人々などがスラム街へ入って貧困者と共に生活をして人格的接触・交流をするもので，持つものと持たざるものの掛け橋として機能した。デニスン（Denison, E.: 1840-1870），モリス（Morris, W.: 1834-1896），キングスレー（Kingsley, C.: 1818-1875）らの労働運動や芸術運動にもその原型がみられるが，明確な起源を一つに辿るのは困難である。

　一般にその起源と言われているのは，1884年にロンドンのイーストエンドに創設したトインビー・ホール（Toynbee Hall）で，これが世界最初のセツルメントであると考えられている。オックスフォード大学のトインビー（Toynbee, A.: 1852-1883）が学生たちとスラム街で貧困者と生活を共にし，そこで交流したが，そのトインビーが若くして亡くなったのを惜しんで，彼の記念に設立したものである。初代館長にバーネット夫妻（Samuel, 1844-1913 & Henrietta, 1851-1936, Barnett）が就任した。その特徴は「労働者階級を憐れむべきものではなく，社

会改良推進の主役として歴史の主人と認めた[7]」ことである。

　アメリカでは，この影響を受けて1886年コイツ（Coit, S.: 1857-1944）が，ネイバーフッド・ギルド（Neighborhood Guild）を設立した。そして1889年ジェーン・アダムズ（Addams, J.: 1860-1935）とスター（Starr, E. G.: 1859-1940）がシカゴにハル・ハウス（Hull-House）を創設した。その活動は，保育園，児童公園設置，児童キャンプ活動，児童労働保護運動，移民支援，婦人参政権運動と多岐にわたる。生活困窮者の「ために」ではなく，「ともに」生きることをモットーにし，その思想は後にソーシャルワーカーとクライエントの対等の関係の構築などに大きな影響を与えた。

　ハル・ハウスにはアダムズのほかにもケリー（Kelly, F.: 1859-1932），ラスロップ（Lathrop, J.: 1858-1932），ハミルトン（Hamilton, A.: 1869-1970），アボット姉妹（Edith, 1876-1957 & Grace, 1878-1939, Abbott）らのアメリカを代表する著名な女性たちがいた。彼女らは大学卒第一世代であり，能力はあっても当時のアメリカ社会にあっては，ほとんどの女性はたいてい政治家，弁護士，医師，聖職者にはなれず社会的に差別されていた。一方で，福祉分野にあっては職業的自己実現を達成することが可能であった[8]。

# ② ケースワークの誕生および専門職化

　先述したようにソーシャルワークの源流にはユダヤ・キリスト教的な愛（アガペー）やユダヤ教の正義（ヘセド）という概念が，世俗化して，組織化していくプロセスがあることを述べてきたが，さらに20世紀に入って，専門職化の動きが活発になっていく。

## ☐ 二つの運動の緊張関係

　前節で述べたセツルメント運動とCOS運動の二つのボランタリーな福祉にかかわる市民運動は，ソーシャルワークの形成の源流に大きな影響を及ぼしたが，この二つの運動は，対照的な動きとなっていく。

　同時代のボランタリーな福祉にかかわるCOS運動とセツルメント運動の比較は興味深い。それぞれの運動の起源，規模，構成員，貧困観，援助方法，思想は，多くの共通点をもちながらも，厳密には相違点が際立っている。それが今日のソーシャルワークのなかにも継承されている。

　リー（Lee, P.: 1879-1939）が1929年にソーシャルワークを cause（大義に基づく運動）と function（機能）の二つに類型化したが，前者はセツルメント，後者が COS を暗示しており，その対比は現代的課題を有している。実際，1930年代より社会改良グループ（セツルメント運動）は次第に後退し，この後，援助の焦点が個人の心理内界に集中し，さらに後に精神分析の影響を受けることになり，飛躍的に発展していくことになる。こうして，COS 運動を中心とした専門職化が活発化していった。その際に注目すべきは，「慈善でもなく，友情でもなく，専門的サービスを」というコンセプトの変化である。<sup>(9)</sup> このような専門職の確立に至る経緯として以下の2点を押さえておく必要がある。

　一点目は，セツルメント運動の批判である。当時セツルメントと COS は協力して福祉実践を担ったという面もあるが，厳密にその運動の方向や指導者たちの主張をみていくと，むしろ多くの点で反目していたと考えられる。ことにセツルメントの指導者たちの COS 運動への批判は厳しく，COS が追求しようとする科学性や専門性を「擬似科学性」だとして非難した。特に，貧困認識の違いが顕著で，社会問題への社会科学的視点が欠落していると批判した。<sup>(10)</sup> もともとセツルメント運動を実践する人々やその社会階層は，高学歴で，社会科学的色彩が強く，キリスト教的にもリベラルなソーシャルゴスペル運動の支持者たちであった。ハル・ハウスなどの実践者たちはその典型である。しかしながら，COS は，それによって社会科学的視座が鍛えられ，「社会的なるもの」へ意識が向けられていった。<sup>(11)</sup>

## ❏ フレックスナー症候群とケースワークの確立

　二点目は，「フレックスナー症候群」といわれる傾向である。<sup>(12)</sup> これは1915年にフレックスナー（Flexner, A.: 1866-1959）が「独自の技術，専門教育のためのプログラム，専門職業に関する文献，そして実践技能を有していない」という理由で「ソーシャルワーカーはいまだ専門職ではない」と発言したことに由来する。<sup>(13)</sup> これ以降，専門職と認められるために，伝達可能な共有の知識を有していることに過剰に反応した。

　この二点の影響を受けて，それを克服するべく，1917年に前出のリッチモンドが『社会診断』（*Social Diagnosis*）を刊行することになった。この著作は，既存の医学，法学，心理学をベースにし「伝達可能な知識の共有」を提供したということで社会福祉界のバイブル的存在となった。またリッチモンドは『ソーシャル・ケース・ワークとは何か』（*What is Social Case work?* 1922）で，ケースワークの定義を明らかに

した。それによると，「ソーシャル・ケース・ワークは人間と社会環境との間を個別に，意識的に調整することを通してパーソナリティを発達させる諸過程からなり立っている[14]」とされる。このリッチモンドの２冊の著作によってケースワークは確立したと言える。NCCC の名称も，1917年に NCSW（National Conference of Social Work）と変更したが，これは慈善からソーシャルワークへ転換したことを象徴している。

## ③ 精神分析の影響と論争

　ここまでで，すでに確立したケースワークであったが，その後，急速に精神分析理論の影響を受けてその関心が貧困や社会問題よりは，心の問題に向かうことになる。

### ☐ 戦争と福祉

　世界史の悲惨な出来事としての戦争はいつの時代にもあるが，皮肉にもそれはソーシャルワークの発展と無関係ではない。1914年に第１次世界大戦勃発，1917年にアメリカも遅れてこれに参戦した。この戦争で心身ともに傷を負った軍人やその家族に対する精神的ケアのニーズは国家として重大であった。また同時に勝利国となったアメリカは経済的繁栄期を迎え世界の頂点に立っていったが，ソーシャルワーカー自身も貧困への社会問題の意識は薄れ，心の問題への関心が強くなっていった。

　こうした状況を受けて1920年代に精神科領域でケースワークの新たな分野の確立を生み出すようになった。スミス大学に精神医学ソーシャルワーク（psychiatric social work）を専門に学ぶ大学院が設置された。

### ☐ フロイトの登場と精神医学の氾濫

　先述したようにケースワークはすでにリッチモンドの主張により一定の定義を生み出し，確立していたが，一方で，その実践を支えるような独自の理論は未だ希薄であったと言える。オーストリアのフロイト（Freud, S.: 1856-1939）が来米したのが1909年であったが，旧大陸ヨーロッパよりも変化に柔軟な新大陸アメリカで精神分析は隆盛をみた。とりわけ，専門的実践を支える理論に不安をもつソーシャルワーカー

にとってそれは魅力的であった。先述していた伝統的なリッチモンドのケースワーク論にこの精神分析理論が融合して，一つの理論を形成していった。一般にこの流れを診断学派（Diagnostic School）と呼ぶ。

　しかし，この流れがさらに強くなり，次第に精神分析とケースワークの境界線がなくなり，「ワーカー」は，「セラピスト」になり，精神医学の氾濫と呼ばれる現象が起こった。一方で，「素人の精神分析家」と皮肉られることもあった。こうしてソーシャルワークは，その援助対象を生活貧困者から心理問題や神経症の患者へとシフトしていった。そのことの反省も踏まえて，1923〜29年にミルフォード会議が実施され「ジェネリック・ケースワークとは何か」という議論が展開された。(15)その後，1929年に世界大恐慌を経験することによって，失業など経済問題に直面し，マクロレベルのソーシャルワークの必要性が主張され，1935年に不十分ながら世界最初の社会保障の法律となった社会保障法が成立し，コミュニティワークなどが確立するようになった。

## ◻ 診断学派と機能学派

　診断学派がすでに形成されたことは述べたが，一方で同じ精神分析の流れを汲んだ機能学派（Functional School）が誕生して，ソーシャルワーク界は，精神分析理論の枠組みのなかで二分裂して激しい論争になった。機能学派は，意志療法の創設者であるランク（Rank, O.: 1884-1939）の影響による。

　「クライエント中心療法」「カウンセリングの父」と呼ばれるロジャース（Rogers, C.: 1902-1987）自身，自分の理論の着想はランクの意志療法の概念であると主張しているように，ソーシャルワークのみならずカウンセリング領域においても，ランクの理論は多大な影響を及ぼしている。ランクは，一時フロイトの弟子であったが，やがてフロイト理論に批判的になり決別した。ランクのフロイトへの批判の要点は，①受動的技法であり，②自然科学的仮説性を基にしており，③幼児的記憶へ執着し，④抑圧をベースにした夢解釈法をとっており，⑤治療期間が長過ぎ，⑥すべてを性（セックス）へ還元する，というものあった。

　ランクはその後渡米して，ペンシルヴァニア大学のタフト（Taft, J.: 1882-1960）とロビンソン（Robinson, V.: 1883-1977）という二人の女性に影響を与える。彼女らはランクの斬新な理論に傾倒し，それをベースに以下のようなソーシャルワーク論を組み立てるようになった。①過去ではなく現在を，②治療時間を短く，③本人の意志の尊重（肯定的人間感），④結果より過程を尊重する，⑤社会機関の機能の重要性。

■→ パターナリズム
(paternalism)
強い立場の者が，弱い
立場の者の益のためと
して，一方的に干渉・
保護することをいう。
親が子どもの利益と思
って保護することに語
源がある。

ただし，⑤については，ランクのオリジナルな主張ではなく，タフト
らが福祉機関の機能の重要性を理解し，付け加えたものである。特に
クライアントの肯定的人間観は，従来の**パターナリズム**■に基づくよう
な人間観とは異なっていたため議論を呼んだ。[16]こうした主張は機能学
派あるいはペンシルヴァニア学派と呼ばれ，先述した診断学派と対峙
し，ソーシャルワーク界が二分裂するほどの激しい本格的な論争とな
った。

　しかしながらこの論争は，排他的になり，非建設的な面もあり，そ
れを反省するような動きも出てきた。マイルズ（Arthur P. Miles,
1910-）は，「リッチモンドに帰れ」（原点回帰）[17]と呼びかけ，アプテカ
ー（Herbert H. Aptekar）は，機能学派の観点から折衷をはかった。[18]一
方でパールマン（Perlman, H. H.: 1905-2004）は，診断学派的観点から，
両者の相違を認めつつも「問題解決」という観点で折衷をはかった。[19]
その後，この問題解決アプローチが主流となり，論争は次第に下火と
なった。また1955年には福祉関係のあらゆる団体が，ソーシャルワー
クのジェネリックな視点で連合した。そして全米ソーシャルワーカー
協会（NASW）を成立させて専門職団体としての確固たる地盤を得た。

## ソーシャルワークへの批判期と昏迷

前節で説明した論争は，厳密に言えば社会福祉内の論争の形を呈しながらも，実は精神分析論内の論争がソーシャルワークへ飛び火したことになる。その結果，精神分析論への過度な傾斜によって，援助対象は，精神・心理面に焦点があてられることになった。そして，社会福祉にとって，根幹であるべき生活困窮している貧困者を対象から除外していくということになった。この動向に対して，過敏に反応したのが1960年代から70年代の状況であった。ここでは，この時代のソーシャルワークの状況について外在的側面と内在的側面の両面から述べていきたい。

### ☐ 公民権運動

まず，外在的側面として，1960年代のアメリカの社会背景について触れておかなければならない。この時代はアメリカ史においても極めて特異な時代であった。具体的には，ヒッピーカルチャー，学生運動，などに象徴される既存の価値観への懐疑からくる革新的な時代風土であった。ことに公民権運動，ベトナム戦争は国内のこれまでの民主的価値観を根幹から揺るがす大きな影響をもった。

公民権運動とは，1950年代から1960年代にアメリカで起こった公民として政治や社会に参加するなどの公的権利を求めたアフリカ系アメリカ人（「黒人」）よる社会運動である。非暴力を主張するキング（Martin Luther King Jr.: 1829-1868）牧師によって主導された。これは奴隷制に溯る長い人権侵害の歴史に起因するが，アラバマ州におけるバス・ボイコット運動（1955年）に始まり，20万人が参加したワシントン大行進（1963年）など全米を巻き込んだ市民運動となり，1964～65年に公民権諸法が成立した。

キング牧師に代表されるアフリカ系アメリカ人たちによる権利闘争は，これまで民主主義国家として世界をリードしてきたアメリカにとって，価値転換を迫られることになった。また正義の闘いとして臨んだベトナム戦争が，結果的に民衆を苦しめ，激しい抵抗を受けて長期化，泥沼化してきたことから，民主国家アメリカの威信も揺らいだ。またアメリカ自体は豊かになり，貧困はもはや消滅したかのような印象を与えていたが，実は黒人家庭などを中心に多数の貧困者が存在し

ている事実「貧困の再発見」が明るみに出た。これを受けてジョンソン（Johnson, L. B.: 1908-1973）大統領自身が1964年に貧困戦争（War on Poverty）を宣言するなど，国民の関心は，一挙に社会変革へと向かった。

　こうして各地で反戦運動やマイノリティの権利運動が激化した。精神分析の論争に明け暮れ，福祉の対象を心理面に傾斜させてきたケースワーク理論に対する外部からの批判は痛切であった。貧困問題や社会問題などに対する社会的視点を欠落させ，「素人の精神分析家」になってしまったソーシャルワーカーへの責任追及と，ソーシャルワーカーの多くが社会の体制を維持・温存しようとする傾向が強い保守的傾向へメスが入った。

## ▢ 効果測定の衝撃

　社会背景からのソーシャルワークへの批判のほかに，内在的批判が，ソーシャルワークの科学的分析から起こってきた。それは，そもそも「ソーシャルワークに効果があるのか」という疑問であった。先鞭をつけたのが1950年代からハント（Hunt, J. M.），コーガン（Kogan, L. S.）らの援助効果の測定であった。ソーシャルワーカーたちへ衝撃的な結果を導いたのは1965年のマイヤー（Meyer, H.），ボーガッタ（Borgatta, E.），ジョーンズ（Jones, W.）による Girls at vocational High School による実験結果であった。これは科学的統制群実験法と呼ばれるもので，189名の実験群に対して192名の統制群を置き，実験群にはソーシャルワーカーを配置して相談に当たらせ，もう一方には何もしないというものであった。[20]

　指標として補導，退学，欠席，などを数値化したが，その結果は，多少の差異はあるものの，ソーシャルワークには何の効果も認められないばかりか，むしろマイナス効果すらあり，その効果を信じていた関係者に衝撃を与えた。ただし，現在の観点ではこれには調査上の問題点も指摘される。そもそもソーシャルワークの効果測定に統制群を置いていいのかという倫理上の問題，また指標が妥当なのかどうか，などの疑問であった。これらを受けて，1970年代より単一被験者実験法 N =1 model などが用いられている。

　後にその他の同様の追跡調査も実施されたが，少なくとも著しい効果があったという報告はなかった。この調査結果は，先述した外在的批判と重なってソーシャルワークに対する批判を加速させ，その無用論まで出てきた。これを受けてパールマンは1967年に「ケースワークは死んだ」[21]と論じたが，その趣旨はケースワークの再生への期待とい

う見方もできる。このような状況下で，治療的ソーシャルワークよりもクライアントの権利を擁護するアドボカシー概念が強調されたが，その理論として，社会変革を主導して，人権問題に先鋭的に取り組んだレイノルズ（Reynolds, : 1887-1978）の思想は注目に値する[22]。

# ⑤　ソーシャルワークの統合期

　前節で述べたように1960年代の批判を受けたソーシャルワークにとって，とりわけ心理面に傾斜したソーシャルワークにとって「再生」への途は多難であった。

## □ 個人か社会か

　まず注視されたのがソーシャルワークの焦点であった。これまで援助の焦点は，個人なのか，社会なのかという二者択一の議論であった。その焦点が時代状況に左右され，それはあたかも「振り子」のように振れていた。経済的不況のときは社会へと関心が高まり，社会改良や社会運動に関心が向き，好景気には心理面へ関心が傾斜するという具合であった。

　このようなソーシャルワークの焦点に関して「あれか，これか」の議論が果たして適切なのかについて疑義が沸き起こった。そして，個人の心理面だけにとらわれるような方法や，社会変革だけを強調するような二元論的とらえ方そのものがソーシャルワークにはなじまないのではないかという議論となった。

## □ 統合化の議論

　またこれまで大学等のカリキュラムにおいてもケースワーク，グループワーク，コミュニティワークというようにそれぞれが分断化されて教育がなされてきたことに対する，理論上と教育上の問題点が指摘された。ことにケースワーク単独のカリキュラムに対する批判は1960年代の状況がそのまま反映されていた。このような観点から，個々に分断化されたカリキュラムではなく，ジェネリック（スペシフィック（特殊）なものに対する対語で，一般的なという意味）な総体としてのソーシャルワークが強調されるようになった。理論上は，はじめにケースワークという技術があるのではなくて，総体としてのソーシャルワークがあって，ソーシャルワーカーが場面に応じて個別，集団，地域

を使い分けるというものである。

　その結果，従来の呼称に代わって，以下のような呼称が採用された。Social Work with Individuals（ケースワーク），Social Work with Groups（グループワーク），Social Work with Communities（コミュニティワーク）である（グループワークとコミュニティワークについては，本書第7節参照）。こうして，ジェネリックなソーシャルワークが一つの方向性として示された。

□ システム思考

　個人と社会の相互関係やその全体を捉えていこうとするこうした理論と密接に連結したのはシステム思考と呼ばれる発想であった。システム思考とはシステム論（systems theory），ライフモデル（life model），エコ・システム論（eco-system perspective）など一連の理論の総称である。それが，個々の論によって微妙に違うが，その強調点は閉塞状況にあるソーシャルワークの個人か社会かの二元論的視点への懐疑にある。一般システム論や生態学的視座を受けて，ホリスティックな視点で全体像を把握する視点，個人と環境との二元論的把握ではなく一元化をはかる視点，原因を直接的因果関係で捉えるのではなく円環的に把握をする視点など，の特徴がある。

　これは，二元論的把握に混迷したソーシャルワークの難題を克服し，先述した分断化されたケースワーク，グループワーク，コミュニティワークを統合する総体としてのソーシャルワークという発想にもマッチし，ソーシャルワーク理論の主流として受け入れられていった。主な理論家は，ゴールドスタイン（Howard Goldstein），生態学的に福祉を捉えるジャーメイン（Germain, C. B.: 1916-1995），エコシステム論のメイヤー（Meyer, C. H.: 1924-1996）である[23]。

**ソーシャルワーク論の新たな胎動**

　北米では，ジェネラリストのシステム思考が依然強力な展開を見せているが，1990年代ぐらいより潮流に変化が見られ，システム思考の批判がでてきた。

## ☐ システム思考への批判

　ウエークフィールド（Wakefield, J. C.）は，「エコシステム論的視座が理論的偏重を矯正することに有効であると考えるのは幻想である」とし，エコシステムの視座を批判し，その介入の曖昧さと無節操な理論の折衷主義を批判した。結論的に「エコシステム論的視座は重要なことは何も与えてはいない」と指摘している。[24]

　その批判点として第1にその保守的傾向である。システム思考は政治的社会的文脈に応用されると，現状維持には都合がよく，その発想の根底に「狼が羊を食らう」ことに介入せずとも生態系は維持されるという観点があると指摘されはじめた。ことに障害者，LGBT，女性，エイズなどの社会から周縁化されるマイノリティは，このような現状維持システムの視点からではなく，自らが社会を主体的に変革する思想や理論を求めるようになった。

　第2に具体的介入戦略の不足である。個人と社会を一体とみるシステム的論点なアセスメントは有効で，教育上においてわかりやすいが，いざ介入となると個人には従来からの精神分析のアプローチであったり，一方で社会に働きかけるという具合で，結局は否定したはずの二元論的側面が否めず，理論と介入戦略の不一致が指摘されるようになった。

　第3に歴史性の欠落である。システム思考は「いまここにある」現在を掌握するのに都合がいいが，アイデンティティまでも含めた歴史性に関心を払わないことへの批判である。

　第4は，意味不在ということである。システム思考においては機械や生態系をメタファーにしているため，意味探求というのは不問に付されてきた。しかし意味や目的を探求しようとしないシステムではなく，意味を求めることが強く求められる時代となり，機械やシステムではなく，人間の側の主体的側面や意味探求が問い直されてきている。

## ☐ 新しい潮流

　このような批判を受けて，システム思考の修正も含めて新たな潮流
があり，以下それらを整理すると，次の5点である。

　①　ケアマネジメント：これは，理論としては上述のシステム思考
の延長線上にあるといえるが，戦略不足という難点を経営やマネジメ
ントという概念で一掃し，多忙なソーシャルワーカーや周辺領域の専
門職へ浸透した。従来，福祉が発想しなかった効率性の観点を取り入
れ，ニーズの把握とサービスの提供ということに一役をかっている。

　②　エンパワメント（権限・権力の委譲）：これまで扶助を保護的に
受ける「対象」でしかなかったと感ずる人々が，そのパワーそれ自体
を自ら獲得して主体的に自立をはかっていくという援助である。

　③　ストレングスモデル：上記の①，②とも共通するが，ストレン
グス（長所または強さ活用）モデルがある。それは，クライアントの弱
点や問題点のみを指摘して，その不足を補うような従来の援助と異な
って，その長所あるいは強さに焦点を置き，その人の能力の強みを評
価することにより従来のネガティブなクライアント観からの脱却をは
かるというものである。

　④　セルフヘルプ・グループ：専門家の存在・役割をどう位置づけ
るかによって異なるが，専門家とのパートナシップ関係にある場合と，
当事者のみで専門家に頼らない場合がある。後者は，エンパワメント
を強調し，権限を付与されて，社会運動的性格を帯びてくる。

　⑤　**ナラティヴ・モデル**（社会構成主義）：ポストモダンの哲学的背
景を持ちつつ，「コトバが世界をつくる」という視点で，文化的・社
会的に構成される言説に注目し，それを発見し，解体し，それに替わ
るオールタナティヴ・ストーリーを発見していくというものである。
したがって援助者の役割は，クライアント自身の物語の作成のための
編集者または共同著述者ということになる。つくられた（構成された）
「私」にまつわるドミナントなストーリーを発見していくことになる。[25]

　以上，現代のソーシャルワークは，システム思考の修正も踏まえて
検討が必要であるが，一方で新しいモデルも未だ課題が多く，今後実
践の中でさらに吟味していくことが望まれる。

▶ナラティヴ・モ
デル
..................
「現実」とは客観的で
普遍的なものであると
いうよりは，変化し，
言葉により構成される
「物語」に過ぎないと
いう社会構成主義に基
づいて，当事者のナラ
ティヴ（語り，物語）
の視点から従来の支援
をとらえなおす支援方
法およびその運動。

## グループワーク，コミュニティワークの歴史

　これまで主に，ソーシャルワークの歴史についてケースワークを軸に概観してきたが，最後に，グループワークとコミュニティワークについても整理しておきたい。

### ❏ グループワークの歴史

　グループワークの源流を特定するのは困難であるが，先述したセツルメント活動の他にウイリアムズ（Williams, G.: 1821-1905）のYMCA，またロバーツ（Robarts, E.: 1818-1877）とキナード（Kinnaird, M.: 1816-1888）のYWCA，バーデン-パウエル（Baden-Powell, R.: 1857-1941）のボーイスカウト（ガールスカウト），また日曜学校（教会学校），などにおける青少年のグループ活動もその源流に数えられる[26]。

　このような活動を諸源流にしながら，福祉の「援助方法」としてのグループワークの必要性が求められるようになった。これを受けて，1920年代には「グループワーク」という用語も使われるようになった。その後，チャドセイ（Cadsey, M.: 1884-1940），カイザー（Kaiser, C.: 1867-1942）の指導のもと，1923年にウエスタン・リザーブ大学の大学院でグループワークの最初の講座が開講されて援助方法としての位置づけがなされるようになった[27]。

　また1935年には全米ソーシャルワーク会議（NCSW）においても，グループワークが一部門として位置づけられ，「ソーシャルワークの一方法としてのグループワーク」という方向が明確になった。ニューステッター（Newstetter, W. I.: 1896-1972）が援助方法としてのグループワークの定義を試みた。翌年の1936年には全国グループワーク研究会（NASGW）（後にAASGW）が発足し，理論と実践の両面からの専門化がすすめられることになった。

　こうした状況下，「グループワークの母」と言われるコイル（Coyle, G.: 1892-1962）が，デューイ（Dewey, J.: 1859-1952）の指導のもと『組織されたグループにおける社会的過程』（*Social Process in Organized Groups*, 1930）を著わし，グループワークを理論的に体系づけた。1946年のNCSWにおいて，コイルほかコーヘン（Cohen, N.: 1909-1979），ウイルソン（Wilson, G.: 1895-1984）が改めてソーシャルワークの一方法としてのグループワークということを内外にアピールして，その位

置づけを確立した。

　さらに1946年にはAASGW研究会が，専門職の団体として改変してアメリカ・グループワーカー協会（AAGW）となった。こうしてグループワークの援助方法と専門性がいっそう強固なものとなった。しかしこうした一連の変化は，一方でグループワークをレクリエーションの一環として位置づけてきた人々たちの反発をまねき，団体離反ということにもつながった。[28]

　その後，1955年にこのAAGWは全米ソーシャルワーカー協会（NASW）の下に統合・合同された。これは，各団体や個人が専門分化するのではなく，大同団結してソーシャルワークという団体を強化していこうとする統合化の歴史的方向性に沿うものであった。その後，グループワークは，上述したようにソーシャルワークの一方法としてさらに発達していくことになるが，ケースワークとの距離と理論的整合性の難題はあった。なぜならグループ理論の基礎には，デューイ，メイヨー（Mayo, G.E.: 1889-1948），レビン（Lewin, K.: 1890-1947），モレノ（Moreno, J.L.: 1889-1974）らの教育学，心理学，社会学が色濃くあり，それを福祉現場で応用していくにあたっては，その難題は克服されないままであった。またこの頃のケースワークが先述したように精神分析の影響が色濃く，方法上の整合性はなお大きな課題があった。

　第2次世界大戦以降，グループワークの援助技術が本格化していくことになる。なかでも，コノプカ（Konopka, G.: 1910-2003）の実践的・理論的研究は大きな影響を及ぼすことになった。彼女の定義はその後のグループワーク研究に大きな影響を与えることになった。その後のグループワークは大きく3つに分けることができる。

　①　社会諸目標モデル：ジェーン・アダムズ，コイル以来の伝統的なグループワークとも延長線上にあり，ことに1960年代の社会運動との流れを取り入れてコミュニティワークとの接点を濃厚にするモデル。

　②　治療モデル：ヴィンター（Vinter, R.: 1921-2006）らの理論の影響があり，ケースワークの臨床や治療の概念をグループに応用したものである。また行動理論などの影響も受けるものもこの部類に属する。特に精神保健分野におけるグループワーク実践に多く用いられているし，集団精神療法などとの接点が濃厚なモデル。

　③　相互作用モデル：シュワルツ（Schwartz, W.: 1916-1982）の媒介モデルに基づき，グループ・メンバー間，メンバーとワーカーの間，あるいはメンバーと社会システムとの関係性に着目し，それを媒介していくモデル。

　いずれにしても，ソーシャルワークの統合論の流れのなかで，グル

ープワーク独自の方法論の強調からソーシャルワークという体系のなかで，グループをとらえようとする傾向が主流となった。したがってそれ以降グループ理論の研究よりソーシャルワークとの関連を強調するようになった。

　グループワークについてくわしくは，本シリーズ第5巻『ソーシャルワークの理論と方法Ⅰ』第8章も参照のこと。

## ☐ コミュニティワークの歴史

　コミュニティワークの歴史はすでにケースワークの歴史のなかで触れたので，主要概念と変遷のみ言及するが，まずその源流は先述した通り COS 運動とセツルメント運動である。特に COS における慈善の組織化という概念はその第一歩である。またセツルメント運動における社会改革性は，地域改革・改良という運動性の原点となった。その後，1920年代にはアメリカの場合，州単位の公的福祉機関が設置されたこともあり，コミュニティ改革が進んだ。大恐慌以降の1935年の社会保障法により失業対策などを中心にマクロレベルでの援助の必要性が生じ，コミュニティワークの需要がでてきた。

　本格的に援助技術として発展してきたのは，1939年のレイン報告書（the Lane Report）によるニーズ・資源調整説以降であり，これにより地域活動を総合的科学的概念にまで高めることに貢献した。またその後1947年ニューステッターのインターグループワーク論が登場した。それによると，グループワークとコミュニティワークとの連携が図られた。1950年代以降は，都市計画理論の影響もあり，都市レベルにおけるコミュニティワークが図られたが，特にロス（Ross, M. G.: 1910-2000）の『コミュニティ・オーガニゼーション』（*Community Organization*, 1967）は，その後の基礎付けをした。それによると，コミュニティ自体の自己決定，共同社会固有の幅，地域から生まれた計画，共同者の能力増強，改革への意欲などが検討された。

　一般にコミュニティワークは，地域開発モデル，社会計画モデル，ソーシャルアクションモデルに分類されるが，特に1960年代の福祉状況により NASW がアドボカシー（権利擁護）をソーシャルワークの援助に採択したこともあり，ミクロレベルのケースワークより，マクロレベルのコミュニティワークの重要性が強調されるようになった。またソーシャルワークの統合論のなかで，コミュニティワーク独自の援助技術というより，ソーシャルワークの中でのコミュニティ研究がすすめられるようになった。

　イギリスでは，コミュニティレベルのソーシャルワーク研究・政策

が本格化した（本書第7章第1節も参照）。1968年**シーボーム報告**では，ジェネリック・ソーシャルワーカーの概念が導き出され，地方自治体サービス法のなかですすめられることになった。またその後1982年バークレイ報告では，多数派報告，少数派報告，ピンカー報告と異例の3分裂の報告書となったが，結果的にコミュニティ・ソーシャルワークの概念が強調された。また1988年のグリフィス報告では，在宅におけるケアの概念が登場し，また福祉経営の観点が導入され，コストに見合った価値という議論のなか，コミュニティのなかでのケアマネージャーの機能が強調されるようになった。[29]

　日本でも「地域共生社会」が政府の方針に示されたが，上記のイギリスにおけるコミュニティワークの課題をそのまま継承していると言える。コミュニティワークについてくわしくは，本シリーズ第5巻『ソーシャルワークの理論と方法Ⅰ』第9章も参照のこと。

日本におけるソーシャルワークの歴史的展開

　これまで欧米のソーシャルワークの歴史を考察してきたが，以下では日本の状況をみていきたい。しかし，日本の展開は欧米の影響が強く，あまり独自性というものは多くはない。もちろん日本にも仏教や日本文化や地域土着の風土にそった独自の支援の在り方がなかったわけではないが，他者を個人としてみて専門的，組織的に援助する在り方は，キリスト教慈善や欧米のソーシャルワークを受容した明治時代以降からとなる。そこで，これまで述べてきた北米のソーシャルワークの形成史を踏まえながら，以下では日本のソーシャルワークの歴史を明治以降から現代まで概括していきたい。

### ❏ 明治期にみる慈善事業

　近代国家建設に舵をきった明治政策は，福祉施策として1874年の恤救規則によって生活困窮者を保護したが，あくまで「人民相互の情誼によるべく」として，家族や近隣の扶助が前提であり，対象制限が厳格であった。このような福祉政策の制限的な公助救済の間隙を，石井十次（岡山孤児院），留岡幸助（家庭学校），山室軍平（救世軍），石井亮一（滝乃川学園）などのキリスト教徒たちが，先駆的な慈善事業によって埋め合わせた。彼らを支えた思想は，これまですでに述べてきたイエスの愛（アガペー）の精神であり，それをもって慈善事業を展開した。これが後の人権尊重，愛他精神などソーシャルワークの援助の源流となり，その土台となったと言える。

### ❏ 大正期における社会事業

　大正時代では，欧米的近代国家を模倣して近代的な工場が増えるに連れて，資本主義の矛盾露呈，失業問題が生じ，それに関連するような労働争議が絶えなくなった。社会問題が激化してきた状況下では，明治期にみられたような慈善事業だけでは限界があった。1918年には米騒動もあり，民衆の社会運動が活発化したが，それは民主主義の開花した時期であった。吉田久一は，大正期の社会事業を指して「民主的社会事業のはじまり」(30)と評価しているように，慈善事業が社会事業へと変質していった。

　また，1917年に岡山県済世顧問制度が創設された。これは，当時の

岡山県知事笠井信一が自著『済世顧問制度の精神』に基づいてすすめた政策で，現在の民生委員制度の源流となった。これと並んで1918年に大阪府方面委員制度が実施された。これは小河滋次郎の『社会事業と方面委員制度』（1924）の理論を大阪府の林市蔵知事が採用し，実行したものである。これらは日本の地域福祉やコミュニティワークの源流である。

公的救済面では1929年に恤救規則に代わる救護法が成立した。まだ，対象制限などの点で限界はあったものの，先の恤救規則よりは改善した。学術面においても，田子一民『社会事業』（1922），生江孝之『社会事業綱要』（1923）などの優れた官僚や学者たちによる欧米の理論の吸収・紹介がなされ，研究・実践両面において慈善事業に代わる社会事業の概念が提唱された。また実践家としては，協同組合運動を主導し，予防的な福祉を主張した賀川豊彦がこの時代を代表する人物である。

## ☐ 昭和初期の厚生事業，ソーシャルワーク

昭和初期からアメリカのソーシャルワーク論が理論として次第に紹介されるようになるが，とりわけ重要な役割を担ったのが竹内愛二である。竹内は1935年に「社会学とケース・ウォークとの関係の史的考察」（『社会事業研究』第23巻第6号，1935年）という論文を発表し，社会学の応用社会学としてのケースワーク技術を紹介している。1938年には，これまでの一連の研究をまとめた『ケース・ウォークの理論と實際』が出版された。これは，アメリカのソーシャルワーク論を直接受容したものであるが，当時としては本格的なソーシャルワーク論の最初であり重要な文献である[31]。

またその後，第二次世界大戦で敗戦国となった日本は，GHQ指導下で社会福祉国家へと急展開することになる。そのなかに盛り込まれたのが，①公私分離（責任転嫁の禁止），②公的扶助などの福祉サービスを受けるにあたっての法的根拠の明確化，③ソーシャルワークの専門性の向上への努力，である。特に③により，GHQ派遣のソーシャルワーカーが来日した。これまで文献の紹介に留まっていたものが，「本場」の直接指導によってロールプレイ，スーパーヴィジョンなどの援助方法が本格的に導入された。

特筆すべきは，GHQ派遣のソーシャルワーク指導者の一人ドロシー・デッソー（Dorothy Dessau, 1900-1980）である。彼女は，1947年来日し，広島の再建に尽力した後，同志社大学社会福祉学科の教授として迎えられ，ソーシャルワークを教授し，学生や関係者に多大な影響

を及ぼした。教鞭をとる傍ら，1953年より私宅を開放して相談事業（1968年に葵橋ファミリー・クリニックとして設立）を実践した。そこはソーシャルワークを学ぶ大学院生のフィールドワークの場ともなり，優れた臨床家や研究者を生み出した。[32]

## 昭和期の理論上の深化と論争

　孝橋正一（こうはししょういち），岸勇（きしいさむ）らが，「社会福祉の本質」は，資本主義社会の矛盾構造を解明することであり，その意味において，生活保護領域でケースワーク技術を中心に考えることは，「社会福祉の本質」を見えないようにさせる表面的取り繕いであり，「欺瞞」であると批判した。これに対して仲村優一（なかむらゆういち）は，ケースワークやソーシャルワーク理論を社会福祉学全体に積極的に位置づけようと反論し，激しい論争となった。[33]

　他に，この時期，優れた独自の理論も生じた。岡村重夫（おかむらしげお）の「社会関係の主体的側面[34]」は，利用者の主体性を明示し今日にまで影響を及ぼしている。また嶋田啓一郎（しまだけいいちろう）の力動的統合論によるホリスティックな視点は，ソーシャルワークにおける人間尊厳の価値や，人間の全体性を論ずるに有効な視点をもたらした。[35]

　また各領域で，日本においても卓越したソーシャルワークの指導者が現れ，後進に大きな影響を及ぼした。たとえば，医療ソーシャルワークの浅賀（あさが）ふさ，障害者福祉の糸賀一雄（いとがかずお），地域福祉では阿部志郎（あべしろう）などが，独自の福祉実践を深化させた。また仲村優一，小松源助（こまつげんすけ），岡本民夫（おかもとたみお）は，主にアメリカの理論をもとに，日本のソーシャルワーク研究を刺激した。

## 社会福祉資格状況にみるソーシャルワーク

　1987年に社会福祉士，1997年に精神保健福祉士，の資格制度ができたことは日本のソーシャルワーク形成史にとって大きな転換点となった。それは理論の成熟とは無関係であるが，国家資格という身分を受けることによって不安定な身分であったソーシャルワーカーが職業的安定を得て，様々な領域で専門職として働きつつその自覚も生まれていくことになった。。

　またこれを養成するためのカリキュラムが法的に明記され，大学や養成学校において規格化された標準的な教育内容が提供されるようになった。専門職として国家資格化されたことによって専門職団体なども誕生し，それぞれ研究会や専門性への研修会が実施されるようになり，専門性向上への努力がなされた。そこで日本における具体的なソーシャルワークが展開されるようになった（社会福祉士については本章

第1章，精神保健福祉については本章第2章を参照）。

## ◯注 ————————

(1) 木原活信（1998）『J. アダムズの社会福祉実践思想の研究——ソーシャルワークの源流』川島書店.

(2) Chalmers の日本語表記は，多くが「チャルマーズ」となっているが，発音から以下では「チャーマーズ」と表記する.

(3) Richmond, M. E. (1917) *Social Diagnosis*, New York: Russell Sage Foundation, 28-29.; Richmond, M. E., (1903) *Friendly Visiting Among the Poor, a Handbook for Charity Workers* New York, London: Macmillan.

(4) Baker, R. L. (2003) *The Social Work Dictionary*. NASW Press 参照。富樫は，日本で「アルマナー」「友愛訪問員」という用語の紹介が，ジェネラリスト，スペシャリスト議論のなかで混乱して紹介されていることを指摘している。富樫八郎（2017）「わが国におけるソーシャルワーク専門職団体の今日的課題——ソーシャルワークの専門分化と「アルマナー」の理解を基に」『医療と福祉』.

(5) Hanna, William (1853) *Life of Thomas Chalmers D. D., LL. D.* Cincinnati: Moore, Anderson, Wilstach & Keys; Thomas Chalmers, F. (1829) *The Works of Thomas Chalmers* Bridgeport: M. Sherman.；津崎哲雄（1988）「トマス・チャマーズの信仰と実践——チャーマズ研究序説」『基督教社会福祉学研究』第21号.

(6) 富樫八郎（2017）によれば，「施しではなく，友情を」というスローガンは，ボストン COS の Robert Treat Paine の1879年の言葉であるとされている。Paine, R. T. (1879) *The Relations Between Church and the Associated Charities.* Boston: Office of the Secretary. チャーマーズがそれまで伝えてきた概念を明文化させたということなのであろう。富樫八郎（2017）「わが国におけるソーシャルワーク専門職団体の今日的課題——ソーシャルワークの専門分化と「アルマナー」の理解を基に」『医療と福祉』.

(7) 吉田久一・高島進（1964）『社会事業の歴史』誠信書房, 113.

(8) 木原活信（1998）『J. アダムズの社会福祉実践思想の研究——ソーシャルワークの源流』川島書店.

(9) 同前書；Walter I. Trattner (1974) *From Poor Law to Welfare State.* New York: Free Press (＝1978, 古川孝順訳『アメリカ社会福祉の歴史』川島書店).

(10) (8)と同じ.

(11) (8)と同じ.

(12) Austin, D. M. (1983) "The Flexner Myth and the History of Social Work". *Social-Service-Review* 57(3): 357-77.

(13) Flexner, A. (1915) "Is Social Work as a Profession?" *NCCC.*

(14) リッチモンド，M. E./小松源助訳（1991）『ソーシャル・ケース・ワークとは何か』中央法規出版, 57.

(15) NASW (1929) *Social Casework: Generic & Specific.*

(16) Rank, O. (1936) *Truth and Reality.* New York: W. W. Norton & Company.; Robinson, V. P. (1978) *The Development of a Professional Self.* N.Y.: AMS Press.

(17) Miles, A. (1954) *American Social Theory: A Critique and a Proposal.* Harper & Brothers Pub.

(18) Aptekar, H. (1955) *The Dynamics of Casework and Counseling.* Boston Houghton.

⒆　Perlman, H.（1957）*Social Casework: A Problem-Solving Process*, University of Chicago Press.

⒇　Meyer, H. J., Borgatta, E. F. and Jones, W.（1965）*Girls at a Vocational High*, Russell sage foundation,；白澤政和（1983）「ケースワーク殊遇の効果測定に関する一研究」『更正保護と犯罪予防』No. 69にも詳しい。

㉑　Perlman, H.（1967）"Casework is Dead" *Social Casework*, 48（1）.

㉒　Reynolds, B. C.（1964）"The Social Casework of an Uncharted Journey." *Social Work*. IX, No. 4; NASW（1963）An Uncharted Journey.

㉓　Germain, C. B. and Gitterman, A.（1980）*The Life Model of Social Work Practice*.　Columbia Univ. Press; Goldstein, H. *Social Work Unitary Approach*.　Columbia Univ. of South Carolina Press; Meyer, C.（1983）*Social Work in the Eco-Systems Perspective*.: Columbia Univ. Press.

㉔　Wakefield, J. C.（1997）"Does Social Work Needs Eco-Systems Perspective?" *Social Service Review*, September, The University of Chicago, 27.

㉕　木原活信「ナラティヴ・モデルとソーシャルワーク」加茂陽編『ソーシャルワーク理論を学ぶ人のために』世界思想社，参照．White, M. & Epston, D.（1990）*Narrative Means to Therapeutic Ends*. W. W. Norton & Company.

㉖　Reid, K. E.（1981）*From Character Building to Social Treatment: The History of the Use of Groups in Social Work*.　Westport: Greenwood Press.（＝1992，大利一雄訳『グループワークの歴史』勁草書房）.

㉗　Garvin, C. D.（1997）*Contemporary Group Work*.　Simon & Schuster Company.

㉘　大塚達雄・硯川眞旬・黒木保博編著（1986）『グループワーク理論』ミネルヴァ書房，23-28.

㉙　高森敬久・高田真治・加納恵子・定藤丈弘（1989）『コミュニティワーク』海星社；伊藤俊子（1996）『社会福祉職発達史の研究』ドメス出版.

㉚　吉田久一（1994）『日本の社会福祉思想』勁草書房，145.

㉛　竹内愛二（1949）『ケース・ウォークの理論と實際』巌松堂書店，3.

㉜　香川亀人（1978）「ミス・ドロシー・デッソー──日本における生活と事業」；デッソー，D.／上野久子訳（1970）『ケースワークスーパビジョン』ミネルヴァ書房.

㉝　古川孝順（1994）『社会福祉学序説』有斐閣，40.

㉞　岡村重夫（1983）『社会福祉原論』全国社会福祉協議会.

㉟　嶋田啓一郎（1980）『社会福祉の思想と理論』ミネルヴァ書房.

## ◯参考文献 ─────

池田敬正（1995）『日本における社会福祉のあゆみ』法律文化社.

市瀬幸平（2004）『イギリス社会福祉運動史』川島書店.

一番ヶ瀬康子（1963）『アメリカ社会福祉発達史』光生館.

一番ヶ瀬康子監，山田美津子（1999）『社会福祉のあゆみ　欧米編』一橋出版.

大林宗嗣（1926）『セッツルメントの研究』同人社書店.

小松源助（1993）『ソーシャルワーク理論の歴史と展開』川島書店.

小松源助・山崎美貴子・田代国次郎・松原康雄（1979）『リッチモンド　ソーシャル・ケースワーク』有斐閣.

小山路男（1978）『西洋社会事業史研究』光生館.

クィーン，S／高橋梵仙訳（1961）『西洋社会事業史』ミネルヴァ書房.

柴田善守（1985）『社会福祉の史的展開』光生館.

高島進（1995）『社会福祉の歴史』ミネルヴァ書房．

高野史郎（1985）『イギリス近代社会事業の形成過程』剄草書房．

ブルース，M／秋田成就訳（1984）『福祉国家への歩み』法政大学出版．

吉田久一（1989）『吉田久一著作集』（全6巻）川島書店．

Addams, J. (1910) *Twenty Years at Hull-House*, Macmillan.

Bruno, F. J. (1948) *Trends in Social Work 1874-1956*, Columbia Univ. Press.

Colcord, J. & Mann, R. eds. (1930) *The Long View*. Russell Sage Foundation.

Porter, L. (1937) *Social Work as Cause and Function*. Columbia Univ.

Woodroofe, M. K. (1962) *From Charity to Social Work in England and the United States*. Routledge and Kegan Paul.

■第5章■
# ソーシャルワークの倫理

ソーシャルワークの価値，倫理原則，倫理基準を日本では日本社会福祉士会や日本精神保健福祉士協会などのソーシャルワーカーの職能団体の倫理綱領から，欧米では全米ソーシャルワーカー協会や英国ソーシャルワーカー協会の倫理綱領から理解する。これらの倫理原則の間には，一般的には優先順位があるが，ソーシャルワーカーは倫理的ジレンマに遭遇することがある。これに対して，どのようにジレンマを解決し，倫理原則を選択していくのかを学ぶ。最後に，ソーシャルワークに関わる社会状況について学び，それらへの倫理的な対応について理解する。

 ## ソーシャルワークの価値および倫理原則

　ソーシャルワークの倫理は，倫理原則（principles）と倫理基準（standards）に分けられる。倫理「原則」は，ソーシャルワーカーが実践する際に多くの場合に適用される普遍的な考え方である。一方，倫理「基準」は，ソーシャルワーカーが判断するよりどころとなる一定の標準である。原則と基準の関係は，倫理原則から倫理基準が導き出されることになる。倫理原則はすべてのソーシャルワークに適用される基本的な約束事であり，倫理基準は日々のソーシャルワーク支援における判断基準になる。

　さらに，このソーシャルワークの倫理はソーシャルワークの価値（value）と連続性を有している。ソーシャルワークの価値は，人間が生来的に善であり，一人ひとりが価値ある存在であり，尊厳が保持され，変化していく能力等のストレングスを持っており，社会には資源，機会，乗り越えるべき障壁が存在するという考え方である。このようなソーシャルワークの価値は普遍的なものであり，ソーシャルワーカーはこうした価値を身に付けなければならない。このソーシャルワークの価値から倫理原則が導き出されることになる。その意味では，価値と倫理原則の両者は極めて近い内容となるが，倫理原則はソーシャルワーク実践の場面を具体的に想定したものである。

　ソーシャルワークの価値をソーシャルワーク実践で具体化するのが，ソーシャルワークの倫理である。倫理はソーシャルワーカーがクライエント，家族，グループ，組織，地域社会等に対して支援を実施する際の約束事を意味している。そうした支援の際に，別の倫理原則や倫理基準が優先され，ある倫理原則やある倫理基準が遂行できないこと

**資料5-1　社会福祉士の倫理原理**

Ⅰ（人間の尊厳）　社会福祉士は，すべての人々を，出自，人種，民族，国籍，性別，性自認，性的指向，年齢，身体的精神的状況，宗教的文化的背景，社会的地位，経済状況などの違いにかかわらず，かけがえのない存在として尊重する。

Ⅱ（人権）　社会福祉士は，すべての人々を生まれながらにして侵すことのできない権利を有する存在であることを認識し，いかなる理由によってもその権利の抑圧・侵害・略奪を容認しない。

Ⅲ（社会正義）　社会福祉士は，差別，貧困，抑圧，排除，無関心，暴力，環境破壊などの無い，自由，平等，共生に基づく社会正義の実現をめざす。

Ⅳ（集団的責任）　社会福祉士は，集団の有する力と責任を認識し，人と環境の双方に働きかけて，互恵的な社会の実現に貢献する。

Ⅴ（多様性の尊重）　社会福祉士は，個人，家族，集団，地域社会に存在する多様性を認識し，それらを尊重する社会の実現をめざす。

Ⅵ（全人的存在）　社会福祉士は，すべての人々を生物的，心理的，社会的，文化的，スピリチュアルな側面からなる全人的な存在として認識する。

も稀には生じる。

　以上のような価値，倫理原則，倫理基準は，個々のソーシャルワーカーの職能団体の倫理綱領の中で位置づけられている。

## ❏ 日本社会福祉士会の倫理綱領での倫理原理

　日本社会福祉士会は，2020年6月30日に，新たな「社会福祉士の倫理綱領」を採択した。これは，2014年に国際ソーシャルワーカー連盟と国際ソーシャルワーク教育学校連盟が共同で採択した新たなソーシャルワークのグローバル定義にもとづき，変更したものである。ここでは，6つの倫理原理（「社会福祉士の倫理綱領」では，「原理」となっており，原理は原則と比べて，例外が認められない，普遍的で基本的な考え方であり，価値にも近いものといえる）が示されている[(1)]（**資料5-1**）。それらは，①人間の尊厳，②人権，③社会正義，④集団的責任，⑤多様性の尊重，⑥全人的存在である。

## ❏ 日本精神保健福祉士協会の倫理綱領での倫理原則

　日本精神保健福祉士協会の「精神保健福祉士の倫理綱領」では，精神保健福祉士の価値として明確に列挙されていないが，倫理綱領の目的から，以下のような価値が示されている[(2)]。

① クライエント及び社会から信頼を得る

② 他の専門職や全てのソーシャルワーカーと連携する

③ すべての人が個人として尊重される

④ 共に生きる社会の実現をめざす

**資料5-2　精神保健福祉士の倫理原則**

1．クライエントに対する責務
　(1)クライエントへの関わり
　精神保健福祉士は，クライエントの基本的人権を尊重し，個人としての尊厳，法の下の平等，健康で文化的な生活を営む権利を擁護する。
　(2)自己決定の尊重
　精神保健福祉士は，クライエントの自己決定を尊重し，その自己実現に向けて援助する。
　(3)プライバシーと秘密保持
　精神保健福祉士は，クライエントのプライバシーを尊重し，その秘密を保持する。
　(4)クライエントの批判に対する責務
　精神保健福祉士は，クライエントの批判・評価を謙虚に受けとめ，改善する。
　(5)一般的責務
　精神保健福祉士は，不当な金品の授受に関与してはならない。また，クライエントの人格を傷つける行為をしてはならない。
2．専門職としての責務
　(1)専門性の向上
　精神保健福祉士は，専門職としての価値に基づき，理論と実践の向上に努める。
　(2)専門職自律の責務
　精神保健福祉士は同僚の業務を尊重するとともに，相互批判を通じて専門職としての自律性を高める。
　(3)地位利用の禁止
　精神保健福祉士は，職務の遂行にあたり，クライエントの利益を最優先し，自己の利益のためにその地位を利用してはならない。
　(4)批判に関する責務
　精神保健福祉士は，自己の業務に対する批判・評価を謙虚に受けとめ，専門性の向上に努める。
　(5)連携の責務
　精神保健福祉士は，他職種・他機関の専門性と価値を尊重し，連携・協働する。
3．機関に対する責務
　精神保健福祉士は，所属機関がクライエントの社会的復権を目指した理念・目的に添って業務が遂行できるように努める。
4．社会に対する責務
　精神保健福祉士は，人々の多様な価値を尊重し，福祉と平和のために，社会的・政治的・文化的活動を通し社会に貢献する。

　倫理原則としては，**資料5-2**に示しているように，①クライエントに対する責務，②専門職としての責務，③機関に対する責務，④社会に対する責務，の4つに分かれている。[3]クライエントに対する責務の倫理原則では，①クライエントへの関わり，②自己決定の尊重，③プライバシーと秘密保持，④クライエントの批判に対する責務，⑤一般的責務について言及している。また専門職としての責務の倫理原則では，①専門性の向上，②専門職自律の責務，③地位利用の禁止，④批判に関する責務，⑤連携の責務，が示されている。

## ▢ 国際ソーシャルワーカー連盟と国際ソーシャルワーク学校連盟のグローバル定義での倫理原則

　国際ソーシャルワーカー連盟と国際ソーシャルワーク学校連盟が共同で提示してきたソーシャルワークの定義の中にもソーシャルワークの価値なり倫理原則が示されている。2008年のモントリオールで採択

**資料5-3　全米ソーシャルワーカー協会のソーシャルワークの価値と倫理原則**

> ①　役に立つ（service）という価値に対して，倫理原則は，ソーシャルワーカーの第1の目標は生活課題を有する人を支援し，社会問題に対処することに供することである。
> ②　社会正義（social justice）という価値に対して，倫理原則は，ソーシャルワーカーは社会正義の実現に立ち向かうことである。
> ③　人間の尊厳（dignity and worth of the person）という価値に対して，倫理原則は，ソーシャルワーカーは人間が生来的にもっている尊厳や価値を尊重することである。
> ④　人間関係の重要性（importance of human relationships）という価値に対して，倫理原則は，ソーシャルワーカーは人間関係が根本的に重要なものであることを認識することである。
> ⑤　誠実（integrity）という価値に対して，倫理原則は，ソーシャルワーカーは信頼されるよう行動することである。
> ⑥　専門的力量（competence）という価値に対して，倫理原則は，ソーシャルワーカーは権限の範囲内で実践し，自らの専門職の専門的技術を開発・進歩させることである。

出所：筆者訳。

された旧のソーシャルワーク定義では，「人権」と「社会正義」がソーシャルワークの価値とされていた[4]。2014年メルボルンでの両連盟の総会において採択された新たなソーシャルワークのグローバル定義では，これら2つの価値を基本にしながら，「集団的責任」と「多様性尊重」が追加された[5]（本書261頁，「資料　ソーシャルワーク専門職のグローバル定義」参照）。

　「集団的責任」が追加された理由は，人々がお互いや環境に対して責任を取り，地域社会の中での互酬的な関係を創れる日々の生活のもとでのみ，個々の人権は確立することから，人権の確立には集団的に責任を取ることが重要であるとして示された。

　また，「多様性尊重」は，人種・階級・言語・宗教・ジェンダー・障害・文化・性的指向などの幅広く性質の異なる人々が存在することを認識し，多様な生活スタイルや価値観を尊重することが，人権の基本にすべきということで追加された。

　このように「集団的責任」と「多様性尊重」が追加された背景には，人権の尊重が必ずしも確立されていないという現状認識があり，人権の尊重や社会正義の実現のための手段的な価値として追加されたといえる。このことが，先に述べた日本社会福祉士協会の新しい倫理綱領に影響を与え，倫理原理に集団的責任や多様性の尊重が追加された。

## □ 全米ソーシャルワーカー協会の倫理綱領での価値と倫理原則

　一方，全米ソーシャルワーカー協会の倫理綱領で示されているソーシャルワークの価値と倫理原則は，**資料5-3**の6つから成っている[6]。

　日本社会福祉士会や日本精神保健福祉士協会が示す価値や倫理原則と比べて，全米ソーシャルワーカー協会の価値では「人間関係の重要性」を追加的に位置づけていることが特徴である。この価値は，人々

**資料 5 - 4　英国ソーシャルワーカー協会でのソーシャルワークの価値と倫理原則**

① 人権（human rights）という価値

ソーシャルワーカーはすべての人々の生来的価値や尊厳を尊重することが基礎である。これは国連世界人権宣言（United Nations Universal Declaration of Human Rights (1948)）や関連する人権に関する宣言から引き出された総会決議に基づく。

〈人権についての倫理原則〉

(1) ソーシャルワーカーは人々の尊厳やウェル・ビーイングを推進するために，クライエントの身体・心理・情緒・スピリチュアルな側面の統合を尊重し，促進し，防御しなければならない。ソーシャルワーカーは社会の中の個人や集団が最大の利益を享受し，被害を被らないよう関わるべきである。

(2) ソーシャルワーカーはクライエントの自己決定の権利を尊重するために，自ら決定や選択ができるよう，尊厳や権利を尊重・推進・支援すべきである。

(3) ソーシャルワーカーはクライエントの参加の権利を促進するために，生活に影響する決定や行動についてのすべての側面で，クライエントがエンパワメントする方法で，サービスを利用することができるよう，あらゆる関与と参加を推進すべきである。

(4) ソーシャルワーカーは人々を全体として捉えるために，家族，地域社会，身近な環境内での全体としてのクライエントに関心を向け，生活のすべての側面を認識するよう追及すべきである。

(5) ソーシャルワーカーはクライエントのストレングスを明らかにし，開発するために，個人，集団，地域社会のストレングスに焦点を当て，ひいては彼らのエンパワメントを推進すべきである。

② 社会的正義（social justice）という価値

ソーシャルワーカーは社会一般との関係において，ソーシャルワーカーが関わる人々との関係において，社会的正義を進めていく責任がある。

〈社会的正義についての倫理原則〉

(1) ソーシャルワーカーは差別に挑戦するために，能力，年齢，文化，性別，婚姻上の位置，社会経済状態，政治的な考え方，肌の色，人種や他の身体的特徴，性的志向性やスピリチャアルな考え方といった特徴をもとに差別することに対して，立ち向かっていく責務を有している。

(2) ソーシャルワーカーは多様性を認識し，個人，集団，地域社会の違いを考慮に入れて，クライエントが活動している社会の多様性を認識し，尊重すべきである。

(3) ソーシャルワーカーは資源の分配に対して，クライエントのニードに基づき，利用できる資源が公平に分配されるように保障すべきである。

(4) ソーシャルワーカーは不正当な政策や実践に対して，資源が不十分であったり，資源の分配，政策，実践が抑制的であったり，不公平であったり，被害を及ぼしたり，違法であれば，雇用者，政策立案者，政治家，一般公衆に対して注意を喚起する責務がある。

(5) ソーシャルワーカーは連帯して関わることとして，個人的に，または仲間や，他者と連帯して，社会的に排除したり，スティグマを生みだしたり，従属させられるといった社会状態に立ち向かい，包摂的な社会に向けて関わる責務がある。

③ 専門職としての誠実（professional integrity）という価値

ソーシャルワーカーは専門職の価値や原則を尊重し，維持していく責任があり，頼りになり，親切で，信頼されるよう行動する。

〈専門職として誠実の価値についての倫理原則〉

(1) ソーシャルワーカーは専門職の価値や評価を高めるよう，常に専門職の価値や原則に従い行動し，専門職に悪評をもたらすような行動をしないことを認識すべきである。

(2) ソーシャルワーカーは信頼されるために，親身で信頼され，オープンな方法で関わり，自らの役割・介入・決定を明確に説明し，サービスの利用者，同僚，雇用者に対して欺いたり，巧みに操作するようなことをしてはならない。

(3) ソーシャルワーカーは専門職の境界を維持するために，サービス利用者や同僚との関係との適切な境界を確立し，個人的な考え方の押しつけ，金銭的見返り，性的強要といった自らの立場を乱用してはならない。

(4) ソーシャルワーカーは思慮ある専門的な判断をすべきであり，バランスや思慮ある論拠や，実践，他者との利害での価値，偏見，葛藤の影響を理解しながら，判断すべきである。

(5) ソーシャルワーカーは専門職としての責任として，サービス利用者，雇用者，社会全般に対して自らの判断や行動を説明し，正当とする理由を準備しておかなければならない。

出所：筆者訳。

の関係こそが変化をもたらす重要な媒介であることから、「人間関係の重要性」をソーシャルワークの価値や倫理原則に位置づけている。

　全米ソーシャルワーカー協会は、ソーシャルワーク専門職の使命はこれら6つの価値に根源があり、これらの価値は専門職の歴史を通じてソーシャルワーカーが抱いてきたものであり、ソーシャルワークの特徴の基本をなすものであるとしている。

## 英国ソーシャルワーカー協会倫理綱領での価値と倫理原理

　一方、英国ソーシャルワーカー協会倫理綱領では、ソーシャルワーカーの有すべき①人権、②社会的正義、③専門職としての誠実の3つの価値を示し、それぞれの価値について、5つの倫理原則を示している[7]（**資料5-4**）。

　以上のように、各国のソーシャルワーク専門職の価値や倫理の原理は、個人や社会に対する考え方に若干のニュアンスの違いはあるが、個人に向かっては尊厳の保守、社会に向かっては社会的正義の実現、自らに向かっては誠実性の確保という視点で共通性が大きい。また、ソーシャルワークの価値から倫理原則が示されているが、倫理原則はソーシャルワーカーが具体的に行動する際の基本的な考え方を示している。

**ソーシャルワークの倫理基準**

　ここまでソーシャルワークの価値や倫理原則をみてきたが，本節ではソーシャルワーカーがクライエント，家族，グループ，地域社会等に対して支援を実施する際の一定の標準を示す，倫理基準についてみてみる。

### ☐ 日本の職能団体の倫理基準をみる

　まずは，日本社会福祉士会の「社会福祉士の倫理綱領」(8)（**資料5-5**）と日本精神保健福祉士協会の「精神保健福祉士の倫理綱領」(9)（**資料5-6**）の中で示されている倫理基準を示してみる。

　日本社会福祉士会倫理綱領の倫理基準（**資料5-5**）では，①クライエントに対する倫理責任，②組織・職業に対する倫理責任，③社会に対する倫理責任，④専門職としての倫理責任，に分けて倫理基準が示されている。日本精神保健福祉士協会の倫理綱領準（**資料5-6**）では，①クライエントに対する責務，②専門職としての責務，③機関に対する責務，④社会に対する責務，に整理し，倫理基準が示されている。

### ☐ 海外の職能団体の倫理基準

　全米ソーシャルワーカー協会の倫理基準では，(1)クライエントに対して（to clients），(2)同僚に対して（to colleagues），(3)実践現場で（in practice settings），(4)専門職として（as professionals），(5)ソーシャルワーク専門職に対して（to the social work profession），(6)広範な社会に対して（to the broader society），の6つに分けて整理している。(10)

　一方，英国ソーシャルワーカー協会の倫理綱領では，倫理基準は示されていないが，倫理基準よりも広範囲な内容である，倫理的な実践原則（ethical practice principles）が示されている。それらは11点であるが，タイトルのみ示しておく(11)（**資料5-7**）。

　ここまで示してきた倫理基準は，ソーシャルワーク実践で示される倫理原則を具体的にしたものである。ソーシャルワーカーは自ら所属する職能団体の倫理綱領に示されている倫理原則や倫理基準に基づき実践していくことになる。ただし，ソーシャルワーカーはこのような望ましい倫理原則や基準をもとに，態度や行為を決定していくことになるが，そこでどのような倫理原則や倫理基準を採用するかで，自ら

## 資料 5 - 5　社会福祉士の倫理基準

**Ⅰ　クライエントに対する倫理責任**

1.（クライエントとの関係）　社会福祉士は，クライエントとの専門的援助関係を最も大切にし，それを自己の利益のために利用しない。
2.（クライエントの利益の最優先）　社会福祉士は，業務の遂行に際して，クライエントの利益を最優先に考える。
3.（受容）　社会福祉士は，自らの先入観や偏見を排し，クライエントをあるがままに受容する。
4.（説明責任）　社会福祉士は，クライエントに必要な情報を適切な方法・わかりやすい表現を用いて提供する。
5.（クライエントの自己決定の尊重）　社会福祉士は，クライエントの自己決定を尊重し，クライエントがその権利を十分に理解し，活用できるようにする。また，社会福祉士は，クライエントの自己決定が本人の生命や健康を大きく損ねる場合や，他者の権利を脅かすような場合は，人と環境の相互作用の視点からクライエントとそこに関係する人々相互のウェルビーイングの調和を図ることに努める。
6.（参加の促進）　社会福祉士は，クライエントが自らの人生に影響を及ぼす決定や行動のすべての局面において，完全な関与と参加を促進する。
7.（クライエントの意思決定への対応）　社会福祉士は，意思決定が困難なクライエントに対して，常に最善の方法を用いて利益と権利を擁護する。
8.（プライバシーの尊重と秘密の保持）　社会福祉士は，クライエントのプライバシーを尊重し秘密を保持する。
9.（記録の開示）　社会福祉士は，クライエントから記録の開示の要求があった場合，非開示とすべき正当な事由がない限り，クライエントに記録を開示する。
10.（差別や虐待の禁止）　社会福祉士は，クライエントに対していかなる差別・虐待もしない。
11.（権利擁護）　社会福祉士は，クライエントの権利を擁護し，その権利の行使を促進する。
12.（情報処理技術の適切な使用）　社会福祉士は，情報処理技術の利用がクライエントの権利を侵害する危険性があることを認識し，その適切な使用に努める。

**Ⅱ　組織・職場に対する倫理責任**

1.（最良の実践を行う責務）　社会福祉士は，自らが属する組織・職場の基本的な使命や理念を認識し，最良の業務を遂行する。
2.（同僚などへの敬意）　社会福祉士は，組織・職場内のどのような立場にあっても，同僚および他の専門職などに敬意を払う。
3.（倫理綱領の理解の促進）　社会福祉士は，組織・職場において本倫理綱領が認識されるよう働きかける。
4.（倫理的実践の推進）　社会福祉士は，組織・職場の方針，規則，業務命令がソーシャルワークの倫理的実践を妨げる場合は，適切・妥当な方法・手段によって提言し，改善を図る。
5.（組織内アドボカシーの促進）　社会福祉士は，組織・職場におけるあらゆる虐待または差別的・抑圧的な行為の予防および防止の促進を図る。
6.（組織改革）　社会福祉士は，人々のニーズや社会状況の変化に応じて組織・職場の機能を評価し必要な改革を図る。

**Ⅲ　社会に対する倫理責任**

1.（ソーシャル・インクルージョン）　社会福祉士は，あらゆる差別，貧困，抑圧，排除，無関心，暴力，環境破壊などに立ち向かい，包摂的な社会をめざす。
2.（社会への働きかけ）　社会福祉士は，人権と社会正義の増進において変革と開発が必要であるとみなすとき，人々の主体性を活かしながら，社会に働きかける。
3.（グローバル社会への働きかけ）　社会福祉士は，人権と社会正義に関する課題を解決するため，全世界のソーシャルワーカーと連帯し，グローバル社会に働きかける。

**Ⅳ　専門職としての倫理責任**

1.（専門性の向上）　社会福祉士は，最良の実践を行うために，必要な資格を所持し，専門性の向上に努める。
2.（専門職の啓発）　社会福祉士は，クライエント・他の専門職・市民に専門職としての実践を適切な手段をもって伝え，社会的信用を高めるよう努める。
3.（信用失墜行為の禁止）　社会福祉士は，自分の権限の乱用や品位を傷つける行いなど，専門職全体の信用失墜となるような行為をしてはならない。
4.（社会的信用の保持）　社会福祉士は，他の社会福祉士が専門職業の社会的信用を損なうような場合，本人にその事実を知らせ，必要な対応を促す。
5.（専門職の擁護）　社会福祉士は，不当な批判を受けることがあれば，専門職として連帯し，その立場を擁護する。
6.（教育・訓練・管理における責務）　社会福祉士は，教育・訓練・管理を行う場合，それらを受ける人の人権を尊重し，専門性の向上に寄与する。
7.（調査・研究）　社会福祉士は，すべての調査・研究過程で，クライエントを含む研究対象の権利を尊重し，研究対象との関係に十分に注意を払い，倫理性を確保する。
8.（自己管理）　社会福祉士は，何らかの個人的・社会的な困難に直面し，それが専門的判断や業務遂行に影響する場合，クライエントや他の人々を守るために必要な対応を行い，自己管理に努める。

## 資料 5-6　精神保健福祉士の倫理綱領（倫理基準）

### Ⅰ．クライエントに対する責務

#### 1．クライエントへの関わり

精神保健福祉士は，クライエントをかけがえのない一人の人として尊重し，専門的援助関係を結び，クライエントとともに問題の解決を図る。

#### 2．自己決定の尊重

a　クライエントの知る権利を尊重し，クライエントが必要とする支援，信頼のおける情報を適切な方法で説明し，クライエントが決定できるよう援助する。

b　業務遂行に関して，サービスを利用する権利および利益，不利益について説明し，疑問に十分応えた後，援助を行う。援助の開始にあたっては，所属する機関や精神保健福祉士の業務について契約関係を明確にする。

c　クライエントが決定することが困難な場合，クライエントの利益を守るため最大限の努力をする。

#### 3．プライバシーと秘密保持

精神保健福祉士は，クライエントのプライバシーの権利を擁護し，業務上知り得た個人情報について秘密を保持する。なお，業務を辞めたあとでも，秘密を保持する義務は継続する。

a　第三者から情報の開示の要求がある場合，クライエントの同意を得た上で開示する。クライエントに不利益を及ぼす可能性がある時には，クライエントの秘密保持を優先する。

b　秘密を保持することにより，クライエントまたは第三者の生命，財産に緊急の被害が予測される場合は，クライエントとの協議を含め慎重に対処する。

c　複数の機関による支援やケースカンファレンス等を行う場合には，本人の了承を得て行い，個人情報の提供は必要最小限にとどめる。また，その秘密保持に関しては，細心の注意を払う。
クライエントに関係する人々の個人情報に関しても同様の配慮を行う。

d　クライエントを他機関に紹介する時には，個人情報や記録の提供についてクライエントとの協議を経て決める。

e　研究等の目的で事例検討を行うときには，本人の了承を得るとともに，個人を特定できないように留意する。

f　クライエントから要求がある時は，クライエントの個人情報を開示する。ただし，記録の中にある第三者の秘密を保護しなければならない。

g　電子機器等によりクライエントの情報を伝達する場合，その情報の秘密性を保証できるよう最善の方策を用い，慎重に行う。

#### 4．クライエントの批判に対する責務

精神保健福祉士は，自己の業務におけるクライエントからの批判・評価を受けとめ，改善に努める。

#### 5．一般的責務

a　精神保健福祉士は，職業的立場を認識し，いかなる事情の下でも精神的・身体的・性的いやがらせ等人格を傷つける行為をしてはならない。

b　精神保健福祉士は，機関が定めた契約による報酬や公的基準で定められた以外の金の要求・授受をしてはならない。

### Ⅱ．専門職としての責務

#### 1．専門性の向上

a　精神保健福祉士は専門職としての価値・理論に基づく実践の向上に努め，継続的に研修や教育に参加しなければならない。

b　スーパービジョンと教育指導に関する責務

　1）精神保健福祉士はスーパービジョンを行う場合，自己の限界を認識し，専門職として利用できる最新の情報と知識に基づいた指導を行う。

　2）精神保健福祉士は，専門職として利用できる最新の情報と知識に基づき学生等の教育や実習指導を積極的に行う。

　3）精神保健福祉士は，スーパービジョンや学生等の教育・実習指導を行う場合，公正で適切な指導を行い，スーパーバイジーや学生等に対して差別・酷使・精神的・身体的・性的いやがらせ等人格を傷つける行為をしてはならない。

#### 2．専門職自律の責務

a　精神保健福祉士は，適切な調査研究，論議，責任ある相互批判，専門職組織活動への参加を通じて，専門職としての自律性を高める。

b　精神保健福祉士は，個人的問題のためにクライエントの援助や業務の遂行に支障をきたす場合には，同僚等に速やかに相談する。また，業務の遂行に支障をきたさないよう，自らの心身の健康に留意する。

#### 3．地位利用の禁止

精神保健福祉士は業務の遂行にあたりクライエントの利益を最優先し，自己の個人的・宗教的・政治的利益のために自己の地位を利用してはならない。また，専門職の立場を利用し，不正，搾取，ごまかしに参画してはならない。

#### 4．批判に関する責務

a　精神保健福祉士は，同僚の業務を尊重する。

b　精神保健福祉士は，自己の業務に関する批判・評価を謙虚に受けとめ，改善に努める。

c　精神保健福祉士は，他の精神保健福祉士の非倫理的行動を防止し，改善するよう適切な方法をとる。

#### 5．連携の責務

a　精神保健福祉士は，クライエントや地域社会の持つ力を尊重し，協働する。

b　精神保健福祉士は，クライエントや地域社会の福祉向上のため，他の専門職や他機関等と協働する。

c　精神保健福祉士は，所属する機関のソーシャルワーカーの業務について，点検・評価し同僚と協働し改善に努める。

d　精神保健福祉士は，職業的関係や立場を認識し，いかなる事情の下でも同僚または関係者への精神的・身体的・性的いやがらせ等人格を傷つける行為をしてはならない。

### Ⅲ．機関に対する責務

精神保健福祉士は，所属機関等が，クライエントの人権を尊重し，業務の改善や向上が必要な際には，機関に対して適切・妥当な方法・手段によって，提言できるように努め，改善を図る。

### Ⅳ．社会に対する責務

精神保健福祉士は，専門職としての価値・理論・実践をもって，地域および社会の活動に参画し，社会の変革と精神保健福祉の向上に貢献する。

**資料5-7　英国ソーシャルワーカー協会の倫理的な実践原則**

① 専門的関係を発展させること（Developing professional relationships）
② リスクをアセスメントし，管理すること（Assessing and managing risk）
③ 法律により深刻な被害から本人や他の人を保護できない場合には，利用者の同意を得て，共に行動すること（Acting with the informed consent of service users, unless required by law to protect that person or another from risk of serious harm）
④ 情報を提供すること（Providing information）
⑤ 情報を適切に共有すること（Sharing information appropriately）
⑥ 人権を守るために職権を活用すること（Using authority in accordance with human rights principles）
⑦ 人々がエンパワメントするよう支援すること（Empowering people）
⑧ 人権侵害に対して挑戦すること（Challenging the abuse of human rights）
⑨ 不正に対して告発の準備をすること（Being prepared to whistleblow）
⑩ 守秘義務（Maintaining confidentiality）
⑪ 明確で正確な記録を取ること（Maintaining clear and accurate records）
⑫ 専門的な実践についての客観的評価と自己覚知に励むこと（Striving for objectivity and self-awareness in professional practice）
⑬ 実践を振り返り改善するために専門職のスーパービジョンや同僚の支援を活用すること（Using professional supervision and peer support to reflect on and improve practice）
⑭ 自らの実践と専門職としての継続的な発展に対して責任を取ること（Taking responsibility for their own practice and continuing professional development）
⑮ 専門職の実践についてのたゆまぬ改善に向けて貢献すること（Contributing to the continuous improvement of professional practice）
⑯ 仲間の専門職としての成長に責任をもつこと（Taking responsibility for the professional development of others）
⑰ 実践の評価や調査を推進し，貢献すること（Facilitating and contributing to evaluation and research）

出所：筆者訳。

の態度や行為を躊躇することが生じる場合がある。これが倫理的ジレンマであり，その際に，ソーシャルワーカーは一定の行為や態度を選択せざるをえないが，どのような指針でもって専門的な行為や態度を決定するのかを，次節で検討する。

**ソーシャルワーカーの倫理的ジレンマ**

## ◻ 倫理的ジレンマとは

　ソーシャルワーカーは，クライエント，家族，地域の人々，事業所の管理者，同僚，ソーシャルワーク専門職，他の専門職，さらには社会全体との，様々な間で支援についての考え方が異なり，時には主張し合うことが生じる場面に出会うことがある。その際にも，ソーシャルワーカーは葛藤している価値，義務，権利の間から，一定の行動や態度を選択しなければならない。この決定過程を倫理的ジレンマという[12]。倫理的ジレンマは，ソーシャルワーカーが保持している倫理と他者（クライエント，家族，地域の人々，事業所の管理者，同僚，ソーシャルワーク専門職，他の専門職など）の価値観とのぶつかりから生じることが多い。こうした倫理的ジレンマが生じる場面は，①クライエントや家族の個別支援，②地域支援，③専門職間，の3つに分けることができる。

　リーマー（Reamer, F. G.）は，ソーシャルワーカーの倫理的ジレンマの例として，以下のような7つを示している[13]。

　①　クライエントに自傷他害や虐待等の行為がある場合に，そうした情報をどのような状況で通報するのかといった，「プライバシーや守秘義務と通報の義務」の間でのジレンマ

　②　クライエントが自傷行為や他者を脅迫しているような場合に，クライエントが自己決定できる限界はどこまであるのかといった，「自己決定と専門職としての父権主義」の間でのジレンマ

　③　過去のクライエントとの個人的な関係や，クライエントから贈り物や招待を受けた場合に，どのように対応すべきかの「関係の曖昧性や二重性」でのジレンマ

　④　クライエントにとって不公平な法律や制度だとソーシャルワーカーが思うことが倫理的に許されるのかといった，「法律，政策，規則ありき」に対するジレンマ

　⑤　同僚や管理者による倫理的な違法行為をどのような状況で通報するかといった，「内部通報」についてのジレンマ

　⑥　乏しい財源等をクライエントにどのように倫理的に分配すればよいのかといった，「限られた資源の分配」についてのジレンマ

　⑦　性と生殖に関する権利や終末期の決定等についての個人的な信

念と専門職としての義務がぶつかるといった，「個人的な価値観と専門職としての価値」との間でのジレンマ

## 倫理原則のヒエラルキー

ソーシャルワーカーがこうした倫理的ジレンマに遭遇した際に，どの倫理原則を優先するかを示す指針がある。これを倫理原則のヒエラルキーといい，識者によってニュアンスに違いがある。ここでは，リーマー[14]，ヘップワース（Hepworth, D. H.）他[15]，ドルゴフ（Dolgoff, R.）他[16]の考え方を紹介する。

①　リーマーの倫理原則のヒエラルキー

(1)クライエントの自己決定は，基本的なウェルビーイング（福利）を含めた他のいずれの倫理原則よりも優先する（クライエントが選択するうえで的確な判断をした場合）。

(2)身体的な健康，ウェルビーイングおよび基本的なニーズの充足は，守秘義務よりも優先する。

(3)ある人のウェルビーイングの権利は，他の人のプライバシー，自由，自己決定の権利よりも優先する。

(4)クライエントのウェルビーイングの権利は，ある種の法律，政策，機関の手続きよりも優先する。

②　ヘップワース他の倫理原則のヒエラルキー

(1)生活に不可欠なことや健康の権利は，守秘義務の権利よりも優先する。

(2)ある人の生活に不可欠なことや健康の権利は，他の人のプライバシー，自由，自己決定の権利よりも優先する。

(3)人々の自己決定の権利は，その人々のウェルビーイングの権利よりも優先する。

(4)人々のウェルビーイングの権利は，機関の方針や手続きよりも優先する。

③　ドルゴフ他の倫理原則のヒエラルキー

ドルゴフ他の倫理原則の仕切り（スクリーン：screen）は，図 5 - 1 を示してある。これをもとに，以下のような 7 つのソーシャルワーカーの倫理原則を示している。

最も優先すべき倫理原則は，生活・生命（食，住，所得，健康）を守ることであり，ソーシャルワーカーはあらゆる人の生活・生命を守らなければならない。

第二に優先されるべき倫理原則は平等であり，ソーシャルワーカーは同じ環境に置かれている人には誰に対しても同じように対応しなけ

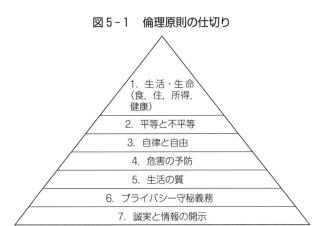

図5-1　倫理原則の仕切り

```
1. 生活・生命
   (食, 住, 所得,
   健康)
2. 平等と不平等
3. 自律と自由
4. 危害の予防
5. 生活の質
6. プライバシー守秘義務
7. 誠実と情報の開示
```

出所：Dolgoff, R, Cowenberg, F. M. and Harrington, D.（2009）*Ethical Decisions for Social Work Practice*（8th ed.）Thomson Brooks/Cole, 65.

ればならない。

　第三に優先される倫理原則は自律と自由であり，ソーシャルワーカーはクライエントの自己決定，自律，独立性，自由を守らなければならない。

　第四に優先されるべきことは危害を予防することであり，ソーシャルワーカーはクライエントが危害を受ける可能性があるような場合には，危害の予防や回避をしなければならない。

　第五に優先されるべきことは生活の質であり，ソーシャルワーカーは人々の生活の質を高めるような選択肢を優先しなければならない。

　第六に優先すべきことはプライバシーの保護と守秘義務であり，ソーシャルワーカーはクライエントのプライバシーの保護や守秘義務を強めていくよう決定すべきである。

　最後に優先されるべきことは誠実や情報の開示であり，ソーシャルワーカーはクライエントに誠実に関わり，すべての関連している情報を伝えなければならない。

　これらの倫理原則間の指針は一定の優先順位を示したものであるが，現実には価値判断や客観的な解釈が伴うものであり，倫理原則間での優先性が逆転する場合もある。なお，リーマー他やヘップワース他がいうウェルビーイングと（身体的な）健康を合わせた倫理原則が，ドルゴフ他の生活・生命（食，住，所得，健康）とほぼ類似の倫理原則と解することができる。

### □ ソーシャルワーカーの倫理原則でのヒエラルキー

　ここで紹介した論者らの考え方から，ソーシャルワーカーは，以下のような倫理原則のヒエラルキーを基準にすることができるといえる。

①　クライエントの生命，健康，ウェルビーイング，生活に不可欠なことの権利は，守秘義務や福祉，教育，レクリエーションといった追加的な倫理原則よりも優先される

②　ある人のウェルビーイングは，他の人のプライバシー，自由，自己決定の倫理原則よりも優先される

③　ある人のウェルビーイングの権利は，ある種の法律，政策，機関の手続きよりも優先される

ただし，これらの論者の倫理原則のヒエラルキーでは，クライエントの自己決定と，クライエントのウェルビーイング，身体的な健康，生活・生命（食，住，所得，健康）の優先順位については異なったものとなっており，クライエントの自己決定の内容がクライエントの立場からとらえて的確で，それ以外に選択肢がない場合において，クライエントのウェルビーイング，身体的な健康，生活・生命（食，住，所得，健康）より自己決定が優先されることになるといえる。また，ウェルビーイング，身体的健康，生活・生命（食，住，所得，健康）がどのような内容や水準かによって，両者のヒエラルキーの入れ替えが生じるともいえる。

以上のような倫理原則での優先性の基準を一般論として参考にしながら，ソーシャルワーカーは倫理的ジレンマに対応していくが，現実には，倫理原則の優先性は個別的であり，個々の事例の中で，適切な態度や行為を決定していくことになる。

## ☐ ソーシャルワーカーが倫理的ジレンマに遭遇した場合の 7つのステップ

リーマーは，ソーシャルワーカーが倫理的ジレンマに遭遇した場合に，倫理的ジレンマを解決していく7つの過程でもって対応することを，提示している。[17]

①　葛藤を起こしているソーシャルワークの価値や義務を含めて倫理的課題を把握する

②　倫理的判断に影響を受ける個人，集団，組織を把握する

③　すべての行動の選択肢を検討し，それぞれの選択肢をとった場合に関連する全ての対象に対するプラスとマイナスの影響を考える

④　各行動の選択肢について賛成と反対の理由を検討する

⑤　同僚や適切な専門家（専門職の同僚，スーパーバイザー，機関の管理者，弁護士）のコンサルテーションを得る

⑥　どうするのかを決定し，決定に至った過程を記録に残す

⑦　決定したことをモニタリングし，評価する

ここでは，２つのビネット（事例）で，倫理的ジレンマの解決方法を検討してみる。

> Ａさん（68歳）は骨折で入院していた病院を退院することになっている。一人暮らしで，要介護３であり，家屋はクーラーもなく，床が抜けるような状態にある。本人は自宅に帰る願望が強い。病院のソーシャルワーカーは自宅に戻れば医療や生活面さらには環境面での課題が大きく，施設入所が望ましいと思っている。結果として，Ａさんの強い意向を受け入れ，Ａさんは様々な医療や介護サービスを利用し，定期的な見守り支援も実施することで，自宅に戻ることになった。

> Ｂさん（80歳）は軽度の認知症があり，息子と２人世帯であるが，顔にけがをして受診したことから，息子による身体的虐待が確認された。行政のソーシャルワーカーはリスク管理の視点から，息子と切り離すべく施設入所を勧めている。ただ，Ｂさん自身は息子と同居を続けることを求めている。結果的に，息子との面談の結果，虐待が継続する恐れがあり，Ｂさんにまずは当分の間，特別養護老人ホームに入所してもらうことになった。

　ＡさんとＢさんの両者は，ドルゴフ他の倫理原則の仕切りでみれば，第１の「生活・生命」と第３の「自律・自由」の間での倫理的ジレンマである。結果的には，Ａさんについては，「自律・自由」が，Ｂさんについては「生活・生命」の倫理綱領が優先された。これをリーマーの７つのステップをもとに整理してみる。

　Ａさんをみると，Ａさんの自宅に帰りたいという自律・自由と，ソーシャルワーカーのＡさんの生命・生活を擁護することでの，倫理的ジレンマが生じている。自宅に帰ることが実現できれば，Ａさんにとっては自律と自由な生活ができるが，生命や生活での課題が残る。一方，Ａさんの意に添わず施設入所した場合には，生命・生活での安心感が確保されるが，自律と自由な生活を失う可能性がある。ソーシャルワーカー以外に，関連している医師，看護師，ケアマネジャーの関係者が集まり，検討した結果，多少のリスクが残るが，できる限り関係者が頻繁にモニターすることで，リスク管理をし，在宅生活が可能ということになり，Ａさんの意向を尊重して，自宅に戻ることになった。Ａさんの事例では，ドルゴフ他の倫理原則の仕切りでは，「生活・生命」は最も優先度の高い倫理原則であるが，結果としては第３の「自律と自由」の倫理原則が第１の「生活・生命」の倫理原則よりも優先されたことになる。これは，「生活・生命」の倫理原則でのリスクの程度とクライエントの「自律と自由」の倫理原則へのＡさんの思いの強さの程度により，逆転したといえる。

　Bさんについても同様でみると，虐待を受けているが，Bさんは同居を継続したいとしている。ソーシャルワーカーは息子から分離して施設入所を勧めていることでの，倫理的ジレンマを抱えている。Bさんが同居を続けた場合，今まで通りの生活が継続できるが，虐待が継続する可能性が高い。Bさんが施設入所すれば，虐待問題は解決するが，施設での生活での不満が生じる可能性がある。ソーシャルワーカーは関連する行政職員，地域包括支援センター職員，ケアマネジャーと会合をもち，地域包括支援センター職員から身体的虐待に加えて経済的虐待と介護放棄が時々みられることの説明を聞いた。また，息子との面接では，虐待したという認識が十分でなく，現状では虐待が継続する恐れがあると考えられた。そのため，Bさんには詳しく説明をし，当分施設入所してもらうこととした。今後，息子への支援もしていくことで，自宅復帰の可能性も探ることになった。Bさんの事例では，ドルゴフ他のスクリーンでの第1の「生命・生活」の倫理原則が第3の「自律と自由」の倫理原則よりも優先された。

　以上のように，ソーシャルワーカーは倫理的ジレンマにより，ある行為や態度を決定する際には，いくつかの倫理原則の間で一般に考えられている優先順位が入れ替わることもある。こうした倫理的ジレンマでのソーシャルワーカーがとる自らの行為や態度は，他専門職やソーシャルワークの同僚やスーパーバイザーからの助言を受けながら，クライエント，家族成員，社会環境等の状況を的確にアセスメントし，関連する法的事項を把握し，リスクの可能性を吟味し，決定されることになる。

　リーマーの倫理的ジレンマでの決定過程以外に，川村隆彦は，ジレンマの構造をもとにし，以下のようなジレンマ解決のための10のステップを提案している[18]。

① 　ジレンマの状況を把握する

② 　人や組織の役割・利害関係・価値感・判断基準・意思決定能力を把握する

③ 　関係する倫理原則・基準を挙げ，適応状況を考える

④ 　価値・倫理のぶつかり合い（ジレンマの構造）を考える

⑤ 　優先されるべき価値と倫理を考える

⑥ 　法的，時間的，社会資源的制限や限界を考える

⑦ 　専門家，同僚，スーパーバイザーからの情報，助言を得る

⑧ 　選択肢を示し，根拠，結果予測，リスクを考える

⑨ 　選択肢の決定と最終チェックを行い，実行する

⑩ 　結果を観察し，同時に，ジレンマ解消のために社会に働きかける

また，ストロム-ゲットフリッド（Storm-Gettfrie, K. J.）は倫理的ジレンマを解決するための5つの戦略を示している。[19]

　①　選択肢となるそれぞれの倫理原則について，「ケースが悪化するシナリオ」を考える。

　②　最も被害が少なく，適切で，公平である倫理原則を考える。

　③　それぞれの倫理原則の臨床的かつ倫理的な意味合いを考える

　④　倫理原則間でのジレンマの解決に向けての過程を考える

　⑤　倫理原則間での力関係で重要性が明らかになった倫理原則を決定する場合に何が障壁かを考える

　これら5つの戦略を活用して，倫理的ジレンマに対して最善の態度や行動をとることも可能である。

# 4　ソーシャルワーカーの倫理に対する社会状況

　ここでは，ソーシャルワークの倫理の現在置かれている状況を7つの視点から整理し，重要な倫理原則を実現していく方法や，倫理的ジレンマに対する予防や対応方法について具体的にみてみる。

## ☐ 法律と守秘義務の関係

　子ども，障害者，高齢者に対する虐待，さらには家庭内暴力（DV）が急増している。こうした事例に対して，専門職として知りえた虐待情報については，法律によって通報義務がある。これらの法律については，表5-1に示してある。児童虐待については「児童虐待の防止等に関する法律（児童虐待防止法）」で，高齢者虐待については「高齢者虐待の防止，高齢者の養護者に対する支援等に関する法律（高齢者虐待防止法）」で，障害者虐待については「障害者虐待の防止・障害者の養護者に対する支援等に関する法律（障害者虐待防止法）」で，家庭内暴力については，「配偶者からの暴力の防止及び被害者の保護等に関する法律（DV防止法）」で規定されている。

　この表5-1をみると，虐待や家庭内暴力に対しては，通報について義務と努力義務の差はあるが，どの対象者に対しても法的に通報義務が課せられていることがわかる。ソーシャルワーカーは通報について，時には通報を受ける側になる場合も，通報をする側になる場合もある。前者については，通報者に関しての守秘義務を大原則にして，対応していくことになる。

表5-1　通報義務の比較

| 法　律 | 条文要約 | 通報義務 |
|---|---|---|
| 児童虐待防止法 | 児童虐待を受けたと思われる児童を発見した者は，速やかに，市町村，都道府県の設置する福祉事務所，若しくは児童相談所又は児童委員を介して市町村，都道府県の設置する福祉事務所若しくは児童相談所に通告する義務（第6条） | 義務 |
| 高齢者虐待防止法 | 養護者による高齢者虐待を受けたと思われる高齢者を発見した者の当該高齢者の生命身体に重大な危険が生じている場合の速やかな市町村への通報義務（第7条） | 義務 |
| | それ以外の場合は，速やかな市町村への通報に努める（第7条） | 努力義務 |
| 障害者虐待防止法 | 養護者による障害者虐待を受けたと思われる障害者を発見した者は，速やかに，これを市町村に通報する義務（第7条） | 義務 |
| DV防止法 | 配偶者からの暴力を受けている者を発見した者は，配偶者暴力相談支援センター又は警察官に通報するよう努める（第6条） | 努力義務 |

注：高齢者や障害者に対する施設内での虐待については本表には記載していない。

　後者の市町村等へ通報する側にある場合には，2つの意味がある。第1は，法的にソーシャルワーカーは虐待等で「生活・生命」という倫理原則が「守秘義務」の倫理原則より優先され，法律によりクライエントの安全が確保され，かつ被虐待者だけでなく虐待者を含めて，責任ある機関と共同して問題解決に向かうことができることになる。その意味では，ソーシャルワーカーはこれらの法律に基づくことにより，被虐待者の人権という価値や生活・生命の安全の倫理原則を貫徹することができる。しかしながら，守秘義務という倫理原則は保持できないことになる。

　第2に，ソーシャルワーカーは虐待や家庭内暴力が必ずしも十分に把握できない場合には，「守秘義務」との関係で通報することに躊躇することが生じる。こうした場合には，速やかに当該事例に関係している他専門職やインフォーマルな人々との検討会や，スーパーバイザー，同僚，他の専門職からの助言を得て，当該事例の問題状況の詳細なアセスメントを行い，ソーシャルワーカーの所属する組織の責任でもって，虐待の可能性が多少なりともある場合には通報しなければならない。

　以上のことから，ソーシャルワーカーはこれらの法律を身近なものにして，「生活・生命」の倫理原則の土台にある人権という価値をもとに，被虐待児者や被暴力者の人権や生命・生活を擁護していくことになる。

## ❑ 連携での守秘義務

　できる限り住みなれた地域で生活を続ける，コミュニティケアの潮流のもとで，ソーシャルワーカーはクライエントの在宅生活を支援するために，医療や福祉の専門職，民生委員だけでなく，ボランティアや近隣等の地域の人々からの支援を求めることになる。こうした場合に，クライエントについての情報を支援する人々の間で共有化することが必要不可欠であるが，他方で，個人情報保護法に基づき，個人情報の開示にはクライエント本人からの同意が大前提となる。この例外には，①前頁で示したような法令に基づき，虐待等の生命又は身体に重大な危険が生じており，発見者に通報義務がある場合，②生命や財産等に危機があるが，重度の認知症などで本人の同意を得ることが困難で，本人の利益を守ることが優先される緊急時の場合，③各市町村の個人情報保護条例で示されている場合，がある。

　医療・福祉専門職や民生委員については，個人情報を得た場合に，クライエントの情報を漏らしてはならないという守秘義務が法令で課せられている。ソーシャルワーカーは，様々な領域で，個々の事例の解決や地域づくりのために，事例検討会等を主催する場合にも，クライエントについての情報を共有化することについての同意をクライエント本人から取る必要がある。また，事例に関する情報を漏らしてはならない守秘義務について，特に法的に規定されていない地域の人々，ボランティア，友人といったインフォーマルセクターの人々に対して，注意喚起を促し，知りえた情報を他者に漏らさないという誓約書を取る必要がある。

　支援困難事例の検討等を行う，介護保険制度の地域ケア会議を例にとると，介護保険法第115条の48第５項で，「会議の事務に従事する者，又は従事していた者は，正当な理由がなく，会議の事務に関して知り得た秘密を漏らしてはならない」とし，第205条２で，この規定に違反した者は，「１年以下の懲役又は100万円以下の罰金に処する」となっている。

　高齢者や障害者を在宅で支えていく上で，近隣やボランティアといったインフォーマルケアは独自の機能を有しており，高齢者や障害者が質の高い生活を送るうえでは重要な社会資源である。制度的なサービスとインフォーマルケアが連携していく上で，クライエントの情報を共通することが求められる。その時は先述のように守秘義務を守ってもらうことが大切である。

## ☐ 自己決定の推進

　認知症高齢者が増加してきたことや，死亡者数が増加する中でターミナルケアでの本人の意向を尊重していくことが必要になってきたこと，障害者の自己決定権を重視する国連の「障害者の権利に関する条約」に日本政府が2007年に批准したこと等から，クライエントの自己決定に関わる倫理を推進していくことが進められている。

　厚生労働省から，「障害福祉サービスの利用等にあたっての意思決定支援ガイドライン」（2017年3月），「人生の最終段階における医療の決定プロセスに関するガイドライン」（2018年3月），「認知症の人の日常生活・社会生活における意思決定支援ガイドライン」（2018年6月）といった，クライエントの意思決定に関わるガイドラインが出されている。

　ここでは，誰もが意思を表出できるという考え方をもとに，自己決定よりも，意思決定という用語を用いているが，意思決定支援の基本的原則として，①本人への支援は，本人が理解できるように情報提供に工夫を行い，自己決定の尊重に基づき行う，②職員等にとっては不合理でも，他者の権利を侵害しないのであれば，その選択を尊重し，リスクがある場合は，事業所全体で取り組む体制を構築する，③本人の自己決定や意思確認が困難な場合は，本人をよく知る関係者が集まって，根拠を明確にしながらクライエントの意思及び選好を推定する，としている。[20]

　さらには，意思決定が難しい人に対する意思決定支援においては，①本人が意思を形成することの支援（意思形成支援），②本人が意思を表明することの支援（意思表明支援），③本人が意思を実現することの支援（意思実現支援）を支援していくことで，意思決定支援の過程を示している。[21]

　さらに，本人の意思を確認することがどうしても困難な場合は，最後の手段として，本人にとっての最善の利益を判断せざるを得ない場合がある。その場合には，本人をよく知る関係者が集まり，本人の日常生活の場面や事業者のサービス提供場面における表情や感情，行動に関する記録などの情報に加え，これまでの生活史，人間関係等様々な情報を把握し，根拠を明確にしながら，本人の意思及び選好を推定することになる。[22]

　これらのガイドラインでは，意思表示が十分でないクライエントの場合でも，自己決定の原則を徹底することを示しており，ソーシャルワークにおいても，クライエントの自己決定の倫理原則が一層強調される必要がある。

## ❑ リスク管理と自己決定

　サービス提供機関においては，リスク管理が重要な課題である。このリスク管理には，クライエントの事故や感染等のリスクの回避がある。こうしたリスク予防が強化されると，生活・生命についての安全・安心といった倫理原則が優先され，クライエントや家族の自己決定や生活の質といった倫理原則が弱められる可能性が強くなる。

　たとえば，社会福祉施設での誤嚥の危険性があるクライエントに対して，クライエントや家族は時間をかけた食事のケアを求めるのに対して，サービス提供側はリスク管理の観点から，胃瘻装着で経管栄養に移行することを求めるという対立が生じることがある。こうした場合に，ソーシャルワーカーは，クライエントの誤嚥の可能性についての他専門職からのコンサルテーションを受けながら，胃瘻のメリットとデメリットをていねいに説明し，クライエントや家族の意思を確認し，クライエントや家族の自己決定を尊重していくことになる。このように生活・生命の倫理原則と自己決定の倫理原則の間のジレンマにソーシャルワーカーが遭遇した場合には，ソーシャルワークの価値である人間の尊厳や人権の尊重に立ち戻り，検討される必要がある。

## ❑ クライエントと家族・地域社会の人々との間でのジレンマ

　クライエントの倫理原則と家族や地域社会の倫理原則との間での対立から，ソーシャルワーカーがジレンマに遭遇することがよくみられる。たとえば，高齢者は自宅での生活を継続したいが，家族介護者は施設入所してもらいたいといったときや，一人暮らしの認知症の人が在宅生活を望んでいるが，近隣等の地域の人々は，火事を起こすと怖いので，施設に入所してほしいといった場面に出くわすことがある。ここではクライエントの生活・生命や自律・自由の倫理原則が，家族介護者側や近隣の生活・生命や自律・自由の倫理原則との間でジレンマを起こしていることにある。

　こうした場合に，ソーシャルワーカーは，意思表明が難しい人の立場から，まずは，その人の意見を代弁することが求められる。また，いずれかの倫理原則の選択肢を選んだ場合に，クライエント，家族ないしは地域社会にどのような影響を与えるかを検討する。さらには，このような事例であれば，高齢者が在宅で生活を続ける上での介護負担の軽減方法について家族との話し合いをもったり，リスク管理として火事予防のために対応しているケアプラン内容について地域の人々と話し合うことで，クライエントの権利を擁護していくことになる。

## □ 在留外国人と地域住民の価値葛藤への支援

　日本には現在における中長期在留外国人数が約241万人，特別永住者数が約32万人で，両者を合わせた在留外国人数は約273万人となっており（平成30年末），今後一層増加していることになる。こうした在留外国人が地域住民との間で価値葛藤がみられることがある。

　たとえば，一部の団地では，在留外国人が居住し，ごみの出し方や夜間の騒音等で地域住民との間で衝突が生じることがある。こうしたことの背景には文化的な価値観の違いから生じており，ソーシャルワーカーは，地域づくりを進めていくうえで，両者の意見を聴きながら，新たなルールづくりを進めていくことで，お互いが理解し合う多文化共生社会の実現に貢献していくことになる。

## □ 情報化社会での倫理

　情報化社会においては，個々のクライエントのデータについての情報が漏えいする可能性があり，結果的に守秘義務と抵触するおそれがある。メイルを使ってのクライエントの情報を他の関係機関に提供するような場合には，パスワードで管理し，同時にデータをプリントアウトした際には，出力したデータは鍵をかけた保管庫で管理することなどの対応が求められる。また，コンピュータ内でクライエントの情報を管理する場合には，コンピュータへのアクセスにはパスワードを付け，決まった職員以外は使えないような対応が必要である。また作業するコンピュータはインターネットから遮断し，独立（スタンドアローン）して活用することが必要である。また，コンピュータの故障により，クライエントの情報を失ってしまうこともあるため，2か所以上でデータを保管するなどして，個人情報を安全に管理する必要がある。

　また，ファクシミリ機を使ってクライエントの個人情報を送信する場合には，情報漏えいのリスクがあり，慎重に対応する必要がある。送信の前後に電話連絡で確認し合い，送信時には必ず送信票（ヘッダー）を第1枚目にして送る。さらには，送り手と受け手で共通認識したうえで，マスキング（個人情報を隠す）するなど，第三者の目に触れても個人の特定がなされないような対処がなされていることが求められる。

### ○注 ─────

(1)　日本社会福祉士会（2020）「社会福祉士の倫理綱領」（https://www.jacsw.or.jp/01_csw/05_rinrikoryo/files/rinri_koryo.pdf）.

(2) 日本精神保健福祉士会（2018）「精神保健福祉士の倫理綱領」（http://www.japsw.or.jp/syokai/rinri/japsw.htm）.

(3) 同前。

(4) 国際ソーシャルワーカー連盟・国際ソーシャルワーク学校連盟，岩崎浩三訳（2000年）「国際ソーシャルワーク連盟のソーシャルワークの定義」（http://www.socialwork-jp.com/IFSWteigi.pdf）.

(5) International Federation of Social Workers and International Association of Schools of Social Work （2014） *Global Definition of Social Work* （https://www.jacsw.or.jp/06_kokusai/IFSW/files/SW_teigi_japanese.pdf）.

(6) National Association of Social Workers （NASW）（2017），*Code of Ethics* （https://www.socialworkers.org/about/ethics/code-of-ethics/code-of-ethics-english）.

(7) British Association of Social Workers （BASW）（2014） *Code of Ethics* （https://www.basw.co.uk/about-basw/code-ethics）.

(8) (1)と同じ。

(9) (2)と同じ。

(10) (6)と同じ。

(11) (7)と同じ。

(12) Reamer F., G., （2016） Ethics and Values, in *Encyclopedia of Social Work* （*20th ed.*） NASW press, 145.

(13) 同前書，140.

(14) Reamer, F. G. （1998） 'The Evolution of Social Work Ethics'*Social Work*, 43(6), 488-500.

(15) Hepworth, D. H., Rooney, R. H. &Larsen, J. A., （2002） *Direct Social Work Practice: Theory and Skill*, Brooks/Cole, 77-78.

(16) Dolgoff, R., Harrington, D., Loewenberg, F. M., （2009） *Ethical Decisions for Social Work Practice* （*8th ed.*） Thomson Brooks/Cole, 64-75.

(17) Reamer, F. G., （2013） *Social work Values and Ethics* （*4th ed.*） Columbia University Press.

(18) 川村隆彦（2002）『価値と倫理を根底に置いたソーシャルワーク演習』69-71.

(19) Storm-Gottfrie, K. J. （2003） Managing Risk Through Ethical Practice: Ethical Dilemmas in Rural Social Work, Presentation at the National Association of Social Workers Vermont Chapter, Essex, VT.

(20) 厚生労働省社会・援護局障害保健福祉部長（2017）「障害福祉サービスの利用等にあたっての意思決定支援ガイドラインについて」5.（https://www.mhlw.go.jp/file/06-Seisakujouhou-12200000-Shakaiengokyokushougaihokenfukushibu/0000159854.pdf）.

(21) 厚生労働省（2018）「認知症の人の日常生活・社会生活における意思決定支援ガイドライン」6-8.（https://www.mhlw.go.jp/file/06-Seisakujouhou-12300000-Roukenkyoku/0000212396.pdf）.

(22) 厚生労働省社会・援護局障害保健福祉部長（2017）「障害福祉サービスの利用等にあたっての意思決定支援ガイドラインについて」5.

(23) 法務省（2019）「平成30年末現在における在留外国人数について」（http://www.moj.go.jp/nyuukokukanri/kouhou/nyuukokukanri04_00081.html）.

# 第6章

# ソーシャルワークに係る
# 専門職の概念と範囲

本章では，ソーシャルワークに係る専門職の概念と範囲について学ぶ。第1節ではソーシャルワーク専門職とは何かを明らかにするために，多元化・多様化する専門職の概念を整理し，これまでのソーシャルワーク専門職研究の系譜を簡潔に紹介する。そのうえでソーシャルワーク専門職の要件を検討する。ここではソーシャルワーク専門職としての社会福祉士・精神保健福祉士についての理解を深めてほしい。

　第2節では社会福祉士と精神保健福祉士の登録者数と職域を概観する。社会福祉士・精神保健福祉士がどのような職域において専門的な仕事を行っているのか，その概要をつかんでほしい。

　第3節と第4節では，それぞれ福祉行政における専門職と民間の施設・組織における専門職について整理する。ここで提示する専門職は社会福祉士・精神保健福祉士にとって多職種連携を行う相手となる。また社会福祉士・精神保健福祉士資格を有する者が，その専門職の業務を担うこともある。これらの専門職と社会福祉士・精神保健福祉士の関係については，総合的な理解が求められる。最後の第5節では現状と課題について学んでいく。

 # ソーシャルワーク専門職とは何か

　ここでは専門職についての定義とこれまでのソーシャルワーク専門職に関する研究を整理する。そのうえで社会福祉士・精神保健福祉士資格を有するソーシャルーク専門職の要件について検討する。

## ☐ 専門職の定義

　「専門職」とはどのようなイメージの職業なのだろうか。一般的には，一定の専門的知識や技術をもって固有の職務に携わり，その専門性が資格制度等によって保障されている職業をイメージする。具体的には，医師や弁護士等の仕事を思い浮かべるのではないだろうか。

　このようなイメージの専門職について，米本秀仁は以下のように定義づける。専門職とは「基本的には社会の構造と機能の変化から生まれる分業社会に対応した職業の分業化を前提にして，分化した役割への遂行力を担保しつつ，社会における地位と評価を確立した職業である[1]」と。これまでもそうであったように，今後も社会状況の変化によって専門職といわれる職種とイメージは変化することが予想される。

　また空閑浩人は専門職についてわかりやすく解説し，「一定の専門的

な知識や技術をもってその専門職に固有の職務に携わり，その専門性が資格制度等によって保証され，その専門職の活動の必要性や有効性および専門職としての力量が社会的にも認められているような職業」[2]と定義づける。この定義は社会福祉士・精神保健福祉士を彷彿させるものである。

　違う観点から専門職の概念を整理しているものも紹介しておこう。鈴木孝典は，相談援助に係る専門職の概念を説明するのに，国際労働機構（International Labor Organization：ILO）による「国際標準職業分類」（International Standard Classification of Occupation：ISCO）の定義と職務を提示している[3]。

　そこで紹介されている7つの職務内容は，「①分析および研究，概念・理論およびその運用方法の開発，②生命科学（保健医療サービスを含む）・社会科学あるいは人文科学などの依存の知識に関する助言あるいはその応用，③さまざざな教育レベルにおける単一または複数の学問分野の理論と実務の指導，④心身障害者の訓練・教育，⑤経営・法律・社会福祉にかかわるさまざまなサービス提供，⑥精神面の指導，⑦科学論文や報告書の作成[4]」である。

　米本，空閑の定義にみられるように，専門職についてのとらえ方は多様であり，鈴木が挙げているようにその職務内容も多岐にわたることが理解できる。どのよう枠組みで専門職を捉えるかは，専門職を目指す人たち自身のアイデンティティ問題と直結する大切なテーマである。

## ❏ これまでのソーシャルワーク専門職に関する研究

　次に，これまでソーシャルワーク領域における専門職論の研究にはどのようなものがあったかを整理しておく。一般的には属性モデルと過程モデルの2つがあるとされる。

　属性モデルというのは，専門職であるならば，このような「属性」を持つべきであると主張する研究である。古典的には，フレックスナー（Flexner. A.）の専門職要件が紹介される。奥田いさよは，フレックスナーの専門職要件を以下の6点にまとめている。①広範な個人的責任性をともなった優れて知的な活動，②事実に学び事実から得た経験を再検討，③実践への応用の志向，④高度に専門化された教育訓練を通じて得られた伝達可能なもの，⑤仲間集団の結成と専門家組織，⑥公益への寄与，である[5]。

　また秋山智久は，グリーンウッド（Greenwood, E.）とミラーソン（Millerson, G.）の専門職属性を以下ように整理している。グリーンウ

ッドは，①体系的な理論，②専門的権威，③社会的承認，④倫理綱領，⑤専門職的副次文化の5属性で，ミラーソン（Millerson, G.）は，①公衆の福祉という目的，②理論と技術，③教育と訓練，④テストによる能力証明，⑤専門職団体の組織化，⑥倫理綱領の6属性である。そして秋山自身は平均的な専門職の属性として，①体系的な理論，②伝達可能な技術，③公共の関心と福祉という目的，④専門職の組織（専門職団体），⑤倫理綱領，⑥テストか学歴による社会的承認，の6属性を挙げている。<sup>(6)</sup>

　以上が属性モデルについての紹介だが，すでに述べたように今日の専門職の概念は多元化・多様化しており，単に属性モデルだけで専門職像を理解するには限界があり，個々の属性についての検討を含めた詳細な検討が必要である。

　ふたつめの系譜は過程モデルである。このモデルは，専門職はその発生から成熟まで，一定の発展の過程をたどるとみる立場である。そのひとつとして，秋山智久は，カーーソンダーズ（Carr-Saunders, A.）の段階論を紹介している。カーーソンダーズは，①可能性専門職もしくは自称専門職と呼ばれる，将来専門職になる可能性がある段階，②準専門職の段階，③新専門職の段階，④確立専門職（三大専門職といわれる医師・弁護士・聖職者）の段階に区分している。<sup>(7)</sup>

　このような考え方が過程モデルである。過程モデル研究の専門職像が医師・弁護士・聖職者に代表される時代とは違って，複雑多様化する現代社会においては，このようなモデルだけでは専門職への到達を説明しきれないが，ひとつの職業が一定の段階を経て専門職へ到達するという基本的な考え方は了解できる。

　ソーシャルワーク専門職研究の系譜として，属性モデルと過程モデルがあったということと，それらと現代におけるソーシャルワーク専門職（研究）との位置関係について理解することが大切である。

### □ 社会福祉士・精神保健福祉士資格を有する
### ソーシャルワーク専門職

　最後に日本における社会福祉士・精神保健福祉士資格を有するソーシャルワーク専門職はどのように整理すべきかを検討してみよう。

　米本秀仁は，制度化された専門職を，広義の臨床的対人援助プロフェッション（具体的にいえば直接的に人と関わり援助を行う専門職）と理工学的・人文社会科学的スペシャリストに分け，社会福祉士資格を有するソーシャルワーカーを広義の臨床的対人援助プロフェッションに位置付けた。そしてその要件として，「①その業務について一般原理

が確立しており，この理論的知識に基づいた技術を習得するのに長期
間の教育と訓練が必要であること，②免許資格制が採用されているこ
と，③職能団体が結成されており，その団体につき自律性が確保され
ていること，④営利を第一目的とするのではなく，公共の利益の促進
を目標とするものであること，⑤プロフェッションとしての主体性，
独立性を有すること[8]」の5点に集約されると述べている。

　さらに米本秀仁は，社会福祉士資格を有するソーシャルワーカーに
ついて，これらの要件を考察し以下のように評価している。「①の一
般原理は，ソーシャルワークの1世紀以上の歴史で培われた原理と，
今では大学・大学院を場とした比較的長期の教育・訓練期間を有する。
②の免許資格制については，今では国家資格としての社会福祉士・精
神保健福祉士資格が（名称独占ではあるが）成立している。③の職能団
体については，日本社会福祉士会，日本精神保健福祉士会等の団体が
ある。④の公共の利益については，まさにソーシャルワークが標榜し
てきたもの，⑤の主体性・独立性については，独立型社会福祉士（事
務所）が徐々に出現しつつあるが，多くは機関・施設に雇用される身
分であり，そこでの主体性・独立性が確保されているかどうかは定か
ではない[9]」と指摘する。

　このように一定の専門職モデルを提示し，その充足要件を明らかに
して，その要件を満たすかどうかを議論するというやり方が，今日の
専門職像を検討する方法のひとつである。ここで提示された5項目の
評価内容については，議論が分かれるところもあるが，社会福祉士・
精神保健福祉士資格を有するソーシャルワーク専門職が，対人援助プ
ロフェッションに位置づけるための要件としての5項目は合意できる
ではないだろうか。この他，社会福祉士の専門性については，本書第
1章第4節，精神保健福祉士については，本書第2章第4節が参考に
なる。

社会福祉士・精神保健福祉士の配置と職域

ここでは社会福祉士・精神保健福祉士の登録者数の推移と配置について紹介し，そのうえで社会福祉士・精神保健福祉士の職域について概要を述べる。

### ❏ 社会福祉士登録者数の推移と配置

社会福祉士とは，法的には「社会福祉士及び介護福祉士法」に基づく名称独占の国家資格である。社会福祉振興・試験センターによれば，社会福祉士の登録者数は2020年3月末現在，245,181人となっている。1987年より国家試験が実施されたが，その合格率は30％程度で制御されている。この10年間は，毎年10,000〜13,000人程度の登録者数となっている（**図6-1**）。

社会福祉士の配置について，高山恵理子は，公益社団法人日本社会福祉士会の2019（平成31）年3月末の会員調査における勤務先の種別から，「老人福祉関係施設をはじめとした福祉施設が合計17,000人程度，次いで地域包括支援センター，社会福祉協議会などの地域機関で合計13,000人程度，関連機関である医療機関，教育機関で合計6,000人程度の会員が配置され，その割合は，福祉施設が47％，地域機関が36％，関連機関（医療・教育）が17％程度である[10]」と述べている。

### ❏ 精神保健福祉士登録者数の推移と配置

精神保健福祉士とは，「精神保健福祉士法」に基づく名称独占の国家資格である。社会福祉振興・試験センターによれば，精神保健福祉士の登録者数は2020年3月末現在，89,121人となっている。1998年より国家試験が実施されたが，その合格率は60％程度で制御されている。この10年間は，毎年4,000人程度の登録者数となっている（**図6-1**）。

精神保健福祉士の配置について，長崎和則は2005年と2008年の日本精神保健福祉士会構成員のデータをもとに，所属機関を比較している[11]。2005年データによれば，病院が47％，社会復帰施設が13.9％と続く。それが2008年になると病院が47％から44％となり，その他としていたものが，12.1％から16.0％と増加している。その他には社会福祉協議会，保護観察所，学校教育関係，介護サービス提供会社等が含まれ，長崎は「明らかに従来とは異なる社会的なニーズに対応する精神保健

図6-1　社会福祉士・精神保健福祉士登録者数の推移

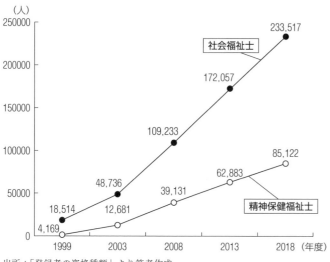

出所：「登録者の資格種類」より筆者作成.

福祉士の活動が従来の医療機関と社会復帰施設以外に広がりはじめたということであろう」[12]と述べている。

　社会福祉士・精神保健福祉士の登録者数は国家試験の回数を重ねることによって確実に増加するが，果たしてその総数は妥当なものなのだろうか。また配置に関しても，現状は職域拡大なのか，あるいは配分の変更なのか，その実態を分析する必要がある。


## □ 社会福祉士・精神保健福祉士の配置と職域

　ここでは，社会福祉士・精神保健福祉士の配置と職域について，大きく，①行政関係，②福祉関係（高齢・障害者・母子・生活困窮者自立支援・生活保護等），③医療関係，④教育関係，⑤司法関係，⑥独立型事務所（社会福祉士）にわけて概要を述べる。

### ① 行政関係

　行政関係への社会福祉士・精神保健福祉士の配置は，社会福祉士・精神保健福祉士として配置が義務づけられるものはない。たとえば，地方公務員の福祉職採用の募集要項において社会福祉士・精神保健福祉士であること，あるいは社会福祉士資格取得・精神保健福祉士資格取得が望ましいという要件が含まれることはある。また地方自治体が運営する公立病院における地域連携・医療福祉部門等において，社会福祉士・精神保健福祉士の採用・配置がある。また一般の福祉行政における職種，たとえば児童福祉司や身体障害者福祉司の資格要件として列挙されるひとつに，社会福祉士が含まれている。

　結果として，行政関係においては，社会福祉士資格・精神保健福祉

士を有する「公務員」が一定割合存在し，社会福祉・精神保健福祉に関する企画・運営部門や，福祉事務所，児童相談所，保健所，精神保健福祉センター等の各種相談機関，そして公立病院に，社会福祉士・精神保健福祉士が配置されている。

② 福祉関係（高齢・障害者・母子・生活困窮者自立支援・生活保護等）

民間の福祉施設・組織等における社会福祉士・精神保健福祉士の配置は，相談援助を担う生活相談員等に有資格者が多い。ただし社会福祉士・精神保健福祉士資格を有することが，その業務を行う要件となっているわけではない。特定の施設の生活相談員の資格要件に社会福祉士が含まれる場合はある。特に高齢者施設においては，生活相談員の多くは社会福祉士有資格である。

また地域を対象に総合的な福祉活動を行う機関として社会福祉協議会があるが，その職員の中で，都道府県社会福祉協議会に配置される福祉活動指導員，市区町村社会福祉協議会に配置される福祉活動専門員は，社会福祉士，または社会福祉主事資格を有ることが任用条件となっている。また2006年の介護保険法の改正によって，地域包括支援センターには職員として「社会福祉士」の配置が明記されている。

③ 医療関係

医療関係における社会福祉士・精神保健福祉士の配置は，医師や看護師等との連携を図りながら，退院支援等のソーシャルワーク業務を行う医療ソーシャルワーカー，精神科ソーシャルワーカーのほとんどが，社会福祉士・精神保健福祉士の有資格者となっている。

社会福祉士・精神保健福祉士は業務独占の国家資格ではないが，専門職によって構成される医療関係においては，名称独占の国家資格であっても有資格であることが採用条件となる場合が多い。社会福祉士・精神保健福祉士の配属となる医療関係における所属機関や担当部署は多様であり，いわゆる急性期病院から慢性期を担当する病院，精神科病院，診療所，さらに精神科デイケアなど配属される部署も多様である。

④ 教育関係

教育関係における社会福祉士・精神保健福祉士の配置は，スクールソーシャルワーカーの配置と関連する。文部科学省は2008年度より段階的に，あるいは地方自治体が独自にスクールソーシャルワーカーの配置を進めてきている。これを受けて，日本社会福祉士養成校協会（現・日本ソーシャルワーク教育学校連盟）はスクールソーシャルワーカーを養成する課程認定を開始したが，この課程は，社会福祉士・精神保健福祉士資格を保有したうえでの専門的なプログラムとして位置付

けられた。

　このような経過を経て，いじめや不登校等の問題への対応，また家庭環境に問題を抱える子どもたちを支援するために，スクールソーシャルワーカーとして社会福祉士・精神保健福祉士が任用・配置されている。

### ⑤　司法関係

　司法関係における社会福祉士・精神保健福祉士の配置は，少年院・刑務所等の矯正施設からの退院・退所に伴う社会適応への支援，地域生活定着支援センターが行う地域生活定着促進事業等と関連する。たとえば受刑者の社会復帰を支えるソーシャルワーカーの配置は2004年度から一部の刑務所で始まり，2009年度から全刑務所に拡大した。しかしその雇用形態は多様であった。また新たに「福祉専門官」制度が創設され，5年以上の相談援助経験のある社会福祉士か精神保健福祉士が採用の条件となっており，刑務所から出所する高齢者や障害者の社会復帰支援への貢献が期待されている。

　さらに精神保健福祉士には，2003年の「心身喪失等の状態で重大な他害行為を行った者の医療及び観察等に関する法律（以下，医療観察法）」の社会復帰調整官として活躍が期待されている。

### ⑥　独立型事務所（社会福祉士）

　2000年頃より社会福祉士事務所を個人開業する「独立型社会福祉士」の活動が徐々に拡がりを見せている。高良麻子は「全国都道府県社会福祉士会に所属する会員の勤務別会員数をみると，会員登録コード職業欄が独立型社会福祉士事務所等に該当する会員は2005年に253名であったが，2013年にはその3倍を超える798名に増加している[13]」と述べている。

　この独立型社会福祉士の仕事は，地域住民のさまざまな生活支援活動から，成年後見人としての活動，行政等からの委託による仕事，また社会福祉法人や企業等との契約によるものなど多種多様である。地域を基盤としたソーシャルワークの実践を行う者として今後の活動が期待されている。

### □　社会福祉士・精神保健福祉士の職域拡大

　以上のように，福祉行政においては社会福祉士・精神保健福祉士有資格者の配置の拡大，福祉関係では施設・機関における相談業務を担う相談員職における社会福祉士有資格者の配置，医療・教育・司法等の関連分野においては他の専門職と協働できる社会福祉士・精神保健福祉士の配置・定着というように，それぞれの領域において職域拡大

は確実に進んできているように思われる。

　問題はその職域拡大が社会福祉士・精神保健福祉士の量的な拡大へとつながっているのかという点である。また職域拡大に伴って，社会福祉士・精神保健福祉士の専門性に関する評価が高まれば，職域はさらに拡大することも予想される。

# ③ 福祉行政における専門職

　本節で扱う福祉行政における専門職は，社会福祉主事，福祉事務所の現業員，査察指導員，児童福祉司，身体障害者福祉司，知的障害者福祉司である。一方，民間の施設・組織における専門職で，次節で扱うものは，社会福祉施設の施設長，生活相談員，社会福祉協議会の職員，地域包括支援センターの職員，医療ソーシャルワーカー，スクールソーシャルワーカーである。

　これらの職種群は2021年度導入予定の新たな社会福祉士養成カリキュラム（「ソーシャルワークの基盤と専門職」）において例示されたものである。これら以外にも多くの専門職を含む職種があることに留意する必要がある。

　社会福祉行政における専門職として取り上げる以下の職種については，本章第1節で述べたように，その職種を担う者の中には，ソーシャルワーク専門職の要件を満たしている者もあれば，そうでない者もいる。より具体的に言えば，社会福祉士・精神保健福祉士の資格を有するソーシャルワーク専門職といえる者もいれば，いわゆる任用資格を有して，その業務についている者もいる。したがってその職種に従事している者全てが専門職であるというような捉え方は表面的な理解にすぎないので，その点は注意すべきであろう。

　特に福祉行政においては，専門職制度というよりは，大多数が一般職として任用資格に基づく人事及び人事異動により配置される。この意味では専門職は少数であり，むしろ公務員として，その分野に長年従事し経験を積んでいる者が配置される。また児童相談所のように，複数の有資格者（たとえば社会福祉士や公認心理師等）が協働で業務を遂行している組織もある。

　以下では各専門職をくわしく見ていく。なお，課題については次節を参照。

## □ 社会福祉主事と福祉事務所の査察指導員，現業員

社会福祉主事は，社会福祉法第18条に規定される任用資格であり，同第19条において資格等が定められている。その要件は，学校教育法に定める学校での指定科目の修得による卒業，指定講習会の修了，社会福祉士，指定試験合格，または同等者と列挙され，いわゆる福祉六法に定める「援護・育成・更生」の措置に関する事務を行うことを職務とする。

福祉事務所は，地域における福祉行政の中心として，福祉六法に規定された事務を担っている。そして福祉事務所には，それぞれの分野に応じた職種別の職員が配置されている。その中で査察指導員は，社会福祉法第15条において，所の長の指揮監督を受けて，現業事務の指導監督を司る，そして現業員は，所の長の指揮監督を受けて，援護，育成又は更生の措置を要する者の相談面接や生活指導，家庭訪問などを行うと規定されている。

## □ 各種相談所と児童福祉司・身体障害者福祉司・知的障害者福祉司

各種相談所（児童相談所・身体障害者更生相談所・知的障害者更生相談所等）には専門的な業務を行う職員が配置されている。ここでは①児童福祉司，②身体障害者福祉司，③知的障害者福祉司を取り上げ，所属する相談機関の概要とその業務と任用要件について述べる。

### ① 児童福祉司

児童相談所は，児童福祉法第12条に基づき，都道府県，指定都市に設定され，子どもの養護や保健，また障害や非行，育成に関する相談など，広く児童福祉に関する相談援助活動を行う行政機関である。児童福祉司は，児童相談所において，子どもや保護者からの相談に応じ，必要な調査や支援，家族関係の調整等を行う職種である。

その任用要件は，児童福祉法第13条において定められ，指定講習会の修了，学校教育法に定める学校での指定科目の修得による卒業，医師，社会福祉士，指定試験合格，社会福祉主事として経験，同等者，の何れかとなっている。

### ② 身体障害者福祉司

身体障害者更生相談所は，身体障害者福祉法第11条に基づき，都道府県に設定され，身体障害に関する相談援助活動を行う行政機関である。身体障害者福祉司は，身体障害者更生相談所において，身体障害に関して専門的知識や技術を必要とする相談援助業務や，市町村の身体障害者福祉に関わる業務への支援や情報提供等を行う職種である。

その任用要件は，身体障害者福祉法第12条において定められ，社会

福祉主事として経験，学校教育法に定める学校での指定科目の修得による卒業，医師，社会福祉士，同等者等の何れかとなっている。

### ③　知的障害者福祉司

知的障害者更生相談所は，知的障害者福祉法第12条に基づき，都道府県・指定都市に設定され，知的障害に関する相談援助活動を担う行政機関である。知的障害者福祉司は，知的障害者とその家族などへの相談援助業務や，市町村の知的障害者福祉に関わる業務への支援や情報提供等を行う職種である。

その任用要件は，知的障害者福祉法第14条において定められ，社会福祉主事として経験，学校教育法に定める学校での指定科目の修得による卒業，医師，社会福祉士，同等者等の何れかとなっている。

## ☐ 福祉行政における社会福祉士・精神保健福祉士の必要性

人々が抱える生活問題が多様化するなかで，福祉事務所やこれらの相談所ではたらく専門職には，たとえば，生活保護受給者等の就労問題や自立支援，児童虐待の予防や地域における子育て支援，また身体障害や知的障害を抱える人々の就労支援や社会参加，地域における生活支援のため，さまざまの関係機関との連携やネットワークづくりが求められている。それゆえ，それらの部門には社会福祉士・精神保健福祉士が配置されることが望ましい。

制度的には，これまで述べてきたように，社会福祉主事，いわゆる「司職」の要件に社会福祉士が含まれている程度である。課題としては福祉事務所並びに各種相談機関における社会福祉士・精神保健福祉士配置の優先順位を高めることとその確保である。

## 民間の施設・組織における専門職

　民間の施設・組織における専門職として取り上げる以下の職種についても，前節の福祉行政における専門職の冒頭で述べたように，専門職としての要件をどこまで満たすかということについては同じである。たとえば，福祉施設の施設長は専門職かといわれれば，社会福祉士・精神保健福祉士資格を有してソーシャルワーク専門職の要件を満たす者もいれば，そうでない者もいる。それでも，社会福祉協議会の職員，地域包括支援センターの職員（社会福祉士の配置が明記されている），スクールソーシャルワーカー，医療ソーシャルワーカーは，前にも述べたように，それぞれの実践領域の専門性と多職種連携が求められるため，ソーシャルワーク専門職としての要件を満たす者が多く配置されている。

　ここでは，施設長と生活相談員，社会福祉協議会の職員，地域包括支援センターの職員，スクールソーシャルワーカー，医療ソーシャルワーカーの5つを取り上げ，その業務をみていく。なお，課題については次節を参照。

### ◻ 施設長と生活相談員等
　社会福祉施設の施設長については，厚生労働省による各分野に関係する省令や通知でその要件が規定されている。これによれば，施設長要件は，社会福祉主事や医師などの有資格者や，現場での経験を積むこと，所定の講習会を受けることなどによって一定の条件を満たすことになっている。

　施設長の業務は，社会福祉施設の長として責任を持ち，福祉施設の運営・管理を担い，施設の目標を決め，その達成に向けてサービスの見直しや資金・職員の管理，関係機関・施設との連絡調整を行うことである。このような業務を担う施設長が，どこまでソーシャルワーク専門職によって配置されるべきかは議論が分かれるところであるが，社会福祉施設の専門性や社会的責務を考えるならば，施設長こそ社会福祉士・精神保健福祉士資格を有するソーシャルワーク専門職が配置されるべきである。

　次に生活相談員についてだが，所属する社会福祉施設の種類は多様である。施設形態としては大きく入所施設と通所施設に分けられるが，

これらの施設で相談援助業務を行う職種としていわゆる「生活相談員」職がある。ただし施設の種別・形態によって「生活支援員」など，さまざまな名称でその業務を行っている。ソーシャルワーク専門職としての生活相談員には，入所や通所施設の利用者が，地域社会の一員として安定した生活を営めるように支援すること，さらに地域におけるさまざまなネットワークを構築していく実践が求められる。

そこで，たとえば，厚生労働省令等で配置を義務づけられている指定介護老人福祉施設等の生活相談員の資格要件をみていくと，①社会福祉士，②社会福祉主事任用資格，③精神保健福祉士，④これらと同等の能力を有すると認められる者（介護支援専門員，2年以上の常勤経験のある介護福祉士のうちどれか）となっている。これをみると生活相談員は社会福祉士・精神保健福祉士以外の職種の配置でも可能であり，それぞれの施設がどの職種をどのように配置するか，ということになる。全体の傾向としては，生活相談員は社会福祉士・精神保健福祉士資格を有する者が配置されるようになっているのではないだろうか。

### ❏ 社会福祉協議会の職員

都道府県および市町村に設置されている社会福祉協議会（以下，社協）は，地域福祉の推進を目的とする社会福祉法に規定された団体・組織である。このような社協における活動推進を目的として，都道府県社協には「福祉活動指導員」，市町村社協には「福祉活動専門員」が配置されている。これらの職種を含めて社会福祉協議会の職員には，地域福祉の推進が期待されている。

その職員の中で，都道府県社会福祉協議会に配置される福祉活動指導員，市区町村社会福祉協議会に配置される福祉活動専門員は，先ほど述べたように，社会福祉士，または社会福祉主事資格があることが任用条件となっている。また地域福祉コーディネーターは市区町村社協に配置され，相談援助の業務に相当の経験がある社会福祉士，または社会福祉主事が任用される。

### ❏ 地域包括支援センターの職員

地域包括支援センターは，2006（平成17）年の介護保険法改正に伴って全国に設置された組織であり，要介護高齢者やその家族にとって，地域の身近な相談窓口としての役割を果たしている。業務内容としては，①介護予防マネジメント，②総合相談，③権利擁護，④包括的・継続的マネジメント支援があげられる。

職員体制として，主任介護支援専門員，保健師等とともに，社会福

祉士を配置することになっている。そして社会福祉士には，主に総合相談と権利擁護に関する業務を担うことが求められている。

## ☐ スクールソーシャルワーカー

　教育分野では，いじめや不登校等の問題への対応，また家庭環境に問題を抱える子どもたちを支援するために，社会福祉士・精神保健福祉士がスクールソーシャルワーカーとして配置されるようになってきた。

　2009（平成20）年度の文科省における「スクールソーシャルワーク活用事業」によれば，スクールソーシャルワーカーの職務内容等について「教育と福祉の両面に関して，専門的な知識・技術を有するとともに，過去に教育や福祉の分野において，活動経験の実績等がある者」として，①問題を抱える児童生徒が置かれた環境への働き掛け，②関係機関等とのネットワークの構築，連携・調整，③学校内におけるチーム体制の構築，支援，④保護者，教職員等に対する支援・相談・情報提供，⑤教職員等への研修活動等を挙げている。この職務を他の専門職ともに社会福祉士・精神保健福祉士が担っている。

## ☐ 医療ソーシャルワーカー

　医療機関においては，社会福祉士や精神保健福祉士が医療ソーシャルワーカーとして，医師や看護師等との連携を図りながら，保健医療機関において社会福祉の立場から，患者やその家族の抱える経済的・心理的・社会的問題の解決，調整を援助し，社会復帰の促進を図っている（厚生労働省『医療ソーシャルワーカー業務指針』による）。

　日本医療社会福祉協会によれば，会員の多くは社会福祉系大学等の専門教育を修了した後，病院等で上記の業務に従事しており（社会福祉系大学・大学院卒が，2010年4月で83%），近年は社会福祉士・精神保健福祉士等の国家資格取得者が増えている。会員数は2018年で約6,000名，社会福祉士資格の取得状況は2013年が86%，2015年が91%となっている。このように医療ソーシャルワーカーは，多くの社会福祉士・精神保健福祉士資格を有するソーシャルワーク専門職が配置されている。また精神科病院，診療所等でソーシャルワークを展開する専門職としては精神保健福祉士が配置されている。

## ☐ 民間組織における社会福祉士・精神保健福祉士の任用と配置

　社会福祉施設と社会福祉協議会，地域包括支援センターについては，多くの場合，社会福祉法人が経営母体となる。したがって社会福祉法

人として社会福祉士・精神保健福祉士を任用し配置することが求められる。そして任用後は，たとえば，社会福祉施設の生活相談員である社会福祉士がその法人が運営する地域包括支援センターの社会福祉士として配置転換するという人事異動が行われる。となると各法人がどのような人事計画に基づいて社会福祉士・精神保健福祉士を任用し育てていくかが問われることになる。

　スクールソーシャルワーカーについては社会福祉士・精神保健福祉士の任用は増えているが，その雇用形態は多様である。医療ソーシャルワーカーは社会福祉士・精神保健福祉士の配置が最も進んでいる職種であるが，任用後の定着とキャリアアップが課題となっている。

## 社会福祉士・精神保健福祉士が就労する分野の現状と課題

### ☐ 現状での社会福祉士・精神保健福祉士が就労する分野

　社会福祉士が現在どのような分野でかつどのような職種で活動しているかは，**図6-2**の通りである。これらの図から，社会福祉士が就労している分野は，「高齢者福祉関係」が43.7％と多数を占め，次が「障害者福祉領域」の17.3％，「医療関係」の14.7％，「地域福祉関係」7.4％の順である。一方，就労先での職種は「相談員・指導員」が34.0％で最も多く，「介護支援専門員」の13.8％，「施設長・管理者」の13.3％の順となっている。

　一方，精神保健福祉士については，**表6-1**に示してあるが，多くは医療分野と福祉分野で就労しており，福祉分野では，就労継続支援事業等の障害福祉サービス等事業所が多く，医療分野では精神科病院が多いが，一般病院でも就労している。また，保健所や市町村等の行政機関で働いている者もいる。

### ☐ 社会福祉士・精神保健福祉士が就労している分野での課題と展望

　社会福祉士は「高齢者福祉関係」，「障害者福祉関係」，「医療関係」，「地域福祉関係」分野での「相談員・指導員」が多くを占めているといえる。一方，「高齢者福祉」分野の「介護支援専門員」は2000（平成12）年4月に始まった介護保険制度で，「障害者福祉」分野の「相談支援専門員」は2006（平成18）年4月から施行された障害者自立支援法で制度化された職種である。**図6-2**の分野の「その他」は7.5％となっているが，この中に「労働」，「司法」，「教育」等の新たな分野で就労している社会福祉士が含まれる。また，ごく一部であるが，個人開業している独立型社会福祉士も含まれている。

　一方，精神保健福祉士は，精神科病院内での支援から，精神科病院から地域生活への退院支援に重点が移行し，在宅の精神障害者を支援することが拡大してきている。そのため，精神科病院だけでなく，在宅の一般診療所や福祉分野で就労している者が増加している特徴がある。

　ここでは，旧来からの分野と新たに拡大してきている分野に合わせて，ソーシャルワーカーの課題と展望を示してみる。

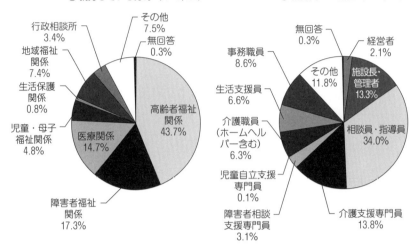

図6-2　社会福祉士が就労している分野と職種

① 就労している分野（n＝7,102）　　　　② 就労先での職種（n＝7,102）

（① 就労している分野の円グラフ）
高齢者福祉関係 43.7%
医療関係 14.7%
障害者福祉関係 17.3%
児童・母子福祉関係 4.8%
生活保護関係 0.8%
地域福祉関係 7.4%
行政相談所 3.4%
その他 7.5%
無回答 0.3%

（② 就労先での職種の円グラフ）
相談員・指導員 34.0%
施設長・管理者 13.3%
経営者 2.1%
無回答 0.3%
事務職員 8.6%
その他 11.8%
生活支援員 6.6%
介護職員（ホームヘルパー含む）6.3%
児童自立支援専門員 0.1%
障害者相談支援専門員 3.1%
介護支援専門員 13.8%

出所：社会福祉振興・試験センター（2015）「平成27年度社会福祉士・介護福祉士就労状況調査結果」.

表6-1　精神保健福祉士の就労先

| 分　野 | 人　数 | 領域（内訳） | 人数（内訳） |
|---|---|---|---|
| 医　療 | 11,530人 | 病院（精神科病院・一般病院）＊<br>一般診療所 | 9,822人<br>1,708人 |
| 福　祉 | 13,475人 | 障害福祉サービス等事業所<br>障害者支援施設等<br>その他の社会福祉施設等 | 12,330人<br>879人<br>266人 |
| 保健等 | 1,511人 | 精神保健福祉センター<br>保健所<br>市町村<br>保護観察所（社会復帰調整官） | 180人<br>606人<br>518人<br>207人 |

注：＊精神科病院は6,892人（1施設あたり6.9人），一般病院は2,930人（1施設あたり0.4人）。

出所：社会・援護局障害保健福祉部精神・障害保健課（2020）「精神保健福祉士資格取得後の継続教育や人材育成の在り方について（概要）」.

① 福祉事務所・児童相談所等の行政

　福祉事務所での生活保護担当職員は社会福祉士や社会福祉主事が要件になるが，社会福祉士の取得率は2016（平成28）年10月1日時点で13.5％に過ぎない。[14]児童相談所での相談支援を行う児童福祉司での社会福祉士の任用率は2019（平成31年）4月1日時点で42.9％である。[15]両者の比率は増加傾向にはあるが，今後の課題としては，生活保護や子ども家庭福祉に関するソーシャルワークの能力を高め，社会福祉士資格取得者の割合を高めていくことが求められる。同時に，社会福祉主事になる要件や児童福祉司の要件について再検討が求められる。

② 社会福祉施設の生活相談員等

　社会福祉施設の生活相談員等の要件も社会福祉主事と社会福祉士が

並列されているのが現実で，施設長の場合は資格要件が課せられていない。そのため，社会福祉施設の生活指導員等や施設長での社会福祉士資格取得者はさほど多くない。前者の生活相談員等の要件が社会福祉主事であることについては，本来これは行政の任用資格であり，社会福祉施設は主として社会福祉法人の運営である以上，生活指相談員等の業務をどのような専門職が担うべきかの議論のもとでの関連法改正の議論が求められる。現実的には，相談職に社会福祉士が採用されるようインセティブが働くしくみづくりが求められる。後者の施設長については，経営面，管理面，教育面での素養が求められ，現状の社会福祉士養成教育だけではそうした素養をもった人材を十分に養成できないのが現実である。そのため，管理面，経営面，教育面での素養を身につけた社会福祉士が必要であり，社会福祉士資格取得者が施設長などの管理職に移行していくキャリアパスを作っていく必要がある。

### ③　保健・医療分野での社会福祉士

保健・医療分野での社会福祉士は医師からの「指示」や「指導」を受けるという関係にはないが，社会福祉士が退院支援に係る業務を行った場合にも診療報酬が出ている。これは画期的なことであり，社会福祉士という資格でもって，医療ソーシャルワーカーが診療報酬を得られる範囲を今後もいっそう拡大していくことが求められる。そのため，社会福祉士を土台にしながら，継続教育により医療ソーシャルワーカーとしての専門性を高めるために，認定社会福祉士（医療分野）を取得していくよう社会福祉士の質を高めていく必要がある。

### ④　精神科病院の分野

2014（平成26）年患者調査によると，精神疾患を有する総患者数は約392.4万人であり，その内で精神病床における入院患者数は約28.9万人である。入院患者は減少傾向にあるが，認知症や気分障害（うつ病等）が特に増加したことで，総患者者数は1999（平成11）年から2014（平成26）年の15年間に2倍近くまで増加している。一方，精神病床数[16]は減少傾向にあり，平均在院日数も短縮してきている。だたし，国際的に比較すると，日本の病床数は多く，平均在院日数も長い状況にある。こうした状況の下で，精神保健福祉士は，精神疾患を有する患者のコミュニティケアを推進するために，精神病床からの円滑な退院を支援し，相談支援事務所，一般診療所，就労支援事業所等で地域生活を支援していくことが求められている。

### ⑤　教育，司法，労働の新しい分野

社会福祉士や精神保健福祉士が，介護福祉士，医師，看護師といった国家資格と大きく異なる部分は，厚生労働省所管の行政や社会福祉

分野や保健・医療分野の現場に加えて，教育，司法，労働分野で新たな職域の拡大が進められていることである。ここでは，それぞれの領域での動向と今後の課題を示すこととする。

　教育の領域では，従来からいくつかの都道府県や市町村でスクールソーシャルワーカーが配置され，先駆的に学校でソーシャルワークが実践されてきた。こうした成果もあり，2008（平成20）年度から文部科学省はスクールソーシャルワーク事業を開始した。2008（平成20）年度と2015（平成27）年度を比較すると，スクールソーシャルワーカーの数は944名から1399名に増加し，社会福祉士資格取得者比率は19.4％から50.0％に，精神保健福祉士資格取得者比率は9.3％から28.2％に飛躍的に高くなり，学校分野のソーシャルワークはソーシャルワーク資格者が担うようになってきている。そのため，この領域で活躍している社会福祉士や精神保健福祉士に対しては，学校教育の場で必要とする実践能力が得られる研修を促進することで，継続教育の充実を図っていく必要がある。

　司法領域での社会福祉士については，矯正施設と出所後の地域生活定着センターに，社会福祉士や精神保健福祉士が就労している。刑務所や少年院等の矯正施設には，以前から非常勤で社会福祉士・精神保健福祉士が雇用されていたが，2014（平成26）年度からは社会福祉士または精神保健福祉士資格取得者である「福祉専門官」が常勤で配置されるようになった。一方，地域生活定着支援センターでは，矯正施設の退所に対して福祉的な支援を必要としている高齢者や障害者に対して福祉サービスにつなげる支援を行っている。このセンターでは，2012（平成24）年度から職員の1名以上は社会福祉士または精神保健福祉士等の有資格者が必置となっている。

　厚生労働所所管である労働分野でも，ソーシャルワーカーの配置が進んでいる。ハローワーク（職業安定所）において社会福祉士が就労を支援することが実施されている。

### ⑥　地域包括支援センターでの社会福祉士配置

　2005年の介護保険法改正で，地域包括支援センターが新たに創設されたが，ここでは，保健師と主任介護支援専門員と並んで，社会福祉士が必置となった。現実には，地域包括支援センター職員で，社会福祉士資格取得者が最も多く，36.2％を占めている。地域包括支援センターは，要支援者等へのケアマネジメントだけでなく，総合相談・支援，権利擁護，包括的・継続的ケアマネジメント支援事業を行っている。さらには，地域ケア会議や新しい総合事業の一般予防事業も実施している。そのため，社会福祉士は虐待等を含めた様々な高齢者の事

例に対して支援するだけでなく，地域の住民や専門職のネットワークを作り，支援困難な高齢者に対する支援方法や地域の課題を明らかにし，地域の課題解決に向けた支援を実施しており，個別支援だけでなく地域支援についての能力が求められている。

### ⑦　社会福祉協議会でのソーシャルワーカー

社会福祉協議会では，地域の課題を解決していくことを狙いにしており，市町村社会福祉協議会では福祉活動専門員が配置されている。彼らにはソーシャルワーク機能が求められており，全国1,846の市町村社会福祉協議会では，一協議会当たり社会福祉士は平均6.3名，精神保健福祉士は平均1.3名が就労している[19]。社会福祉協議会は多面的な活動を行っているが，主として地域社会に焦点を当てた活動であり，その専門性を高めることが強く求められている。

### ⑧　居宅介護支援事業所，相談支援事業所，生活困窮者自立支援事業者等での社会福祉士・精神保健福祉士

介護領域の居宅介護支援事業所の介護支援専門員については，社会福祉士資格取得者は14.6%（予防では32.9%），精神保健福祉士資格取得者は1.8%（予防では6.0%）を占めている[20]。

障害者領域での相談支援事業所の相談支援専門員については，社会福祉士資格取得者が38.6%，精神保健福祉士資格取得者が14.6%である[21]。

生活困窮者自立支援事業においては，自立支援機関の主任相談支援員では，社会福祉士資格取得者が44.6%，精神保健福祉士資格取得者が13.5%，相談支援員については，社会福祉士資格取得者が32.9%，精神保健福祉士資格取得者が9.3%となっている。就労支援員では，社会福祉士資格取得者が20.7%，精神保健福祉士資格取得者が7.0%となっている[22]。

子育て包括相談支援センターの職員は保健師が中心であるが，社会福祉士や精神保健福祉士が配置できることにもなっている。

以上は，地域での介護・障害者・子ども・生活困窮者それぞれの領域別での個別支援と地域支援を担っているソーシャルワーカーの実態である。

今後の地域共生社会の実現に向けて，8050問題に象徴される「制度の狭間」にある利用者や世帯に対しても支援していく重層的包括支援体制を担うソーシャルワーカーの養成が求められている。

### ⑨　海外のソーシャルワーカーとの関係

以上のようなソーシャルワーカーが就労する分野は，日本国内に限らず，他の国や国際的な NGO での地域開発等，活動することが考え

られる。逆に，海外のソーシャルワーカーが日本で専門性を発揮し，活躍することもありうる。このような資格の互換はアメリカとカナダの間で，また香港，台湾，シンガポールの間でも進められており，社会福祉士・精神保健福祉士資格が他の国でも通用し，同時に海外の資格についても日本で通用するよう，ソーシャルワーク資格のグローバルスタンダードを追求していくことも必要である。

## ☐ 専門性を高めるために

　社会福祉士や精神保健福祉士が様々な分野で仕事を実施していることを述べてきたが，それらの分野の中で専門性を高めていくことが重要である。これは，仕事をしながら，継続教育の中で実施されることであり，いかにキャリア形成をしていくかである。

　社会福祉士については，2012（平成24）年度に創設された「認定社会福祉士」制度がある。これは社会福祉士として5年以上のソーシャルワークの実務経験がある社会福祉士が，児童，障害，高齢，医療といった所属組織を中心にした分野における福祉課題に対して高度な専門知識と熟練した技術を用いて，個別支援，多職種連携，地域福祉の増進を行うことができる能力の開発とキャリアアップを支援し，その習得した実践力を認定する仕組みであり，「認定社会福祉士」へのキャリアを積んでいくことが求められる。

　精神保健福祉士についても，職場内研修に加えて，日本精神保健福祉士協会や精神保健福祉士の養成校等において，資格取得後の継続教育や人材育成が行われているが，そうしたことを一層推進していくことが求められている。

○注 ────────

(1)　米本秀仁（2009）「相談援助概念とソーシャルワーク概念」大橋謙策・白澤政和・米本秀仁編著『相談援助の基盤と専門職』ミネルヴァ書房，14.

(2)　空閑浩人（2015）「相談援助に係る専門職の概念と範囲」社会福祉士養成講座編集委員会編『相談援助の基盤と専門職（第3版）』中央法規出版，190.

(3)　鈴木孝典は，相談援助にかかる専門職の概念を説明するうえで，国際労働機構（International Labor Organization：ILO）による「国際標準職業分類」（International Standard Classification of Occupation：ISCO）の定義と職務を活用して述べている。この視点は参考になる。

(4)　鈴木孝典（2015）「精神保健分野における専門職の概念と範囲」日本精神保健福祉士養成校協会編『精神保健福祉相談援助の基盤（基礎・専門）（第2版）』中央法規出版，166.

(5)　この6項目については，奥田いさよがフレックスナー報告について述べているものを要約した。

(6)　秋山智久は，属性モデルによる社会福祉専門職の研究について整理し考察加え，最後に秋山自身の見解を述べている。その部分を参考に要約した。

(7)　秋山智久は，プロセス・モデルによる社会福祉専門職の研究について整理し，さらに反専門職主義と準専門職について考察を加えている。その部分を参考に要約した。

(8)　(1)と同じ.

(9)　同前書.

(10)　高山恵理子（2020）「相談援助の場と職種」山崎美貴子・渡部律子編集『社会福祉援助技術論Ⅰ』全国社会福祉協議会，121.

(11)　長崎和則は2005年と2008年の日本精神保健福祉士会構成員のデータをもとに，所属機関を比較しその変化について言及し精神保健福祉士の領域拡大を示唆している。

(12)　長崎和則（2015）「精神保健福祉士の役割と意義」日本精神保健福祉士養成校協会編『精神保健福祉相談援助の基盤（基礎・専門）（第2版）』中央法規出版，14-15.

(13)　高良麻子（2014）『独立型社会福祉士』ミネルヴァ書房，18.

(14)　厚生労働省（2018）「社会福祉士の現状等（参考資料）」第13回社会保障審議会福祉部会福祉人材確保専門委員会，平成30年2月15日，参考資料1, 2.

(15)　厚生労働省子ども家庭局家庭福祉課虐待防止対策推進室（2019）「児童虐待防止対策の状況について」子ども家庭福祉に関し専門的な知識・技術を必要とする支援を行う者の資格の在り方その他資質の向上策に関するワーキンググループ（第1回）令和元年9月10日参考資料5, 13.

(16)　厚生労働省社会・援護局障害保健福祉部（2018）「最近の精神保健医療福祉施設の動向について」精神保健福祉士の養成の在り方等に関する検討会（第1回）平成30年12月18日資料2, 3.

(17)　(14)と同じ，参考資料1, 5.

(18)　三菱UFJリサーチ＆コンサルテング（2019）『平成30年度老人保健事業推進費等補助金老人保健健康増進等事業 地域包括支援センターの業務実態に関する調査研究事業報告書』，41.

(19)　全国社会福祉協議会（2018）『平成29年度市区町村社会福祉協議会職員状況調査報告書』，18.

(20)　厚生労働省（2019）『居宅介護支援事業所及び介護支援専門員の業務等の実態に関する調査研究事業報告書』，24.

(21)　日本知的障害者福祉協会（2019）『平成29年度相談支援事業実態調査報告』，

58.

⑵　厚生労働省社会・援護局地域福祉課生活困窮者自立支援室（2020）『平成30年度生活困窮者自立支援制度の実施状況調査集計結果』，15.

⑵　精神保健福祉士の養成の在り方等に関する検討会（2020）『精神保健福祉士資格取得後の継続教育や人材育成の在り方について』参照.


○**参考文献** ━━━━━━

秋山智久（2000）『社会福祉実践論─方法原理・専門職・価値観』ミネルヴァ書房，230-244.

奥田いさよ（1992）『社会福祉専門職性の研究』川島書店，67.

高良麻子（2014）『独立型社会福祉士』ミネルヴァ書房，18.

鈴木孝典（2015）「精神保健分野における専門職の概念と範囲」日本精神保健福祉士養成校協会編『精神保健福祉相談援助の基盤（基礎・専門）（第2版）』中央法規出版，166.

高山恵理子（2020）「相談援助の場と職種」山崎美貴子・渡部律子編集『社会福祉援助技術論Ⅰ』全国社会福祉協議会，121.

長崎和則（2015）「精神保健福祉士の役割と意義」日本精神保健福祉士養成校協会編『精神保健福祉相談援助の基盤（基礎・専門）（第2版）』中央法規出版，13-15.

米本秀仁（2009）「相談援助概念とソーシャルワーク概念」大橋謙策・白澤政和・米本秀仁編著『相談援助の基盤と専門職』ミネルヴァ書房，14-15.

# 第7章

# 諸外国における
# ソーシャルワークの動向

# 1 イギリス

　本節では，COS（慈善組織協会）やセツルメント運動というソーシャルワークの萌芽が生まれたイギリス[1]におけるソーシャルワークの動向に関して，**1** ソーシャルワーカーの活動領域，**2** ソーシャルワーカー養成課程及び資格取得後，**3** ソーシャルワーカーの課題に分けてみていく。

## **1** ソーシャルワーカーの活動領域

### □ その背景

➡ シーボーム報告
(Seebohm Report)
地方自治体の社会サービスの提供体制を見直すために設置されたシーボーム委員会によって提言された「地方自治体並びに関連する対人社会サービスに関する委員会報告」（1968年）であり，その後の一連の改革を方向付けた。

　イギリスでは，1968年の**シーボーム報告**➡を受けて1970年に成立した「地方自治体社会サービス法」により地方自治体に社会サービス部（Social services department）が設置されたことで，それまで対象者ごとの縦割りの組織編成の下で供給されていた福祉サービスが統合された。それにより社会サービス部を中核として，コミュニティを基盤とした包括的な支援体制の構築が目指されることとなり，社会サービス部に統合されたソーシャルワーカーがその中心的な役割を担うことが期待された。しかしながら，1970年代のオイルショック等による経済不況と福祉需要の増大という社会状況の中，それまでの労働党に代わり，1979年に保守党のサッチャー政権が誕生し，公共部門の縮小と公共支出の削減が実施され，人員整理や役割の見直しという形でソーシャルワーカーにもその影響が及ぶことになった。さらには，福祉サービスの見直しの中で，自治体の役割を縮小し，民間に移していくという方向付けがなされた。

　こうした状況の中，1982年に出されたバークレー報告（「ソーシャルワーカーの役割と任務」）は，ソーシャルワーカーの役割として，家族や近隣などのインフォーマルを含む様々な社会資源とのネットワークの活用や開発が強調され，コミュニティソーシャルワークを展開していくことを提言した。さらに，1988年のグリフィス報告（「コミュニティケア：行動のための指針」）で，要援護者が可能な限り在宅での生活を維持できるように在宅サービスを拡充していく必要性が提言されたことを受け，1990年に制定された「国民保健サービス及びコミュニティケア法」において，コミュニティケアを推進するために地方自治体

によるコミュニティケア計画の策定やケアマネジメントシステムの導
入等の大掛かりな改革が行われた。この改革により成人分野のソーシ
ャルワーカーの役割は，直接的なサービス供給者から，自治体のケア
マネージャーとしてサービスの支給決定やサービスの質の管理へと変
わり，限られた予算の中で高齢者や障害者等の要援護者に対していか
に効率的にサービス提供を実施するかが求められることになった。

## ☐ 児童虐待とソーシャルワーカー

　イギリスのソーシャルワーカーの役割として，児童虐待における児
童保護（Child protection）を押さえておく必要がある。イギリスの児
童福祉制度は，深刻な児童虐待事件を契機として改革が行われ，それ
に伴いソーシャルワーカーの役割も変わってきた歴史がある。1973年
に起きた「マリア・コーウェル事件[(2)]」に対しての，子どもの安全より
も親の意向を優先させた結果であるという批判を受けて，保護におい
ては子どもの安全を優先するという方向に舵が切られた。しかし，そ
の後も深刻な児童虐待事件が繰り返されたことを背景に，1989年に
「児童法（Children Act）」が制定されたが，そのきっかけとなったのは
1986年に起きた「クリーブランド事件[(3)]」である。この事件を受けて，
児童保護におけるソーシャルワーカーを始めとした専門職への厳しい
批判があり，1989年の「児童法」では，児童虐待への介入にあたって
は子どもの権利と親の権利とのバランスを取ること，親と専門職，関
係機関のパートナーシップを重視すること等が加えられた。2004年に
改正された「児童法」に大きな影響を与えたのは，2000年に起きたビ
クトリア・クリンビー事件[(4)]である。この事件では複数の関係機関が関
わっていたにもかかわらず虐待死を防ぐことができなかったことから，
報道でも大きく取り上げられ，関わっていた機関だけでなく，担当し
ていたソーシャルワーカーも批判の矢面に立たされた。この事件を検
証した報告書[(5)]で，関係機関の連携における情報共有体制の不備，ソー
シャルワーカーの専門性向上の必要性等が厳しく指摘されたことから，
2004年の改革では，地方自治体の行政組織の見直しが行われ，福祉・
教育・保健部門の再編により，それまでは別々であった福祉と教育が
統合し，「児童サービス局」として独立した部局となった。また，児童
の権利擁護における責任主体である地方自治体が中心となり，関係機
関とのより緊密な連携による包括的な支援体制が整えられることとな
った。その中でソーシャルワーカーは，政府が定めたガイドラインに
沿って深刻な危害の恐れのある児童を保護する役割がより強く求めら
れることになった。

児童保護システムにおけるこうした大きな改革が行われたが，2007年に「ベビーP事件[6]」という惨劇が再び起きたことを受けて，児童分野だけでなくソーシャルワーク全体の見直しのために，3省合同から成る「ソーシャルワーク・タスク・フォース（Social Work Task Force：SWTF）」が設置された。SWTFによる最終報告書[7]には様々な提言がまとめられているが，ソーシャルワーカー養成教育および資格取得後の継続教育に関する提言は，後述の養成教育改革にも影響を与えた。

　イギリスのソーシャルワーカーは，上述した高齢や障害分野，子どもおよび家族分野，さらには精神保健分野，更生保護等の司法分野，ドメスティック・バイオレンス（DV）の被害者および加害者支援，難民支援，ホームレス支援等の幅広い領域で支援活動に従事しているが，それらの様々な役割の中でも，ソーシャルワーカーに対する一般的なイメージとしてとりわけ強いのは，児童虐待ケースにおける児童の保護に関わるものである。子どもを親から引き離し（"Child snatchers"），家族を壊す（"Home wreckers"）というソーシャルワーカーのイメージがしばしばメディアを通して描かれるが[8]，児童分野のソーシャルワーカーは家族が共に生活できるように様々な支援をする一方で，子どもが親と生活することで危害を受けるリスクが高いと判断した場合には，子どもの安全を確保するために子どもを保護する法的権限を持ち，その社会的責任も重い。

## 2　ソーシャルワーカー養成課程及び資格取得後

### ❑ ソーシャルワーカー養成教育の沿革

　イギリスのソーシャルワーカーの大きな特徴として，その多くが地方自治体の社会サービスや国民保健サービス（National Health Service）等に所属する公務員であることが挙げられるが，イギリスのソーシャルワーク教育を考える上でこの点を押さえる必要がある。

　先述の通り，1970年の「地方自治体社会サービス法」により自治体の社会サービス部にソーシャルワーカーが統合されたことを受けて，それまで様々な機関によって行われていたソーシャルワーカーの養成を統一するために，1971年に「Central Council for Education and Training in Social Work（以下，CCETSW）」が設立された。このCCETSWは2年間のソーシャルワーカー養成を実施するコースの認証，認証を受けた養成コースの修了者へのソーシャルワーカーとしての統一資格（CQSW：The certificate of qualification in social work）の付与，さらに，養成コースで学ぶ者への経済的なサポートも提供して

いた。ソーシャルワーカーの資格は1991年から「Diploma in Social Work」に変更され，2001年には「General Social Care Council（以下，GSCC）」が設立され，CCETSW に代わってソーシャルワーク教育の統括管理を担うことになった。

2003年よりソーシャルワーカー資格は「Degree of Social Work」という3年間の大学卒業資格である学位となり，GSCC が認可した大学および大学院のみでソーシャルワーカーの養成を行うこととなった。

さらに，2005年4月からソーシャルワーカーの名称保護が制度化され，「ソーシャルワーカー」として名乗るためには GSCC に登録することが必須となった（登録制度は2003年から開始）。登録の更新は3年ごとで，更新の条件として一定時間の継続教育を受けること，ソーシャルワーカーの行動規範（Code of Practice）を満たすこと等が必須となった。

GSCC は2012年に「Health and Care Professions Council（以下，HCPC[9]）」に移行となり，HCPC がソーシャルワーク教育の統括管理を担っていたが，2019年からは HCPC に代わって「Social Work England」が新しく設立された[10]。

## ❏ PCF の設定

イギリスでは，前項で述べた様々な改革に伴い，ソーシャルワーク教育の統括管理を行う機関も変遷する中で，ジェネラリストとしてのソーシャルワーカーを養成するのか，それともスペシャリストとして養成するのかに関しての議論が振り子のように繰り返されてきた。深刻な児童虐待事件が繰り返されたことを受け，ソーシャルワーク全体の改革のために組織された「Social Work Task Force（SWTF）」による提言の実行組織として2010年に設置された「Social Work Reform Board（以下，SWRB）」は，ソーシャルワーカーがキャリアに応じて身に付けるべき能力を「Professional Capabilities Framework（以下，PCF）」という包括的な枠組みで設定した。PCF はソーシャルワーカーのキャリアレベルに関して，資格取得前である「エントリーレベル」の4段階[11]，そして，資格取得後として「登録1年目（Newly Qualified）」，「熟練に至るまでのレベル」，「熟練（Experienced）レベル」，「より高度な（Advanced）レベル」，「戦略的な（Strategic）レベル」の5段階，合わせて9つの段階を設定し，各レベルに対応する9つの領域「プロフェッショナリズム」，「価値と倫理」，「多様性と公平性」，「権利と正義，経済的福祉」，「知識」，「批判的省察と分析」，「技術と介入」，「コンテクストと組織」，「プロフェッショナル・リーダーシップ」で構成

されている。<sup>(12)</sup>

　資格取得前のエントリーレベルは，大学の入学試験の段階から卒業審査までの養成教育プログラムの全ての段階に渡っており，ソーシャルワーカーの資格を取得する上で，学生が各段階においてどのような知識・技術・価値を身に付ける必要があるかに関する枠組みを提供している。資格取得後についても，PCFでは実践分野を超えて全てのソーシャルワーカーに適用される包括的な枠組みが提示されており，ソーシャルワーカーは専門職として質の高い支援サービスを提供するために，資格取得後もキャリアを通じて継続的に学び続け，自らの専門性を高めることが強く求められている。

## ３　ソーシャルワーカーの課題

　ここまでみてきたように，イギリスのソーシャルワーク体制はシーボーム報告以降，様々な社会的状況の変化に応じて改革が行われ，それに伴ってソーシャルワーカーに求められる役割も変わり，さらにソーシャルワーカーの養成教育も改革されてきた。そうした様々な変化に追われる中，現場の第一線で支援活動に従事するソーシャルワーカーの社会的責任は変わらず大きいが，その働く環境は厳しい。

　ソーシャルワーカーは危害を加える人々と関わる危険な仕事であるという一般的イメージも強いが，<sup>(13)</sup>ある調査では，回答した85％のソーシャルワーカーが身体的な暴力，脅し等の言葉による暴力や嫌がらせをサービス利用者またはその家族らから受けた経験があることが明らかとなっている。<sup>(14)</sup>支援現場において，ソーシャルワーカーが実際にこうした危害を受けるリスクがあることも事実であるため，彼らの身の安全を守るために様々な措置が講じられているが，同調査では，70％を超える回答者がスタッフへの暴力に対する正式な方針が所属組織にあるにもかかわらず，危害を受けたことを報告しても調査の実施等の必要な措置が講じられなかったことも明らかにしている。

　一方で，職能団体である英国ソーシャルワーカー協会（BASW：British Association of Social Workers）がソーシャルワーカーを対象に実施した調査では，<sup>(15)</sup>週の平均労働時間の45時間のうち，子どもや若者，親，ケアラーらと直接に面と向かって支援するのは約20％（11時間）に過ぎず，約65％（29時間）は書類作成等の，いわゆる"ペーパーワーク"に費やされている実態が分かった。さらに，同調査では，ソーシャルワーカーの専門職としての学びに不可欠である，自らの実践についてのリフレクション（振り返り）<sup>(16)</sup>にはほとんど時間が費やされて

いないことも明らかとなった。この調査結果は，緊縮財政の中，さら
なる市場化が進められる現在のイギリスの社会福祉システムにおいて，
より効率的なサービス提供が重視されるマネジメント主義が強まる状
況で働くソーシャルワーカーの日常の一端を示しているといえよう。
調査を実施した BASW は，この結果に強い危機感を表明し，サービ
ス利用者との関係を築くために不可欠な直接のコンタクトに費やす時
間を80％に，そしてペーパーワークの時間を20％に逆転させることを
目指す「80-20 Campaign」を展開している。

# ② アメリカ

## ① ソーシャルワーカーの活動領域

### 🗌 その背景

　アメリカでは，1898年にニューヨーク慈善組織協会による「応用博愛夏期学校」がリッチモンドらを中心として開設され，これまで慈善活動や地域活動として位置づけられていたソーシャルワークが学問として発展し始めた。その後，1929年のミルフォード会議報告書によって，ジェネリックとスペシフィックの概念が提起され，専門職としての基盤が整備されていった背景がある。アメリカでのソーシャルワークの歴史は日本のソーシャルワーク教育でも重視され，日本で行われているソーシャルワークの基盤となるものの多くは，アメリカで展開されていったことがわかる。

　アメリカのソーシャルワークは日本のソーシャルワークよりも心理学から受ける影響が大きかったこともあり，ソーシャルワーカーの活動範囲として，臨床における専門職としての位置づけが，より明確化されているという特色がみられる。ここでは，アメリカのソーシャルワーカーがどのような分野で活躍しているのかを中心に，その業務における特徴についても説明する。

　アメリカのソーシャルワーカーは，病院，メンタルヘルスクリニック，シニアセンター，介護施設，シェルター，コミュニティセンター，学校，刑務所，軍隊，企業，公的機関，民間機関など，地域の様々な場面で活躍している。その多くは，個人や家族を対象としたミクロレベルにおけるソーシャルワークであり，直接的な物質的・社会的サポートに加え，個人や家族のニーズに対応するために他の機関と連携する間接的な支援などを含む権利擁護が中心におこなわれている。こうしたソーシャルワークに加え，クライアントの気分，信念，行動，動機の変化を促進する方法として，カウンセリングなどの様々なアプローチを利用した治療的介入が用いられている。さらに，サービス向上のために権利擁護活動をおこなったり，制度やシステムの設計に携わったり，計画や政策開発に関与したりするメゾ・マクロ・レベルのソーシャルワーカーも存在する。次に，ソーシャルワーカーの活動領域

について，それぞれの分野を具体的に説明する。[20]

## □ 分野別の活動領域

### ① 高齢分野

高齢分野のソーシャルワーカーは，クライアントと福祉サービスを繋げることにより QOL（生活の質）を高め，高齢の人々が尊厳を持って，地域の一員として自立した生活を送ることができるように働きかける。その特徴として，日常生活における身体的，心理的，社会的，経済的側面に焦点を当てている。主な活動の場として，病院やクリニック，ナーシングホームに加え，ホスピスなどのターミナルケアにもチームの一員として勤務している。

### ② 児童分野

児童分野のソーシャルワーカーは，社会の中で最も脆弱な子どもたちや若者，そしてその家族に対してサービスを提供し，家族そのものを強めるための働きかけを通して，子どもたちを安全に育てる環境づくりの支援を専門としておこなっている。主な活動の場として，政府の児童福祉機関の他に，病院やクリニック，非営利組織による地域の青少年プログラムやシェルターなどがある。

### ③ 知的障害・発達障害分野

知的障害・発達障害分野のソーシャルワーカーは，乳幼児の頃から子どもだけではなく，親に対する支援をおこない，法的権利や制度などの情報を知らせる役割も担っている。子どもの発育にあわせ，親が子どもの権利を擁護する立場となれるように手助けし，子どもが将来，出来る限り自分で生活を送ることができるようになる方法を提案しながら病院やクリニック，地域の事業所を中心として支援を展開している。

### ④ 医療分野

医療分野におけるソーシャルワークの歴史は古く，1900年代初めから専門職として位置づけられ，医療機関において個人が抱える課題への直接的・間接的支援をおこなっている。特に，個人・家族を対象としたケースワークが多くみられ，小グループを対象としたグループカウンセリングなども取り入れている。その他にも，メゾ・マクロ・レベルの活動をおこなっているソーシャルワーカーも存在し，医療分野における調査やプログラム開発，計画やマネジメントをおこなっている場合もある。

### ⑤ 権利擁護と地域福祉分野

地域福祉分野のソーシャルワーカーは，権利擁護と社会正義の達成

を目標として，個人だけではなく，グループやコミュニティに働きかけている。地域組織化活動と権利擁護活動に携わるソーシャルワーカーは，抑圧されている当事者と協働で，地域をどのように変革することができるのかを共に考え，行動し，非営利団体としての地域活動を通して社会に働きかけている。

### ⑥　公的福祉分野

公的福祉分野のソーシャルワーカーは，公的福祉プログラムの計画，管理，資金調達，スタッフトレーニング，福祉サービスの基準設定と評価，監督をおこなっている。したがって，公的機関における専門職としての創造的なシステムのプランニング能力や地域の事業者に対するリーダーシップが求められている。

### ⑦　精神保健福祉分野

精神保健福祉分野のソーシャルワーカーは，病院やクリニック，地域の事業所など，活動場所によって業務内容が異なる。病院に勤務するソーシャルワーカーは，心理社会的アセスメントや心理療法をおこない，退院に向けてチームの一員として治療に携わるだけではなく，家族や社会との繋がりにも働きかける。クリニックや地域の事業所に勤務するソーシャルワーカーは，心理社会的アセスメントと心理療法に加え，クライアントや家族への心理教育をおこなったり，クライアントのニーズに応じて他機関と連携し，地域で生活を継続するためのネットワークづくりをおこなったりしている。

### ⑧　薬物乱用分野

薬物治療に携わっているソーシャルワーカーは，個人，家族，コミュニティが薬物使用から回復するための支援をおこなっている。個人に対するアセスメントや心理療法に加え，家族や生活環境，ソーシャルサポートシステムなど，治療環境の整備を中心としている。また，シェルターや地域の非営利組織におけるアウトリーチ活動といった特徴もみられる。

### ⑨　職業支援・従業員支援分野

職業支援・従業員支援分野のソーシャルワーカーは，企業内における Employee Assistance Program（従業員支援プログラム）を中心に，働く人のメンタルヘルスに携わり，個人的な課題や仕事に関連する課題を抱えている従業員にアセスメント，カウンセリング，フォローアップを提供している。また，上司や管理者と協議し，従業員や組織の課題にも取り組んでいる。

### ⑩　学校分野

スクールソーシャルワーカーは，学校，家庭，地域を繋ぐ役割を担

っており，感情的，発達的，教育的なニーズを持つ子どもたちに対して，学校中での個人カウンセリングやグループカウンセリングなどもおこなっている。また，地域の社会資源の調整や外部サービスとの連携にも携わり，就学前プログラムや治療施設等における支援もおこなっている。

### ⑪　司法分野

司法分野のソーシャルワーカーは，裁判所，危機センター，警察，矯正施設で活動をおこなっている。司法分野では，犯罪加害者に対しての支援と，犯罪被害者の支援の両方をおこなっており，犯罪被害者の危機的状態に介入し，カウンセリングなどもおこなっている。

### ⑫　国際福祉分野

国際ソーシャルワーカーは，国内に住む外国にルーツを持つ人々を対象とした，地域，病院，学校等での直接的な支援だけではなく，難民キャンプや貧困地域など，海外での活動もおこなっている。政府組織，非政府組織が主体となる国際社会の福祉を向上させる取り組みに関与し，幅広く活動している。

### ⑬　福祉経営分野

福祉経営に携わるソーシャルワーカーは，福祉サービスを提供する公的および民間機関のリーダーでもある。この分野では，経営やマネジメントだけではなく，社会政策や福祉サービスに関する知識が求められる。人間の行動に対する理解やソーシャルワークの倫理と価値を重視し，メゾ・マクロ・レベルからソーシャルワークにアプローチする。

### ⑭　制度・政策分野

制度・政策分野のソーシャルワーカーは，主に政府機関において社会問題の特定やニーズに関連する課題の調査・研究をおこなう。また，制度・政策・プログラムなどを分析し，効果測定をおこなうことにより，代替アプローチや新しいプログラムの提案をおこなう。

### ⑮　独立型（プライベートプラクティス）

プライベートプラクティスをおこなっているソーシャルワーカーは，個人の独立したオフィース，もしくは所属事務所を通して，個人・カップル・家族・グループへのカウンセリングや心理療法などを展開している。それ以外にも，プログラム開発や評価，トレーニングや教育などをおこなっているソーシャルワーカーも存在する。

## 2 ソーシャルワーカーの養成課程及び資格習得後

　アメリカにおけるソーシャルワーク教育は，学部を卒業した学生を対象として開始された歴史から，大学院レベルの教育が主流だったが，近年になって学部レベルに浸透していった経過がある。2018年のソーシャルワーク教育協議会（CSWE）の調査に回答した大学のなかで，学部教育（A bachelor's degree in social work：以下 BSW）をおこなっている大学は463プログラム，学生数は58,733名であるのに対し，大学院教育（A master's degree in social work：以下 MSW）は240プログラム，学生数は67,084名であった[21]。プログラム数は学部のほうが多いのに対し，学生数は大学院のほうが多いことがわかる。

### □ BSW：ジェネラリストプログラム

　ソーシャルワーク教育における BSW と MSW の違いは，卒業後の進路にも大きく影響する。BSW プログラムはジェネラリスト教育として位置づけられ，一般的なソーシャルワークの知識・技術に加え，社会の多様性，人間の行動，社会福祉政策，ソーシャルワーク倫理等の授業を受講する。さらに，すべてのプログラムで学生はスーパービジョンを受けながら，基礎実習としてのフィールドワークをおこなうことになっている。BSW の実習時間は大学によって若干の違いはあるが，多くの大学は4年次の1年間，560時間程度の実習が必須となっている。こうして豊富な実習経験を通して学びを深めた学生たちは，地域の事務所におけるケースマネジメントに加え，病院や施設などにおいて，患者やクライアントの日々の生活における直接的な支援をおこなうメンタルヘルスアシスタントなどの業務に就くことが多い。

### □ MSW：スペシャリストプログラム

　一方で，MSW プログラムはスペシャリスト教育として位置づけられていることから，それぞれの学生が大学ごとに提供している専門分野を選択し，ジェネラリスト教育の基盤の上にスペシャリスト教育を積み上げる形で展開している。したがって，フィールドワークもジェネラリストとしての基礎実習が1年目，スペシャリストとしての応用実習が2年目に組み込まれている。BSW 同様に，大学によって実習時間の違いはあるが，一般的に2年間で1100時間から1200時間程度の実習をおこなうことになっている。また，専門分野によって違いはみられるが，臨床を基盤としたアセスメントを含めたケースマネジメン

ト技術を学ぶことにより，セラピーやカウンセリングを提供することができるようになるプログラム構成となっている。アメリカでは，日本のような国家試験制度を設けてはいないが，MSW 取得後に臨床ソーシャルワーカーとしてセラピーやカウンセリング，メンタルヘルスに携わるためには，それぞれの州で認定している認定ソーシャルワーカーになることが必要とされる。一般的には MSW 取得後，認定ソーシャルワーカーによる 2 年間のスーパーバイズされたトレーニングに加え，州がおこなう試験に合格しなければならない。こうして認定されたソーシャルワーカーは，認定後もライセンスを更新するために，州によって条件は異なるが，数年ごとに36時間程度の継続教育が求められている。したがって，ソーシャルワークの職能団体は充実した継続教育を提供しており，たとえば，全米ソーシャルワーク協会（National Association of Social Workers：NASW）では，数百のオンデマンド講座を受講することができる。

　さらに，BSW プログラムと MSW プログラムの関係として，BSW を取得している人は通常 2 年間の MSW プログラムを 1 年間で修了することができる。先に述べたように，MSW はジェネラリスト教育の上にスペシャリスト教育を積み上げる形で構成されている。したがって，既に BSW プログラムで基礎を学び，現場経験のあるソーシャルワーカーの多くは，キャリアアップとして MSW の取得を目指し，1 年間でスペシャリストとしての専門知識を修得する。アメリカのソーシャルワークは，学問的にもその専門性は高く位置づけられている。

## 3　ソーシャルワーカーの課題

　米国労働統計局によると，2018年に募集のあったソーシャルワークの求人数は707,400件であり，10年後にその数は11％増加し，788,600件になると見込まれている。その詳細として，現在，最も多くのソーシャルワーカーが携わっている分野は子ども，家族，学校ソーシャルワークの339,800件であり，その次に医療ソーシャルワーク180,500件，メンタルヘルスと薬物関連ソーシャルワーク125,200件，その他のソーシャルワーク62,000件となっている。全ての分野で増加が見込まれるということは，アメリカにおける社会問題が増加傾向にあることを示しているとも言える。

　たとえば，子ども，家族，学校ソーシャルワークの分野では，2014年に児童相談所もしくは他の児童保護関連機関により虐待調査が行われたケースは，3,261,000件，2018年は3,534,000件であり，8.4％増加

している。虐待の詳細をみると，全体の60.8％はネグレクト，10.7％は身体的虐待，7％は性的虐待，15.5％は2つ以上の虐待を受けているケースとなっており，2018年に虐待やネグレクトで死亡した子どもの数は推定1,700人となっている。[25]

メンタルヘルスと薬物関連の分野では，薬物乱用・精神衛生サービス局が実施している2017年の調査によると，薬物治療のために入院・入所した12歳以上の患者の総数は1,912,140人であり，2014年の1,649,469人と比較して262,671人増加していることがわかる。このうち，最も多く使われている薬物はヘロイン26.4％，二番目はアルコール16.9％，三番目はアルコールと何らかの薬物の両方12.9％，四番目はマリファナ12.4％，五番目はアンフェタミン10.3％という結果となっており，この順位は2014年から変わっていないが，ヘロインとアンフェタミンは増加傾向にある。[26]

その他の分野として，アメリカ合衆国住宅都市開発省が2019年におこなった調査結果では，一晩で確認されたホームレス数は全米でおおよそ568,000人であり，そのうちシェルター等に滞在していた人は63％，路上や公園，廃墟などに滞在していた人は37％であることがわかった。2018年と2019年を比較すると，全体で3％の増加がみられ，その背景には，カリフォルニア州のホームレス人口が1年で16％（21,306人）増加したことが明らかにされている。[27]

さらに，これら全ての問題と深く関わりのあるアメリカの民族構成として，2010年の国勢調査では，白人72.4％（うちヒスパニック系16.3％），黒人12.6％，アジア系4.8％，2つ以上の人種2.7％であったのに対し，2019年の国勢調査では，白人76.5％（うちヒスパニック系18.3％），黒人13％，アジア系5.9％，2つ以上の人種2.7％となっており，民族の多様性が徐々に増していることがわかる。[28]こうした背景として，アメリカに移民や難民として渡る人が多く存在することも知られている。

このように，アメリカでは時代の変化と共に様々な社会問題が浮き彫りにされており，人々のニーズが多様化している。こうしたニーズの変化に伴って，ソーシャルワーカーが対応しなければならない分野が拡大すると同時に，それぞれの分野における新たな知識や技術が求められている。

カナダ

## 1　ソーシャルワーカーの活動領域

### ❏ その背景

　アメリカの北に位置するカナダ。アメリカに比べ影の薄い存在でもある。しかし，その歴史，政治そして福祉制度の方向性など，アメリカとはまた違った面も多々ある。カナダの人口は3750万人あまり，日本の人口の約4分の1が日本の国土の26倍以上の広大な土地に住んでいる。国としての歴史は比較的新しく，17世紀よりイギリス人とフランス人の入植が始まり1867年（明治維新の前年）にイギリス連邦内の自治領となり，1931年に独立国家となった。1971年には多文化主義が国の方針として位置づけられ，1982年に英語とフランス語の二つが公用語となった。

　カナダ政府は移民の経済貢献を重視し過去30年間毎年約20万人前後の移民を受け入れている。現在，カナダの総人口の21.9％が外国で生まれた住民で，移民受け入れ大国のひとつであり，[29][30]多様性がソーシャルワーク実践にも深く影響を及ぼしているといっていいだろう。

　カナダでは州ごとにソーシャルワーカーとなるための資格要件の制定や登録管理が行われている。そのため，個々のソーシャルワーカーは，各州の資格要件を満たす養成機関を履修することにより，その州内で登録ソーシャルワーカーとして勤めることが許される。カナダ・ソーシャルワーカー協会によると，2016年におけるカナダ全土の登録ソーシャルワーカー数は約5万人であるとされる。[31]

### ❏ カナダの社会福祉とソーシャルワーク

　カナダの社会福祉制度の発展では，連邦政府と州政府の役割と関係性そして民間セクターの活躍が特徴的である。国全体で同じ政策方針を共有するのではなく，各州の権限や独自の政策を重視する地方分権指向が強く，NPOや宗教団体，ボランティアや企業などの様々な担い手が地域のニーズに応えている。カナダの社会福祉制度は，資金やサービス編成も各州と各自治体の間で個別に取り決められ独自の方法で行われている。具体的には，資金とサービス運営の責任を負う自治

体が保育施設や介護老人福祉施設，公営住宅などの新設や就労支援に至るまで広域に事業を行うしくみとなっている。このしくみにより地域毎のニーズに応えた対応が期待される一方，地域差を指摘する声も大きくなっており，都市部では人口増加に伴い社会福祉サービスの提供における自治体の背負う重圧の高まりが懸念されている。縮小する国の福祉財源の中で高まる多様な地域ニーズに応えるため，抜本的な改革が求められているといえるだろう。

　同時に，ソーシャルワーカーやその職能団体の役割で日本の状況と違い特記に値する点として，社会変革や社会政策の改善のために声を上げていくアドボカシーが広く受け入れられていることがある（これはアメリカのソーシャルワークにも共通である）。なぜなら，社会的弱者個々人が苦しんでいることや，ソーシャルワーカーが経験している社会政策の不具合をマクロの領域で是正していくこともソーシャルワークの役割だと考えるからだ。

　たとえば，オンタリオ州ソーシャルワーカー協会（Ontario Association of Social Workers：OASW）は，アドボカシーを重視し，その三つの柱を「人権」，「健康の社会的決定要因」（Social Determinants of Health；たとえば，性差別，人種差別，低所得など社会的な要因が個人の健康・疾病状態に大きく影響するという考え方），「（ソーシャルワーカーという）専門職の（社会での）促進」としている。その中で，州の予算決定や政策過程に積極的に関わり，ソーシャルワーカーや，社会的弱者のためになる政策を促進するように政治家や州政府の専門官などに働きかける活動を恒常的に行なっている。

　アドボカシー活動がいつも成果につながるとは限らない反面，具体的な政策改善につながることもある。たとえば，オンタリオ州で2017年に認定心理療法士の統一資格ができる時に，OASWは，オンタリオ認定心理療法士協会に働きかけ，オンタリオ州のソーシャルワーク資格団体に登録しているソーシャルワーカーも心理療法士と名乗ることが可能になった。個々のソーシャルワーカーが自分たちの仕事の中でなかなかできないことを，こういった職能団体が担い，ソーシャルワーカーの権益を代弁してくれるというわけだ。

　また，以上のことから，カナダにおけるソーシャルワーカーの役割が多岐に渡ることがわかるだろう。カナダ政府ウェブサイトではソーシャルワーカーの役割は以下のように記載されている。ソーシャルワーカーは，個人，カップル，家族，グループ，組織，そして地域コミュニティーが社会的機能を高めるために必要なスキルや資源を開発し，カウンセリング，セラピー，他の支援的な社会サービスへのアクセス

を支援する。また，失業，人種差別，貧困などの他の社会的ニーズや問題にも対応し，病院，教育委員会，社会サービス機関，児童福祉・養護関係団体，様々な矯正施設，コミュニティ機関，就労支援プログラム，そして多様なマイノリティのアドボカシー活動を担っている。

　その一方，国の政策運用係として機能することも多いソーシャルワーカーだけに，時を経て，過去の過ちを認識し謝罪することもある。先住民の子どもを組織的かつ強制的に収容したレジデンシャル・スクール[33]や，「60年代スクープ」と言われる養子縁組政策（先住民の子どもを積極的に白人養親と特別養子縁組させた）など，カナダの負の歴史にソーシャルワーカーが関わっていたことは知られていたが，カナダ・ソーシャルワーカー協会は2019年に，ソーシャルワーカーが国の同化政策に加担し，先住民の人たちの組織的迫害・人種差別に関わっていたことを謝罪し和解へのコミットメントを示す声明を発表した[34]。

## 2　ソーシャルワーカー養成課程及び資格取得後

### ☐ ソーシャルワーカー養成課程

　現在，カナダ・ソーシャルワーク教育連盟が認定しているソーシャルワーク教育課程がある大学は全国で43校である[35]。1970年代までアメリカのソーシャルワーク教育連盟（Council of Social Work Education）に認定を委託していたこともあり，ソーシャルワークの基本知識と技術は，社会政策など以外では，心理学的影響が強いアメリカのカリキュラムによく似ていると言っていいだろう。学部でも修士課程でも，ジェネラリスト・ソーシャルワークのカリキュラムが基本になっている。修士課程では全般的なソーシャルワークの知識に加えて，実践方法（ミクロ，マクロなど）または実践分野（子どもと家族，高齢者，精神保健，社会正義と多様性，インディジナス（先住民）・ソーシャルワークなど）での専門知識・技術を担う大学が多い。

　しかし，研究を含むソーシャルワーク領域全体では，イギリス系の影響も窺える。たとえば，社会理論や社会運動を反映した，反抑圧的ソーシャルワーク▶（anti-oppressive practice，以下，AOP）実践をはじめ，関連した実践理論・モデルである，クリティカル（批判的）ソーシャルワーク▶や，構造的ソーシャルワーク▶などはカナダで育まれており，社会学的，革新的な理論展開も見受けられる[39]。

### ☐ ソーシャルワークの担い手

　カナダのソーシャルワークの専門資格職の中でソーシャルワーカー，

---

**▶反抑圧的ソーシャルワーク**

アンティ・オプレッシブ・ソーシャルワーク（anti-oppressive social work＝AOP）。アンティは日本語にもなっているアンチ，反対，の意味で，オプレッシブは抑圧と訳されるオプレッションの形容詞だ。日本語で最適な訳語に抽出するのが難しい言葉であるが，既存の数少ない日本語文献（二木，2017；児島，2018）に倣い，「反抑圧的ソーシャルワーク」として紹介し，文中での言及では，英語の略を使用して「AOP」とすることとする。個人が経験している様々な生きにくさは，構造的な力の不均衡に端を発する，とAOPでは考える。そして，「反抑圧」とは，そう言った生きにくさを少しずつ直していくことを指す。社会の全ての人が基本的人権を守られ，幸福に生きられる社会を保証するために行われるその活動がAOPである。

**▶クリティカル（批判的）ソーシャルワーク**

新自由主義，管理主義など，構造的な問題がどのように個人，家族，コミュニティー，社会に影響を与えているかということを批判的に構造分析することに基づくソーシャルワーク。

**▶構造的ソーシャルワーク**

顕在化している個人の問題だけを実践の対象とするのでなく，構造的な要因を視野に入れてクライエントの手助けをし，構造的な修正・変化を社会に求めていくソーシャルワーク。

ソーシャルサービスワーカーそして介護従事者の役割と養成課程について紹介したい。これらはどれも人間のウェルビーイング（幸福）を目的としており，個人，家族や集団そして社会の諸問題と向き合いその解決を当事者と共に図る。しかし，職務の範囲，資格要件，養成課程そして待遇は資格毎そして所属組織や役職によって大きく異なる。

　ソーシャルサービスワーカーは主にコミュニティ・カレッジ（職能訓練や資格取得を主とした短期大学）で取得する資格で，地域の中の保健センター，グループホームや居住施設，DV の被害者やホームレスの人のシェルター，子どもや若者支援プログラム，児童相談所のような機関等で働くことが多い。ソーシャルワーカーは，ソーシャルサービスワーカーより専門化した資格で，病院施設や学校，地域保健センター，家族福祉，行政・司法機関での援助活動や，心理療法を提供する専門化した機関等，より幅広い分野に勤める傾向がある。ソーシャルサービスワーカーの担う業務内容に加え，ソーシャルワーカーは心理社会的機能（社会と個人の相互作用の上で必要とされる全般的精神機能）に関する支援をクライエントに提供できるとされている。日本では主に臨床心理士や認定心理士が提供している心理療法をカナダではソーシャルワーカーも担っていて，個人開業で心理療法を提供しているソーシャルワーカーも多い。

　介護職に関しては，カナダでは日本での介護福祉士のような介護職の国家試験はなく，州によって呼称も登録の必要も違い，たとえば，オンタリオ州と他の 2 つの州と準州では「パーソナルサポートワーカー（PSW）」と呼び，ブリティッシュコロンビア（BC）州とマニトバ州では「ヘルスケア・アシスタント（HCA）」と呼ばれる職種となる。名称独占ではないので，病院や社会福祉機関によっても呼称が異なる場合もある（たとえば，「ナースエイド」，「アテンダント」など）。これらの介護従事者が高齢者や障害，疾患を持ち介護が必要な人の支援を施設や病院，地域（ホームケア）で行っている。職業短大で 8 か月程度の教育課程がある一方，こういった教育や登録が必須でない州も多く，高卒程度の教育が求められるようだ。介護職は医療・福祉の現場で不可欠な職であるにも関わらず，低賃金（たとえばオンタリオでは年収約 210 万円程度より）で，移民の女性も多く，概して職のステータスは低い。組織的な教育，登録と規制，地位の向上の必要性が訴えられている。

## ☐ ソーシャルワーカーの資格制度
　前述したとおり，カナダではソーシャルワーカーを名乗るための国

家試験等はなく，4年制大学で社会福祉学学位を授与された学部レベルのソーシャルワーカー（BSW）か，大学院で社会福祉学修士を修了した修士レベルのソーシャルワーカー（MSW）のうち，資格団体（これは先に述べた職能団体とは異なる）に登録している者が，名称独占でソーシャルワーカーと呼ばれる。資格団体の登録維持は毎年更新する必要があり，倫理綱領を守っているかについてと，相応の時間数，専門的スキルや知識の維持や取得をしていることを自己申告して登録料を支払うことが条件となる。

　大学院で修士レベルのソーシャルワーカー（MSW）の資格を取るためには，大学でソーシャルワーク学を学んだ人向けの1年の課程と，大学では他の専攻だった人向けの2年の課程がある。学部と修士課程共に，クラス内での座学に加えて，実習が必須とされ，様々な受け入れ先で理論と実践を繋ぐ学びの機会を得ることが目指される。また，ソーシャルワーカーとしてすでに仕事をしながらパートタイムや通信でスキルアップを目指すコースや，特定のカウンセリング技法やクライエントグループとの関わりについて学ぶワークショップなども提供されている。資格が専門性を担保するものではなく，常に学び続け自らの専門性を高め続けることが資格の維持に必須とされる。

## 3　ソーシャルワーカーの課題

### ☐ カナダにおける課題

　隣国であるアメリカと比べると，カナダは移民の受け入れに積極的で同性婚や様々な多様性に寛容であるというイメージが強い。確かに多様性はカナダの強みだが，真に公正な社会の実現のためには，未だ課題は多い。たとえば，50年前に非白人の移民が増加して以来蔓延している移民の雇用差別，黒人や先住民に対する構造的そして日常的な差別や暴力（警察による暴力も含む），マイノリティの貧困化や健康の低下，鬱や不安症の蔓延化，養護施設や矯正施設に収容される子どもたちの人種間の偏り，女性や性的マイノリティへの暴力，女性と男性の賃金や待遇の差等がソーシャルワークが直面している社会問題として挙げられる。

### ☐ カナダのソーシャルワーク紹介：AOP の現場実践例

　日本であまり耳にする機会がないが，カナダのソーシャルワークの重要な柱の一つとして反抑圧的ソーシャルワーク実践（AOP）がある。AOP は社会正義を根底とするクリティカル（批判的）ソーシャルワー

クアプローチのひとつで，対「個人」の枠にとどまらず対「社会」に対する働きかけを通し抑圧や差別を生みだしそれを維持する社会構造変革を目指す。[43]

カナダの多くのソーシャルワーカー養成課程においてカリキュラムに取り入れられている。

AOP に基づいた現場ソーシャルワーク実践の一例として，薬物・アルコール依存を抱える親を支援するプログラムがカナダ全土に広まっている。[44] 依存症を抱える親を支援し，子どもそして親自身の健やかな生活を目指すプログラムが，必ずしも薬物やアルコールの使用を「完全に止める」ことを参加条件とせずに提供されている。その根底にあるのは「ハームリダクション」の考え方である。ハームリダクションとは，薬物使用による健康そして社会への影響を最小にすることを目指す政策，計画そして実践を指す。強制や差別なく，また，支援を受ける条件として薬物使用を止めるよう求めることなく，当事者の意思を最大限尊重する。[45] 薬物やアルコールの影響下にある状態でプログラムのサービスの利用はできないが，当事者である依存症を抱える親の「子どものために良い親になりたい」という思いを「薬物やアルコールを現在使用しているか」という事実よりも尊重し，できるだけ使用による影響を減らすことを親と共に目指す。それによって親の自尊感情の高まりや社会性の向上，孤独感の減少等が期待される。また，プログラム参加当初は薬物やアルコールの使用を止めることを望んでいなかった参加者も，スタッフや元当事者との関わりから徐々に依存からの回復に向かうケースも報告されている。[46]

このように，当事者の今の状態，望んでいる未来像を尊重し伴走する姿勢が，当人の主体性やより良く生きたいという希望を引き出す。また依存症を抱える親を悪者とするのではなく，親自身も社会における弱者として抑圧された状況に追い詰められている（貧困や低学歴，DV 等）という理解が AOP の基本姿勢である。

世界的な格差の拡大そして弱体化する政府の財源をうけ，カナダにおいても社会福祉サービスに対する公的な助成が縮小され，経済効率性が高い支援が優先されがちなことに懸念が高まっている。一方，今まで個人的課題として見られがちだった様々な生きる上での困難，貧困，薬物依存や虐待等の原因要因として歴史的迫害，人種差別や女性差別など社会的要因が大きく影響していることが様々な研究により明らかになっている。日本で社会福祉士として働くうえでも「多様性」や「当事者主体」という概念は浸透しつつある。また，クライエントが社会におけるマイノリティ（人種，障害，性的指向や性認識，宗教や

家族構成等の要因によって）として構造的抑圧に虐げられていることが，個人としての生活の質と安定を妨げている事案に遭遇することは福祉専門職としては避けられない。カナダの「抑圧に抵抗するソーシャルワークモデル」から学べることは多いだろう。

## ○注 ────────

(1)　立憲君主国であるイギリス（正式名称：United Kingdom of Great Britain and Northern Ireland）は，イングランド，スコットランド，ウェールズ，北アイルランドから成る連合王国であり，ソーシャルワーカーの養成や資格取得後の学びのシステム等も一律ではないことから，本節ではイングランドを中心に扱うこととする。

(2)　里親家庭に委託されていた当時 7 歳のマリア・コーウェルが実母の元に家庭復帰したが，同居の継父からの虐待によってその後死亡した事件。

(3)　イングランド北東部のクリーブランドで，2 名の小児科医によって数週間という短期間で100人以上の子どもが性的虐待と診断され，その内の約 7 割の子ども達が家庭から保護されたが，その後に大半のケースにおいて性的虐待の診断が不適切だったことが判明し，メディアや市民から厳しく批判された。また，虐待の疑いをかけられ，調査の犠牲となったことを訴える親たちによる「PAIN（Parents Against Injustice）」運動にも影響を与えた。

(4)　福祉や医療，警察，全国児童虐待防止協会の虐待センター等の関係機関が関わっていたにもかかわらず，当時 8 歳のビクトリアが父方の大叔母とそのボーイフレンドからの虐待によって死に至らしめられた事件であり，イギリス社会に大きな衝撃を与えた。

(5)　Laming Report（2003）*The Victoria Climbie inquiry: Report of an inquiry by Lord Laming.* Cm. 5730, Stationary Office.

(6)　福祉や保健，警察等の関係機関が関わっていたが，17か月のピーター・コネリーが実母と同居するボーイフレンドらからの虐待により死亡した事件。

(7)　Social Work Task Force（2009）*Building a safe, confident future: The final report of the Social Work Task Force.* Department of Health/Department of Children, Schools and Families.

(8)　The College of Social Work. *Busting Myths About Social Work*（http://www.tcsw.org.uk/busting-myths-about-social-work）（2020. 6. 15）.

(9)　HCPC は，ソーシャルワーカーを含む16の対人援助職（医師および看護師を除く，栄養士，作業療法士，理学療法士，サイコロジスト，言語療法士等）の登録および更新，教育訓練プログラムの管理，求められる能力基準の設定，行動規範や倫理綱領の設定等を行う機関。

(10)　登録の更新に関しては，HCPC では 2 年ごとであったが，Social Work England では 1 年ごとに変更された。

(11)　養成課程のレベルは，「養成プログラムに入る段階（Point of entry to training）」，「最初の実習の前段階（Readiness for practice）」，「最初の実習の終了段階（End of first placement）」，「最後の実習の終了段階（End of last placement/completion）」の 4 段階に分かれる。

(12)　現在用いられている PCF は SWRB が開発したものを基本として発展させたものであり，「The College of Social Work」（ソーシャルワーカーをサポートする専門職団体として2009年に設立されたが，財政難により2015年に閉鎖された）を経て，現在は，「英国ソーシャルワーカー協会（BASW：British Association of Social Workers）」によって PCF に基づいた継続教育

プログラムが提供されている。

⒀　The College of Social Work. *Busting Myths About Social Work*（http://www.tcsw.org.uk/busting-myths-about-social-work/）（2020. 6. 25）.

⒁　Community Care（2014）*85% of social workers were assaulted, harassed or verbally abused in the past year*（https://www.communitycare.co.uk/2014/09/16/violence-social-workers-just-part-job-70-incidents-investigated/）（2020. 6. 25）. 調査を実施した「Community Care」はソーシャルワーカーや雇用者，管理者らを対象にした様々な情報提供，就職のためのサポート等を提供する団体である。本調査はオンラインで実施され，計446名のソーシャルワーカーの回答があった。

⒂　British Association of Social Workers England（2018）*80-20 Campaign: How much 'direct' time do social workers spend with children and families?*（https://www.basw.co.uk/system/files/resources/FINAL%2080-20%20report.pdf）（2020. 6. 25）.

⒃　ソーシャルワーカーのリフレクションについては，拙著論文（浅野貴博（2016）「ソーシャルワーカーとしての学びにおけるリフレクション：『今いるところ』から離れるために」『ソーシャルワーク学会誌』33，13-25.）を参照されたい。

⒄　回答があった計350名のソーシャルワーカーのうち，実践についてのリフレクションに費やす時間が週に「全くない」と回答したのは32％，「1時間未満」は42％という結果だった。

⒅　British Association of Social Workers. *80-20 Campaign: Upholding Relationship-Based Social Work*（https://www.basw.co.uk/8020-campaign-relationship-based-social-work）（2020. 6. 25）.

⒆　Hepworth, D. H., Rooney, R. H., Rooney, G. D., & Gottfried. K. S.（2016）*Direct Social Work Practice: Theory and Skills*（10th ed.）Brooks/Cole Publishing Company.

⒇　National Association of Social Workers, *Types of Social Work*（https://www.socialworkers.org/news/facts/types-of-social-work）（2020. 6. 10）.

㉑　Council on Social Work Education（2018）*2018 Statistics on Social Work Education in the United State*（https://cswe.org/getattachment/Research-Statistics/Annual-Program-Study/2018-Statistics-on-Social-Work-Education-in-the-United-States-ver-2.pdf.aspx）（2020. 6. 10）.

㉒　Social Work Guide., *Masters of Social Work Degree*（https://www.socialworkguide.org/degrees/masters/）（2020. 6. 10）.

㉓　National Association of Social Workers, *Continuing Education*（https://www.socialworkers.org/Careers/Continuing-Education）（2020. 6. 13）.

㉔　U.S. Bureau of Labor Statistics（2018）*Occupational Outlook Handbook: Social Workers*（https://www.bls.gov/ooh/community-and-social-service/social-workers.htm）（2020. 6. 13）.

㉕　Department of Health & Human Services, Child Maltreatment 2018（https://files.hudexchange.info/resources/documents/2019-AHAR-Part-1.pdf）（2020. 6. 18）.

㉖　Substance Abuse and Mental Health Services Administration, *Treatment Episode Data Set*（https://www.samhsa.gov/data/quick-statistics）（2020. 6. 18）.

㉗　The U.S. Department of Housing and Urban Development, *The 2019 Annual Homeless Assessment Report*（*AHAR*）*to Congress*（https://www.acf.hhs.gov/sites/default/files/cb/cm2018.pdf）（2020. 6. 18）.

⑵⑻　United States Census Bureau, *Overview of Race and Hispanic Origin: 2010* （https://www.census.gov/quickfacts/fact/table/US/PST045219） （2020.6.18）.

⑵⑼　イギリスとフランスの植民地としてスタートし，後に独立した国家としてのカナダの歴史は比較的浅いが，先住民の人たちは，2万6千年以上も前から現在のカナダ領で生活していたことをここに記したい。17世紀よりイギリスとフランスの入植者が入ってきてから，免疫のなかったインフルエンザ，麻疹，天然痘などの疫病や，虐殺など植民地化の弊害により，先住民は15世紀頃の推定人口20万から200万人の40〜80％が死亡したとされる。現在のインディジナス・ピープル（カナダの先住民の総称—ファーストネーション，イヌイット，ヨーロッパ系の先祖も持つメティを含む）は2016年の人口統計では167万人（総人口の4.9％）が先住民の背景を持っていると報告したとされる[47]が，正式に先住民のステータスを持っていない子孫もいるので，実際の先住民の人口はもっと高いと言われている。

⑶⑼　Migration Policy Institute （2020） *Top 25 Destinations of International Migrants* （https://www.migrationpolicy.org/programs/data-hub/charts/top-25-destinations-internationalmigrants?width=1000&height=850&iframe=true）.; Statistics Canada （2017） *Top 10 countries of birth of recent immigrants, Canada, 2016* （https://www150.statcan.gc.ca/n1/daily-quotidien/171025/t002b-eng.htm）.

⑶⑴　Canadian Association of Social Workers （2020） What is Social Work （https://www.casw-acts.ca/en/what-social-work）.

⑶⑵　OASW Historic Achievements - Legislation, Regulation & Programs （n/d） （https://www.oasw.org/Public/What_We_Do/OASW_Key_Achievements.aspx）.

⑶⑶　親や本人らの意思に反し，先住民の子どもたちを強制的に連れ去り収容した全寮制学校。長年に渡りいわゆる文化的虐殺を始め，性的虐待や病気の子どものネグレクトなど，様々な抑圧・虐待に至り，今でもその負の遺産が社会に影を落としている。このことについては国の報告書で明らかになっていて，2008年に当時のスティーブン・ハーパー首相が謝罪と補償をしている[48]。

⑶⑷　CASW （2019） Statement of Apology and Commitment to Reconciliation （https://www.casw-acts.ca/sites/default/files/Statement_of_Apology_and_Reconciliation.pdf）.

⑶⑸　CASWE-ACFTS （2020） CASWE-ACFTS Accredited Programs （https://caswe-acfts.ca/commission-on-accreditation/list-of-accredited-programs/）.

⑶⑹　児島亜紀子 （2019）「反抑圧ソーシャルワーク実践（AOP）における交差概念の活用と批判的省察の意義をめぐって」『女性学研究（Women's Studies Review）』26, 19-38.；二木泉 （2017）「ソーシャルワークにおける反抑圧主義（AOP）の一端——カナダ・オンタリオ州の福祉組織の求人内容と組織理念を手がかりとして」『社会福祉学』58(1), 153-163；Sakamoto, I. & Pitner, R. （2005） Use of critical consciousness in anti-oppressive social work practice: Disentangling power dynamics at personal and structural levels. *British Journal of Social Work*, 35(4), 420-437.; Baines, D. （2007） *Doing anti-oppressive practice: Social justice social work* （第3版）, Fernwood publishing, Halifax, Nova Scotia, Canada.; Dominelli, L. （2002）. *Anti-oppressive social work theory and practice.* Hampshire, UK: Palgrave Macmillan.

⑶⑺　田川佳代子 （2013）「クリティカル・ソーシャルワーク実践の理論素描」

『社会福祉研究』15(1), 13-20. ; Rossiter, A. (2005) Discourse Analysis in Critical Social Work: From Apology to Question. *Critical Social Work*, 6(1) (https://ojs.uwindsor.ca/index.php/csw/article/view/5654).

(38) Mullaly, B. & Dupre, M. (2018) *The New Structural Social Work: Ideology, Theory, Practice* (4th ed.). Toronto, Canada: Oxford University Press.

(39) Razack, N. & Badwall, H. (2006) Regional perspectives…from North America. Challenges from the North American context: Globalization and anti-oppression. *International Social Work*, 49 (5), 661-666.

(40) OCSWSSW (2008) Code of Ethics and Standards of Practice. (https://www.ocswssw.org/professional-practice/code-of-ethics/).

(41) BC Care Aid and Community Health Workers Registry (2020) *Graduate of an HCA Program in Canada* (or HCA Equivalent) (https://www.cachwr.bc.ca/Application/HCA-Graduate-in-Canada-(or-HCAEquivalent).aspx).; Ontario Personal Support Workers Association. (2020). Homepage. (https://www.ontariopswassociation.com).

(42) Kelly, C. & Bourgeault, I. L. (2015) The Personal Support Worker Program Standard in Ontario. *Health Policy*, 11(2), 20-26.

(43) 児島亜紀子 (2019)「反抑圧ソーシャルワーク実践 (AOP) における交差概念の活用と批判的省察の意義をめぐって」『女性学研究 (Women's Studies Review)』, 26, 19-38.; Sakamoto, I. (2007) 'A Critical Examination of Immigrant Acculturation: Toward an Anti-Oppressive Social Work Model with Immigrant Adults in a Pluralistic Society', *British Journal of Social Work*, 37, 515-535.; Wehbi, S. & Parada, H. (2017) *Re-imagining anti-oppressive social work practice*. Toronto, Canada: Canadian Scholars Press.

(44) 二木泉 (2017) カナダ・ソーシャルワーク日記. アルコール依存や薬物依存を抱えるお母さん向け支援 (http://izuminiki.mystrikingly.com/blog/substanceuse?categoryId=1515).

(45) Harm Reduction International (2020) *What is Harm Reduction*? (https://www.hri.global/what-is-harmreduction?fbclid=IwAR1VoxgUw9yueO42YUrkBboVaJRehQVHohfPjXLXd0XgKBi1I5QoCFRH3To).

(46) Mother Craft (2020) *Breaking the Cycle* (https://www.mothercraft.ca/index.php?q=ei-btc&q=ei-btc).

(47) Statistics Canada (2020) Statistics on Indigenous peoples (https://www.statcan.gc.ca/eng/subjects-start/indigenous_peoples).

(48) CBC. (2008) *Government Apologizes for Residential Schools in 2008* (https://www.cbc.ca/archives/government-apologizes-for-residential-schools-in-2008-1.4666041).

○ **参考文献** ────────

● **第2節**

後藤玲子・新川敏光 (2019)『新・世界の社会福祉　第6巻アメリカ合衆国／カナダ』旬報社.

Hepworth, D. H., Rooney, R. H., Rooney, G. D., & Gottfried. K. S. (2016) *Direct Social Work Practice: Theory and Skills* (*10th Ed.*), Brooks/Cole Publishing Company.

平澤恵美 (2009)「アメリカ合衆国の大学院におけるソーシャルワーク教育」『社会福祉学研究』日本福祉大学.

ルイーズ, J. C. & ステファン, Y. J.／山辺朗子・岩間伸之訳 (2004)『ジェネラ

リスト・ソーシャルワーク』ミネルヴァ書房.

●第 3 節

Baskin, C. (2016) *Strong Helpers' Teachings, Second Edition: The Value of Indigenous Knowledges in the Helping Professions. Canadian Scholars' Press*, Toronto, Canada.

Dumbrill, G. & Yee, J. (2018) *Anti-Oppressive Social Work: Ways of Knowing, Talking, and Doing*. Oxford University Press, Toronto, Canada.

Ives, N., Denov, M., & Sussman, T. (2020) *Introduction to Social Work in Canada: Histories, Contexts, and Practices* (2nd ed.). Oxford University Press, Toronto, Canada.

坂本いづみ・茨木尚子・竹端寛・二木泉・市川ヴィヴェカ (2021)『脱「いい子」のソーシャルワーク：反抑圧的な実践と理論 (仮)』現代書館.

坂本いづみ (2010)「多文化社会カナダのソーシャルワークとグローバリゼーションの影響」『ソーシャルワーク研究』36(3), 198-204.

■第8章■

# ミクロ・メゾ・マクロ・レベルにおけるソーシャルワーク

本章では，個人，集団，組織，地域など，ソーシャルワークが働き
かける対象を，相互に関連しあうシステムとしてとらえる視点を提示
し，各システムの階層性，相互性，全体性について言及する。そのう
えで，ミクロ，メゾ，マクロの3つのレベルにおける代表的な支援の
方法をとりあげ，第2節から第4節で概説する。最後に第5節では，
あらためて各レベルの実践が統合的に展開される現状を指摘し，ジェ
ネラリスト・アプローチの必要性を提起する。なお，本章でふれる個
別の実践方法は，本シリーズの第5巻『ソーシャルワークの理論と方
法Ⅰ』，第6巻『ソーシャルワークの理論と方法Ⅱ』で取り上げられ
ているので，詳細はそちらを参照してほしい。

# 人をとりまく重層的な環境システム

### ❏ 人と環境の交互作用とソーシャルワーク

　戦後，ソーシャルワークに導入された一般システム論は，個人，集
団，地域といった対象や，人，組織，社会などの単位にとらわれず，
それぞれをシステムであるとし，それらの全体的な関連性を説明する
理論的な準拠枠を提供した。一般システム論によれば，それぞれのシ
ステムは，境界と内部プロセスをもって安定的な「構造」と「機能」
を維持し，独自の自立性を保持しつつも，下位システムが上位システ
ムに自らを統合させることで調和を図り，全体的なシステムの安定を
図っている（一般システム論については，本書第4章第5節，また本シリ
ーズの第5巻『ソーシャルワークの理論と方法Ⅰ』の第1章も参照）[1]。たと
えば，人も数多くの細胞から構成される一つのシステムであり，内部
に臓器などの構造を有し，これらの下位システムが一定の機能を果た
すことで，上位システムとして一人の個人を構成する。さらに，一人
ひとりの個人はそれぞれが自律性を保ちつつ，家族，組織，地域，国，
地球などの様々な上位システムからなる環境に自らを統合させること
で調和を図っている。

　人はまた，環境からさまざまな資源を取り込みながら，自らも環境
に働きかけ，環境を変容させる（図8-1）。ソーシャルワークは，こ
のような人と環境の双方に目を向け，両者が交わる接触面（インター
フェイス）における交互作用に着目し，人については資源を活用して
対処する力を促進・支援し，環境についてはその応答性を高めること
で両者の適合を図る実践である。なお，ここでいう「交互作用」(trans-

図8-1　人と環境の交互作用

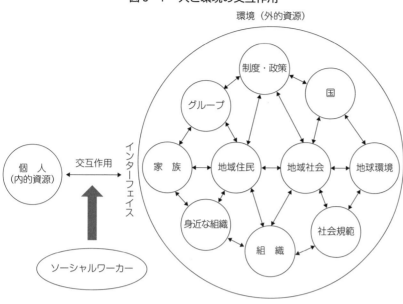

注：矢印は，図の煩雑化を防ぐため一部に限っている。
出所：筆者作成.

action）とは，原因と結果が直線的に示される相互関係（interaction）
ではなく，人と環境の双方が原因となり結果となりながら，相互に変
化する作用という意味で用いられる。[2]
　ところで，人が活用する資源は多様である。たとえば，内的資源に
は，健康や生活スキルといった比較的把握しやすいものから，動機や
希望といった内面的あるいは潜在的な資源も含まれる。一方，環境内
における外的資源も多様であり，家族，人的資源，物的資源，情報，
組織，制度，政策，自然環境などが存在する。これらは，人をとりま
く環境内に展開し，それぞれが全体システムを構成するサブシステム
として相互に関連しあっている。そして，人が生活課題の解決のため
に対処する場合は，環境内にあるこれらのシステムは，人とネットワ
ークでつながり，必要な資源として活用され，サポーティブな機能を
果たさなければならない。そのつながりの形成を支援し，課題の解決
にむけた交互作用を創造，促進，改善するのがソーシャルワークの機
能であり，ソーシャルワーカーの役割になる。

## ☐ ミクロ，メゾ，マクロな実践レベルと実践方法
　環境と一口でいっても身近な家族から制度や社会規範にいたるまで
その射程は広く，存在する資源システムも多様である。そこで，人を
取り巻く環境システムを重層的にとらえ，その全体システムを明らか

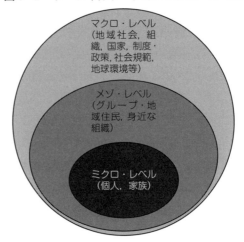

図8-2　ソーシャルワークのシステム・レベル

にする視点が求められる。ソーシャルワークでは，支援における対象範囲や方法論を整理する枠組みとして，**図8-2**のように，ミクロ，メゾ，マクロに拡がる重層的なシステムが想定されることが多い。

　ミクロ，メゾ，マクロの各レベルの定義には研究者によって諸説があるが，ここでは，一般社団法人日本ソーシャルワーク教育学校連盟が「相談援助演習のための教育ガイドライン」（2020年）で示している定義を参照する。なお，これらの3つの区分は，あくまでも理念的に分けられたものであり，実際には着目する視点によって所属が異なったり，重複する場合もある。

### ☐ ミクロ・レベル（個人，家族）

　ミクロ・レベルには，個人と家族が含まれ，ソーシャルワーカーとの相互作用は直接的，対面的なコミュニケーションによって行われる。人を取り巻く最も身近な領域ではあるが，そこで起きている事象は複雑である。そもそも，個人そのものが一つのシステムであり，外部の環境と交互作用を行いながら，安定を志向しつつも，成長や老化を含めた発達を遂げ，常に変化している。ソーシャルワーカーは，こうした個人の特性や変化を，身体的，精神的，心理的，社会的，経済的，環境的，文化的，**スピリチュアル**な多側面からアセスメントし，多様な働きかけを行う。

　たとえば，個人に焦点をあて，個人への直接的な働きかけを通して生活困難の解決をめざす方法には，伝統的にケースワークと呼ばれる方法がある。さらに近年は，これに加えて，個人の変容をめざす臨床的な実践よりも，個人の地域生活を支援するために，地域内にある多様なサービスや資源をコーディネートすることに力点をおく実践方法

**➡スピリチュアル**
「霊的」と訳されることもあるが，カタカナ表記されることが多い。人間の究極的な存在の基盤となる役割を担い，身体的，精神的，心理的，社会的な側面を統合すると考えられる。

として，ケアマネジメントも注目されている。また，家族は時として個人の生活と不可分であり，ここではミクロなレベルに加えている。家族は身近であるがゆえに，機能不全に陥れば，個人の生命や生活を脅かす存在にもなりうる。このような場合は，家族を一つのシステムとしてとらえ，システムそのものの変容をめざす家族支援や家族療法といったアプローチが採用される。

## ☐ メゾ・レベル（グループ，地域住民，身近な組織）

メゾ・レベルは，グループ，地域住民，地域にある身近な組織との相互関係に働きかけ，課題の解決をめざす支援である。グループは，自然発生的な場合もあれば，専門職によって形成される場合もある。また，身近な組織には，個人が所属する地域の自治会や学校，個人の支援のために利用される地域の福祉機関・施設などが含まれる。

グループに対する働きかけには，伝統的な方法としてグループワークがあるが，そのほか，個人の支援に必要な多職種・多機関連携や社会資源をつなぐ**ネットワーキング**，さらに関係者らと行う**カンファレンス**もメゾ・レベルでの実践としてとらえられる。さらに，近隣の住民やボランティアなどに働きかけ，個人を支援する地域のネットワークを形成する活動も，グループへの働きかけを重視する場合は，メゾ・レベルの方法と考えられる。

## ☐ マクロ・レベル（地域社会，組織，国家，制度・政策，社会規範，地球環境）

マクロ・レベルでは，地域社会，組織，国家，さらにグローバルな世界や地球環境に加え，社会制度や政策，社会規範などが働きかけの対象になる。ミクロやメゾ・レベルの実践が，対面的な支援を基本にしてなされるのに対して，マクロ・レベルの実践は，不特定多数の人々からなる集団や組織のニーズの充足にむけて，多様な形態や媒体で行われ，社会や制度そのものの変容がめざされる。

具体的な支援方法は，地域開発，社会（地域福祉）計画，ソーシャル・アクション，政策立案，審議会などへの参加や行政への働きかけ，調査研究，世論や規範意識に働きかける啓発や福祉教育，議会や政治家へ要請を行うロビー活動などもある。さらに，企業や社会福祉法人などの組織において，社会福祉の価値をふまえたマネジメントを行う社会福祉運営管理もマクロ・レベルの実践である。また，国境を超えたグローバルな課題や，地球環境の破壊から個人や集団の生活や権利を擁護する活動も，マクロ・レベルの実践としてとらえられる。

▶**ネットワーキング**
複数の要素が互いに連結された網状の構造であるネットワークを形成するプロセスをさし，相互的あるいは社会的支援や情報の授受を可能にする基盤となる。

▶**カンファレンス**
当事者のニーズと支援のプロセスを理解・共有し，多角的な観点から効果的な支援のあり方を検討する場であり方法をいう。多機関多職種が参加する場面も増えている。

## ☐ ミクロ，メゾ，マクロなシステムの相互性と全体性

　先にも述べたように，3つのレベルは，本来は1つの全体システムを構成し，相互に連続し不可分なものである。また，各レベルを問わずに用いられたり，その目的によって使い分けられる支援方法もある。たとえば，アドボカシーは，個人の権利の侵害に対して，個人を代弁してその権利を擁護する実践はケース・アドボカシーと呼ばれ，ミクロなレベルの実践となる。一方，不特定多数の集団の権利の侵害に対して，より大きな組織や制度に対峙し，その原因（cause）に対して働きかけて権利を擁護する実践は，コーズ・アドボカシーと呼ばれ，マクロ・レベルの実践となる。また，実践やサービスの効果評価，調査研究，スーパービジョン，コンサルテーションは，多様なレベルで必要な実践である。

# ② ミクロ・レベルにおけるソーシャルワーク

## ❏ ミクロ・レベルのソーシャルワークとは

　ミクロ・レベルのソーシャルワークは，個人やその家族を対象に，クライエント／当事者が直面している生活上の課題やニーズに対して，ソーシャルワーカーとの対人的な支援関係を媒介にして，個別的に展開される支援である。

　クライエントとの対人的な支援関係をめぐっては，バイステック（Biestek, F.）が，ケースワークにおける7つの原則（以下，原則）として，①個別化，②意図的な感情表出，③統制された情緒的関与，④受容，⑤非審判的態度，⑥クライエントの自己決定，⑦秘密保持，にまとめている。[(4)]

　この原則は，個人の尊厳や個性を尊重し，個人を全人的（ホリスティック）にとらえ，唯一無二の存在として理解し，受容することを意味する（原則①，④）。また，対人関係における情緒の領域では，クライエントの不安，怒り，苦しみ，憎悪，恐れなどの感情の表出を促し，傾聴し，共感的に受け止める（原則②）。これにより，クライエントは抑圧や孤立から徐々に解き放たれ，人間的で協働的な支援関係の形成が可能になるが，一方でワーカーの情緒的な関与は，友人や隣人のそれとは異なり感情的に巻き込まれることなく，クライエントの反応や支援の方向性を考慮した十分に統制されたものでなければならない（原則③）。また，こうしたクライエントの感情や発言を非難したり，善悪で判断しないことが重要であり（原則⑤），クライエント自身が問題解決過程に主体的に参加し，自身の生き方を自己決定できるよう支援する（原則⑥）。こうした支援関係によって得られた本人に関する情報は，本人の了承なく漏洩してはならない（原則⑦）。

　また，クライエントとの支援関係は，主に面接の場面を通じて築かれる。面接においては，コミュニケーションを円滑にして協働的な関係を構築し，クライエントのとらえる課題を明確にするために，傾聴，観察，波長合わせ，明確化，励まし，要約，反映などのスキルが用いられる。

## ❏ プロセス

　ミクロ・レベルにおけるソーシャルワークは，①ケースの発見，②

開始（インテーク／合意／契約），③アセスメント，④プランニング，⑤支援の実施，⑥モニタリング，⑦支援の終結と事後評価，⑧アフターケアというプロセスで実施される（ソーシャルワークのプロセスについてくわしくは，本シリーズ第5巻『ソーシャルワークの理論Ⅰ』第2～5章を参照）。

### ①　ケースの発見

ソーシャルワークによる支援を必要とする人々は，何らかの困難を抱えながらも，社会的に孤立していることも多く，困難な状況を訴えることが難しかったり，必要な支援に関する情報を入手できない場合も少なくない。また，支援をめぐる過去の否定的な経験や，周囲の無理解や偏見から，積極的に支援を求めないこともある。こうした状況にあって，支援の第一歩は，支援が必要な人を見出すことにある。そのために，地域に積極的に出向き，ニーズの発見を行うアウトリーチが重要になる。また，支援を必要とする人に関する照会や相談がスムーズになされるよう，民生委員，自治会，学校，行政，病院などの関連機関と日頃からネットワークを築いておくことも重要である。

### ②　開始（インテーク／合意／契約）

開始の場面は，クライエントの直面する生活課題の概要を把握し，当該のソーシャルワーカーおよびその所属している機関において，その課題が最も効果的に解決できるかどうかを判断する場面である。仮に当該のソーシャルワーカーあるいは機関が課題の解決に適しないと判断された場合は，クライエントが不安にならないようていねいな説明を行ったうえで，適切な担当者や機関を紹介する必要がある。ワーカーと所属機関がサービス提供者として妥当であると判断されれば，支援をめぐる合意の形成を図り，契約が成立する。なお，この時点ですでに支援関係は開始されており，支援関係の基盤となる信頼関係の構築がはじまっている点に留意する。

### ③　アセスメント

支援においては，クライエントを全人的（ホリスティック）に理解するため，包括的なアセスメントを行う。クライエントの生活歴から，現在直面している様々な課題やニーズとともに，顕在的，潜在的なストレングスや資源の双方を身体的・精神的・社会的・経済的・環境的・文化的・スピリチュアルな側面から理解する。必要に応じて，本人以外の家族，関係者，多職種などからも情報をえる。また，客観的と思われる事実と，本人が認識している現実があり，両者が一致しないことも少なくない。いずれも重要な「現実」であり，支援においてはクライエントの視点からそのストーリーを傾聴し，共感的な理解を

図ることが欠かせない。そのうえで，そのストーリーが語られる背景や，客観的な事実との乖離が生じる要因を探ることが，全人的理解を深めることにつながる。

　また，アセスメントは単なる情報収集が目的ではない。これらの情報から，課題が生み出されるプロセスを探り，課題を生み出している要因，課題の改善や解決に寄与する資源，解決のためにクライエントが行っている対処行動，その対処行動を阻んでいる要因などを構造的に明らかにし，諸要因の全体関連性を捉えることが重要である。

### ④　プランニング

　支援課題が明確化された後は，取り組むべき優先性に配慮しながら，問題解決を可能にする働きかけや必要な資源やサービスについて検討する。大きな支援課題のなかに，複数の小さな支援課題が絡み合っていることが少なくない。支援計画の立案においては，このように複雑な課題をブレークダウンし，対応可能な個別課題に整理していくことが必要である。また，クライエントとともに支援の方向性や内容を比較検討し，協働する多職種・多機関がいる場合は，協議によって最善な方法を取捨選択する。そのうえで，最終的に支援計画はクライエントの意思や合意にもとづき，関係者とも共有しながら決定される。なお，支援計画は，(1)短期的（現在から〜3か月程度），(2)中期的（3か月〜1年未満），(3)長期的（1年以上）な目標と目標を達成するための行動計画を含み，緊急性の高い課題や解決が容易な課題から取り組むよう設定するのが現実的である。

### ⑤　支援の実施

　支援計画にもとづき，さまざまな働きかけやサービスが提供される。特に初期の場面では，立案した計画が妥当であるかどうか，クライエントをはじめ，支援に参加する多様な人々や機関の取り組みや役割分担，相互関係についても注意深く観察する。ソーシャルワークの支援は，クライエント，家族，支援者らの複雑な感情のやりとりが含まれるプロセスである。計画の実施にあたっては，それぞれの目に見えない感情的あるいは関係的側面をアセスメントし，特にクライエントの視点や気持ちに寄り添いながらすすめる必要がある。

### ⑥　モニタリング

　決定した計画にそって，支援プロセスが予想通り展開しているか，どのような効果がみられるのかを定期的，あるいは随時，多面的に評価する。継続してこの評価を行うことをモニタリングと呼ぶ。モニタリングのなかで，支援が想定通り進まない場合や想定される効果が得られない場合には，原因を探り，支援計画を見直さなければならない。

支援が長期に及ぶ場合は、こうしたプロセスを何度も繰り返すことになる。

### ⑦　支援の終結と事後評価

支援計画に掲げられた目標が達成されて課題が解決された場合や、クライエントが転居や入院・入所などによって別の機関に移った場合、あるいはクライエントが亡くなった場合は支援を終結する。支援の終結時には、これまでの支援経過を振り返り、支援効果について評価し、総括する。こうした事後評価によって、支援を通して生じた課題を明らかにし、改善点を見出して次の実践に生かしていくことが可能になる。

### ⑧　アフターケア

支援が終結した後も、転居や入所等をしたクライエントがスムーズに新しい環境に移行・適応し、適切な引継ぎによって必要な支援が受けられているのかを確認する。また、クライエントが亡くなった場合には、残された家族がその死を受け入れ、新しい生活に移行できるよう支援することも重要である。死を受け入れらず、悲嘆（グリーフ）が長引き、家族らの日常生活に支障が生じているような場合には、専門機関や家族の会などにつなぐことも選択肢となる。

# ③　メゾ・レベルのソーシャルワーク

## ☐ メゾ・レベルのソーシャルワークとは

メゾ・レベルのソーシャルワークは、人を取り巻く身近な環境におけるグループや組織等を対象に、人とグループの関係や、関わるグループのメンバー間の相互関係に意図的に働きかけることによって、個人の社会的な機能を高め、発達や成長を促して問題の解決をはかる支援方法である。グループのメンバーは個人であることもあれば、近隣の身近な組織が加わる場合もあり、多職種・多機関との連携も、ここではメゾ・レベルのソーシャルワークとして捉える。

日本では、近年、核家族化や少子高齢化により地域の相互扶助機能が脆弱化し、社会的孤立が社会問題となるなかで、通所型サービスやグループホーム、サロン活動などへのニーズが高まり、人と人をつなぐメゾ・レベルのソーシャルワークの重要性があらためて認識されている。

## ▢ グループの類型と特性

　グループには形成過程や目的によって多様な種類が存在するが，ソーシャルワークにおいて活用されるグループには，①治療・リハビリテーション志向グループ，②社会教育志向グループ，③地域交流志向グループ，④セルフヘルプ・グループ，⑤ソーシャル・アクション志向グループ，⑥タスク・グループなどがある。[5]

### ①　治療・リハビリテーション志向グループ

　このグループでは，福祉保健医療の専門機関や専門職が関与することが一般的で，治療の一環として形成されることも多く，状況に応じた個別的な対応やきめ細かいモニタリングが必要になる。心身に障害がある場合は，グループ活動を通して心身および社会的な機能の維持や回復を図る，リハビリテーションの意味を持つことも少なくない。医療機関をはじめ，通所型のデイ・サービスや入所施設における日中活動の一環としても活用される。

### ②　社会教育志向グループ

　このグループでは，子育て，災害，消費，環境など様々な社会的課題に対して，地域で繰り広げられる学びの場で，共に学び合う過程を通してお互いの成長や課題の解決を目指す。また，こうした場での学習や成長を通して，地域や社会のニーズを知り，自主的なサービスを提供する地域団体となったり，地域社会の変革を志向するソーシャル・アクションの活動に発展していくこともある。

### ③　地域交流志向グループ

　地域交流を志向するグループは，少子高齢化，都市化，核家族化などにより深刻化する社会的孤立や孤独を解消し，地域住民が主体的に人と人のつながりをつくり，地域における「居場所」を生み出し，ソーシャル・サポート機能を高めていく機能をもつ。日本では，高齢者や子育て世代などを対象に地域で展開されているサロン活動などが代表例である。

### ④　セルフヘルプ・グループ

　セルフヘルプ・グループは，疾患や依存症など同じような課題を抱えた当事者やその家族らが，相互に情報や感情を共有し，支持的な交流や関係を築きならが，課題の解決をめざすものである。リースマン（Riessman, F）がいう「ヘルパー・セラピー原則」（the helper therapy principle），すなわち「支援する人が最も支援される」という機能が作用することで，メンバーは一方的に支援されるクライエントから，支援を提供する役割を担う存在へ成長する機会をえることができる。[6]セルフヘルプ・グループの機能は多様であるが，グループ内の相互作用

により，メンバーの自己変容が促されたり，共同で問題を社会化しその変容をめざす変革的な機能ももつグループもある。専門職の関わりの程度も多様であり，ボランティアが運営を支援している場合もある。日本では，患者会，当事者の会，家族の会といった名称で地域や機関を拠点に活動しているグループも多い（セルフヘルプ・グループについてくわしくは，本シリーズ第5巻『ソーシャルワークの理論と方法Ⅰ』第8章第2節を参照）。

⑤　ソーシャル・アクション志向グループ

このグループでは，ニーズをもつメンバーや地域が，ニーズの共通性に気づき，その解決に必要な資源の不足，偏見や差別などの外部環境内の要因に対して働きかけを行う。**ソーシャル・アクション**はマクロなソーシャルワークの方法論でもあるが，それとの相違は，メゾ・システムとしてのグループが起点となり，グループ活動の一環として活動を展開する点にある。グループは，所与のプログラム活動を通してではなく，主体的なグループ活動としてアクションをおこし，メンバー個人とグループの変化に加えて，グループがおかれた環境にも変化を生じさせる（ソーシャルアクションについてくわしくは，本シリーズ第6巻『ソーシャルワークの理論と方法Ⅱ』第4章を参照）。

⑥　タスク・グループ

グループに与えられたタスク（課題）を達成するために組織されたグループであり，専門職によって結成される多職種チームや，困難事例や地域の課題解決のために形成される協議体やカンファレンスなどもこれにあたる。タスク・グループは，明確な目標をもち，その達成のために協働する。そのためには，リーダーシップ，チームワーク，円滑なコミュニケーション，明確な役割分担，合理的な問題解決のプロセスなどが重視される。近年，複合的な問題をもつ事例や課題が多くなり，多職種・多機関による協働が不可欠になっているなかで，タスク・グループの果たす役割が重要になっている。

このように，グループには異なる類型があるものの，一定の構成要素がある。それらは，グループの(1)目的，(2)メンバー構成と規模，(3)リーダーを含めた役割関係，(4)グループで行われる活動やプログラム，(5)グループが抱える課題や問題，(6)活動の場所，(7)資金などの資源，(8)他のグループや地域社会との関係性，などである。これらの構成要素はグループの目的や構成によって異なり，グループの発展段階において変化するものもある。

また，グループには，メンバー個人の総和だけでは説明できない，グループ・ダイナミックスと呼ばれる特有な力動が生まれる。たとえ

➡ソーシャル・アクション

抑圧や差別，不平等が存在する状況を生み出す地域や社会の制度，法律，組織，規範などに対して直接的な影響を及ぼすために行われる，組織的，改革的なソーシャルワークの方法。

ば，グループ内の相互依存関係や排除の関係，リーダーシップなども
このような力動の過程として理解できる。メゾ・レベルのソーシャル
ワークでは，グループの構成要素に加え，こうしたグループダイナミ
ックスも視野にいれてアセスメントを行い，支援に活用していく。

### ❑ グループワークの原則とプロセス

　メゾ・レベルのソーシャルワークの代表的な方法論であるグループ
ワークは，①ワーカーとクライエント個々人との支援関係，②メンバ
ー間の相互作用，③関係を生み出す媒体となるプログラムや活動，④
そのほかの社会資源，の4つを駆使しながら，個人とグループ，また
そのおかれた生活環境の改善に取り組む支援方法である。

　グループワークの体系化を図ったことで知られるコノプカ
(Konopka, G.) は，その原則として，①グループ内での個別化，②グル
ープの個別化，③受容，④ワーカーとメンバーの目的をもった支援関
係，⑤グループ間の協力関係の促進，⑥ニーズに応じたグループ過程
の変更，⑦メンバーの能力に応じた参加，⑧問題解決過程へのメンバ
ー自身の参加，⑨葛藤解決の経験，⑩新しい多様な機会の提供，⑪必
要に応じた制限，⑫目的あるプログラムの活用，⑬継続的な評価，⑭
グループワーカーの自己活用をあげている。[7]このように，グループワ
ークは，個人とグループの双方を個別化しながら両者の関係やプロセ
スを促進，調整し，目的のあるプログラムを活用・評価しながら，個
人とメンバーそれぞれの課題解決や成長を図っていくアプローチであ
る（またグループワークについてくわしくは本シリーズ第5巻『ソーシャ
ルワークの理論と方法I』第8章第1節を参照）。

　また，その支援プロセスは，①準備期，②開始期，③作業期，④移
行・終結期などに分けて考えられる。①準備期では，クライエント
個々人の面接を行い，ニーズを把握しながらグループ形成にむけた
「波長合わせ」などの調整が行われる。②開始期では，グループとし
ての活動の内容や条件を検討し，活動や支援に関する合意を図る。③
作業期は，ワーカーは媒介者となり，プログラム活動などを通してグ
ループの凝集性を高め，葛藤を調整し，メンバーやグループがそれぞ
れの課題を達成できるよう働きかける。最後の④移行・終結期では，
メンバーやグループが相互に課題の達成状況を確認・評価し，グルー
プの活動が終了する。

### ❑ ネットワーキングを用いるアプローチ

　メゾ・レベルのソーシャルワークでは，人と人，人とグループ，人

## 図8-3 エコマップの例

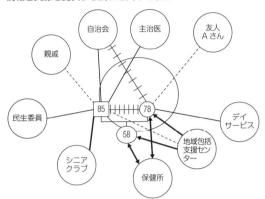

——— 強い関係性（線が太い，あるいは線の本数が多いほど関係性が強い）
--------- 弱い関係性
++++++ ストレスになる関係性
———➤ 働きかける，情報と資源を提供する流れを矢印で示す

出所：筆者作成.

と組織をむすぶネットワークに焦点をあて，これを活用，創造して働きかけを行う。近年，制度的な支援やサービスの限界から，サービスに代わるものとして個人をとりまくインフォーマルなサポートやソーシャル・ネットワークに着目し，その活用や構築によって問題の解決を図ろうとするアプローチが注目されるようになった。

　ソーシャル・ネットワークとは，個人が特定の人や機関とむすぶ網状構造のつながりであり，①規模，②密度，③到達可能性，④同質性，⑤内容，⑥方向性，⑦持続性，⑧強度，⑨頻度などの構造的特質から把握される。メゾ・レベルにおけるソーシャルワークの支援では，①サービス利用者のソーシャル・ネットワーク，②ソーシャルワーカーを含めた多職種ネットワーク，③組織間ネットワークの3つから，必要なニーズに応じて特定の支援ネットワークの構築がめざされる[8]（ネットワーキングについてくわしくは本シリーズ第5巻『ソーシャルワークの理論と方法Ⅰ』第5章第1節参照）。

　多職種・多機関とのネットワーキングを重視するケアマネジメントでは，ネットワークを形成する人々が，目標を共有しながらそれぞれの役割を遂行するチーム・アプローチが重要になる。たとえば，介護保険制度では，このプロセスを担保するために，サービス担当者会議とよばれる会議が位置づけられている。法的な根拠のない場面でも，ソーシャルワーカーには，支援ネットワークの起点となり，推進者，調整者としての役割が求められる（ケアマネジメントについてくわしくは，本シリーズ第5巻『ソーシャルワークの理論と方法Ⅰ』第7章を参照）。

　ところで，このような支援ネットワークのアセスメントにおいては，

しばしばエコマップと呼ばれるツールが用いられる。エコマップは，図8-3のとおり，関係性を異なる線で描き，たとえば強い関係は太線，ストレスのある線はカギ裂きの線，希薄な関係には波線を用いる。また，エネルギーや資源の流れが線にそって矢印で描かれる。エコマップは，描いた日時を記すことで，時系列的な変化を示すこともできる。このように，エコマップは，環境内の各システムとクライエントとの関係性の見取り図を，視覚的にわかりやすく描写できる点で汎用性が高い。

　ネットワークの形成やコーディネーションの実践は，専門職のみならず，地域住民らによる自主的なボランティアのコーディネートにも活用される。ボランティアのコーディネーションにおいては，ボンラティアを募集，養成し，その支援とニーズをもつ個人や機関につなげるマッチングが行われる。募集・養成においては，知識やスキルを身に着ける講座などを提供したり，ボランティア保険などの活動環境を整える支援も必要である。日本では，社会福祉協議会などにボランティア・コーディネーターが設置され，平時においてはもとより，災害時などニーズが拡大した際は，多様な地域からボランティアを受け入れ，ニーズとのマッチングを果たす実践が行われている（災害時のソーシャルワークについては，本シリーズ第6巻『ソーシャルワークの理論と方法Ⅱ』第6章にくわしい）。

　また，一人暮らし高齢者や虐待の恐れから日常生活の見守りが必要な地域住民には，民生委員や近隣住民の協力により，日常的なゆるやかな見守りが行われるよう，見守りネットワークを形成する。見守りネットワークの運営では，異変等があれば行政や地域包括支援センターなどの専門機関につなげるしくみをつくるなど，専門職による後方支援活動が重要になる。

# マクロ・レベルのソーシャルワーク

### □ マクロ・レベルのソーシャルワークとは

　マクロ・レベルのソーシャルワークは，地域，組織，さらに社会に属する制度，法律，政策，社会規範などに働きかけ，それらの変革を通して，個人や集団のニーズの充足をめざすアプローチである。また，社会福祉実践を行う組織や機関において，そこで働く人や資源が効果的に機能するための運営管理や，データの収集・分析やサービス評価を含むリサーチもマクロ・レベルのソーシャルワークに加えられることもある。さらに近年は，難民問題など国境を超えたグローバルな課題や，地球温暖化やそれに伴う災害など地球的規模で生じている課題も，人権保障や生活問題の解決という観点から，マクロ・レベルのソーシャルワークとして議論されている。本節では，伝統的な方法論であるコミュニティ・オーガニゼーションやコミュニティワークについてふれたうえで，組織に対するソーシャルワークの方法としての社会福祉運営管理と，グローバリゼーションや環境問題に対する実践についても紹介する。

### □ コミュニティへの介入（インターベンション）モデル

　マクロ・レベルの伝統的な方法として，主にアメリカで発展したコミュニティ・オーガニゼーションがある。その代表的な論者であるロスマン（Rothman, J.）は，コミュニティのニーズや資源に着目し，その成長を図るために地域に働きかける方法として，①小地域開発，②社会計画，③ソーシャル・アクションの３つのコミュニティへの介入（インターベンション）モデルを提起したことで知られる。[11]

　①　小地域開発

　1960年代からイギリスで実施された生活困窮者や福祉サービス受給者らの社会変革活動を支援するコミュニティ・ディベロプメントが知られているが，このモデルでは，特定の領域にとどまらず，地域住民の主体的な問題解決のプロセスを重視し，幅広い住民の参加をえて実施される様々な地域の取り組みを含めている。

　②　社会計画

　地域における問題の発見とデータの収集・分析，目標の設定と資源のアセスメント，それらの動員・組織化，評価をふくめた合理的で計

**図8-4　クロス表でみる基本的な地域介入戦略**

| | | 1　計画／政策 | 2　小地域（能力）開発 | 3　社会的アドボカシー |
|---|---|---|---|---|
| 1　計画／政策 | | 1.1　合理的計画 | 2.1　計画的小地域（能力）開発 | 3.1　社会的リフォーム |
| 2　小地域（能力）開発 | | 1.2　参加的計画 | 2.2　能力開発 | 3.2　連帯の組織化 |
| 3　社会的アドボカシー | | 1.3　政策的アドボカシー | 2.3　アイデンティ形成活動 | 3.3　ソーシャルアクション |

出所：Rothman, J., Erlich, J. L. & Tropman, J. E. (2008) *Strategies of Community Intervention* (7<sup>th</sup> ed.) F. E. Peacock Publishers, 143.

画的な問題解決を志向する。日本では，地域福祉計画が地域福祉を総合的に推進していくためのツールとしてこの機能をもっている。

### ③　ソーシャル・アクション

ソーシャル・アクションは，抑圧や差別，不平等が存在する状況を生み出す地域や社会の制度，法律，組織，規範などに対して直接的な影響を及ぼすために行われる，組織的，改革的な働きかけである。ソーシャル・アクションは，(1)調査などにもとづく問題と実態の把握，(2)問題解決のためのプロセスや方法の明確化，(3)住民の理解を図る教育や啓発，(4)世論を含めた幅広い支持の形成，(5)主要な関係者への働きかけと交渉，(6)議会や行政に対する請願や陳情，(7)政策策定後のモニタリング，といった要素で構成される[12]。

日本では，ソーシャル・アクションの重要性は認識されながらも，研究や実践が限られていることが指摘されている[13]。また，社会福祉士への実践事例の分析からは，当事者の参加度が低く，介入対象が市区町村の比較的狭い範囲に限定される傾向があることが明らかになっている。行政や社会福祉法人に雇用されているソーシャルワーカーは，既存の業務や制度に縛られ，変革的なアクションが実践しにくい状況もあるが，ニーズや環境に応じて適切な実践が行えるよう，教育，研究，啓発活動の推進が必要である。

なおこれらの伝統的な3つのモデルは，日本におけるマクロ・レベルのソーシャルワークの発展に大きな影響を与えてきたが，ロスマンらは，その後，このモデルをさらに発展させ，**図8-4**のような3×3のマトリックスからなる9つの方法論を提起している[14]。具体的には，1. 計画／政策，2. 小地域（能力）開発，3. 社会的アドボカシーの3つの主要な介入方法を縦軸および横軸に配置し，各要素が複合する9つの具体的な方法が提示されている。たとえば，1. 計画／政策を縦軸にそってみると，1. 1ではデータ分析にもとづく合理的計画，1. 2では，能力開発の要素を加えた参加型計画，1. 3では社会的アドボカシーの要素を含めた政策的アドボカシーがあげられている。

同様に，2. 小地域（能力）開発では，計画／政策的手法を取り入れ

た2. 1計画的小地域（能力）開発，2.2能力開発，2.3として，アドボ
カシーの要素を加えたアイデンティティ形成活動がある。

　さらに，3. 社会的アドボカシーでは，計画／政策的手法を取り入
れる3.1社会的リフォーム，小地域開発とともに実施される3.2連帯の
組織化があり，最後に3.3ソーシャル・アクションが想定される。こ
のように，伝統的に３つに別けて捉えられがちであった方法論は，場
面や状況に応じて複合的に用いることで多様化し，それぞれの精緻化
が図られている。

## □ コミュニティワークとコミュニティ・ソーシャルワーク

　コミュニティ・オーガニゼーションや英国で展開されたコミュニテ
ィ・ディベロプメントは，その後，コミュニティワークとして，ケー
スワーク，グループワークに並ぶソーシャルワークの３大アプローチ
の一つとして体系化がすすめられた。日本では，コミュニティワーク
は地域援助技術と訳され，社会福祉協議会などにおける実践の方法論
とされた。鈴木は「地域共同社会において，地域ニーズの解決をめざ
す住民自身あるいは住民と専門家の協働による組織的・計画的な活動
に対して，その活動を専門的に援助するソーシャルワーカーの方法・
技術である」と定義している。また，その基本的機能を①住民主体の
組織活動を援助する地域組織化，②住民の協働による福祉サービスや
ネットワークシステムを開拓，開発，組織化する福祉活動組織化，③
これらの活動を中長期的に計画する地域福祉活動計画の策定援助の３
つとし，主たる技術として，①地域社会の診断，②地域ニーズの把握，
③計画の策定，④コミュニケーション，⑤活動の記録と評価をあげて
いる。[15]

　一方で，ミクロ，メゾ，マクロの各システムが連動するソーシャル
ワークの展開のなかで，個人のニーズの充足におけるコミュニティワ
ークの位置づけを再構成する試みが模索されている。たとえば，コミ
ュニティケアの展開を図っていたイギリスでは，1982年に公刊された
「バークレー報告」において，ソーシャルワーカーの役割と任務とし
て「地域を基盤としたカウンセリングと社会的ケア計画が統合したソ
ーシャルワーク実践」が提起された。[16]

　日本では，大橋が，個人への対面的な相談支援を丁寧に行いながら，
地域自立生活に必要な環境因子にも着目し，多様なサービスを活用あ
るいは開発する一方，**ケアリング・コミュニティ**をつくるマクロな働
きかけをを同時並行的に展開，推進する機能としてコミュニティ・
ソーシャルワークを提起している。[17] 近年，「コミュニティ・ソーシャ

**➡ ケアリング・コ
ミュニティ**

福祉ニーズのある人々
排除するのではなく，
地域社会を構成する一
人として包摂し，地域
の中で支えていく機能
を有する。ケアと密接
不可分のコミュニティ
をさす。

ルワーカー」が社会福祉協議会などに配置されるようになり，地域に
アウトリーチし，複合的な課題を抱える支援困難事例等に対して，地
域の様々な資源を活用，開発，ネットワーキングしながら，個別的か
つ地域的な課題の解決に取り組んでいる。

## □ 組織を機能させるソーシャルワーク：社会福祉運営管理

　ソーシャルワーカーは，行政，民間非営利，民間営利などの組織に
雇用され，職員あるいは管理者として組織の運営管理にあたっている。
また，独立型社会福祉士として個人事務所を開設して実践を行う者も
いる。いずれの場合も，組織はさまざまなかたちでソーシャルワーカ
ー，クライエント，地域，社会に影響を及ぼす。

　組織は，スキルや資源を用いて課題を遂行する役割をもつ人々から
構成され，一定の意思伝達系統のもとに，合理的な目的遂行をはたす
システムである。組織は，目標，役割，機能，構造などその内部環境
にある要素と，資源，クライエント，法制度，多組織との関係など，
外部環境にある要素が複雑に作用しあいながら発展，変容する。また，
組織には，価値，伝統，規範などを含む独自の組織文化が存在する。
組織の運営にあたっては，このような諸要因を把握・分析しながら，
活動の効率性や効果の最適化をはかるための組織的なマネジメントが
行われる。[18]

　ところで，このような一般的な組織の運営と，社会福祉施設や機関
の運営とはどこが異なるのであろうか。組織は，これまでシステム理
論やマネジメント理論などを含めた経営学的な観点から説明，分析さ
れることが多かった。一般的な組織の運営では，目標達成を志向する
マネジメントが重視され，そこでは目標に対してどの程度，効率的，
効果的に組織が機能したのかが評価される。とりわけ，民間営利組織
では，限られた財源でより多くの利益をあげることが追求される。一
方，対人サービスが提供される社会サービス組織においては，「トー
タル・クオリティ・マネジメント」と呼ばれるアプローチがしばしば
採用される。このアプローチでは，単なる効率化による利潤追求より
も，顧客＝クライエントの満足と質の高いサービスの提供に加え，サ
ービスの社会全体への貢献も考慮する。このような総合的な質の維
持・改善を図るために，組織全体が参加することを重視し，維持・改
善のための継続的な推進プロセス，緊急対応や再発防止策の検討を行
うリスク・マネジメント，データによる見える化などの科学的なマネ
ジメントが求められる。[19]また，社会福祉施設や機関では，サービスを
提供する人的資源の開発や調整も重要になる。

一方，組織には望ましい実践を阻害する要因も数多くある。それらは，①曖昧な目標，②曖昧なプロセスと役割，③非民主的なリーダーシップ，④低賃金，⑤業務過多，⑥裁量権の欠如，⑦非合理な慣習やルール，⑧営利優先の方針などである。社会福祉施設や機関の運営においては，ソーシャルワークの倫理にもとづき，クライエントの利益を擁護し，その利益を第一に追求すべきであるが，民間営利組織等においては，利潤追求が優先され，倫理的ジレンマ（本書第5章第3節参照）に悩むソーシャルワーカーが少なくない。また，業務過多により，多忙さからクライエントとていねいな支援関係を結ぶことが困難な状況もみられ，燃え尽き症候群に陥るものもいる。社会福祉施設や機関の運営にあっては，組織の構造や機能をクライエントの視点から見直し，組織の重要な構成員である職員のエンパワメントの推進によってサービスの質を高め，社会福祉組織としてのミッションを果たす運営管理が求められる。そのためには，①お互いをケアしあう組織文化の醸成，②学び続ける組織，③チームワークとチームのエンパワメント，④多様性を生かす組織づくりが重要である。[20]

## □ 国境を超えるソーシャルワーク

　個人をとりまく環境の最も外側に位置づけられながらも，近年，私達の身近な生活に大きな影響を及ぼすようになったのが，グローバリゼーションと気候変動などの環境問題である。世界経済のグローバリゼーションやそれに伴う貧富の差の拡大，さらに内戦やテロの蔓延によって世界各地で移民や難民が国境を越えて生活している。また，少子高齢化の影響による人材不足から，ケア労働をはじめ様々な領域で，発展途上国から先進国への外国人労働者の流入が続いている。日本においても，これまでの技能実習生やEPA制度に加えて，2018年12月の出入国管理法の改正による「特定技能」の在留資格の創設により，今後，多くの外国人労働者の入国が予想されている。また，将来的に一定の要件を満たせば家族の帯同も可能になるなど，多様な文化を認めあいながら共に暮らしていく「多文化地域共生社会」の構築が求められている。

　多文化共生社会とは，「国籍や民族などの異なる人々が，互いの文化的差異を認め合い，対等な関係を築こうとしながら，地域社会の構成員として共にいきていくこと」（総務省，2006年）である。また，そこでは，既存社会の文化が問い直され，新たな文化との出会いによって両者が相互に変容しあい，新しい文化の創出を含めた社会的な統合がなされなくてはならない。その意味で，グローバリゼーションは，

▶EPA制度
経済連携協定（Economic Partnership Agreement）をさし，経済交流・連携強化の一環として，特例的に看護，介護の人材をインドネシア，フィリピン等から受け入れている。

ミクロ，メゾ，マクロのすべてのシステムに深く関わり，ローカルなシステムとの融合や対立など複雑な交互作用をもたらす要因でもある。両者の交互作用を視野にいれる「グローカル」な視点が，新しい時代のソーシャルワークに求められていると言えるだろう[22]（多文化共生社会とソーシャルワークについてくわしくは，本シリーズ第6巻『ソーシャルワークの理論と方法II』第11章参照）。

　さらに，近年，地球温暖化による環境破壊がすすみ，激甚災害が世界各地で多発している。地域によっては，海面上昇や干ばつによって住み慣れた地域を追われる人々もいる。日本では，地震に加えて豪雨災害も多発している。こうした地球環境の異変は，工業化の進展による二酸化炭素の排出過剰によってもたらされているものであり，豪雨や干ばつなどの自然災害はその意味で人災ともいえる。またこのような災害の場面で，最も被害を受けるのは，高齢者，障害者，子ども，女性，生活困窮者，外国人など，社会的に弱い立場にある人々でもある。

　こうした地球環境の破壊と個人の生活課題を別次元でとらえるのではなく，両者の相互作用に着目し，両者への働きかけを重視するのがグリーン・ソーシャルワークである。その提唱者の一人であるドミネリ（Dominelli, L.）は，地球環境を比喩的に，また所与のものとして捉えるエコシステム的視座によるソーシャルワークに警鐘をならす。そのうえで，地球とその恵みを享受するすべてのものを擁護しケアする視点から，地球環境を搾取する産業モデルが生み出す社会的大災害，権力と資源の不均等な分配，排除的な支配的統治構造に対する，批判的，省察的な実践アプローチを提起している[23]。グリーン・ソーシャルワークは政治的（マクロ）であるが，一方で日常の実践においては個人の問題にていねいに対応することを重視し（ミクロ），個人や地域住民と協働で減災や防災にむけた持続可能なまちづくりも推進するなど（メゾ），ミクロ，メゾ，マクロのすべてのレベルを含む統合的なアプローチでもある。

**ジェネラリスト・ソーシャルワークの実践**

　本章では，ミクロ，メゾ，マクロの重層的な環境システム構造のなかで人が交互作用を行っている点を確認し，各レベルにおいて実践されている主要なソーシャルワークの方法について概述した。

　ただし，冒頭にも記したように，ミクロ，メゾ，マクロの各次元は相互に連動しあうサブシステムにすぎない。したがって，各レベルでの実践は，本章では便宜的に分けて整理したが，本来は相互に関連しあう統合的なものである。また，当然のことながら，クライエント／当事者が抱える生活課題そのものが，個人，家族，集団，組織，地域，国，地球的なシステムが複雑に作用しあうなかで生み出されたものである。したがって，その解決をめざすソーシャルワークは，その全体関連性を認識し，必要とされるシステム間の適合的な関係性の形成にむけて媒介し，働きかけを行って関係性の変容を生み出す専門的な活動になる。このような統合的な実践は，ジェネラリスト・ソーシャルワークと呼ばれる。[24]

　たとえば，地域包括支援センターにおける社会福祉士は，地域の高齢者の生活を支援するために，主任介護支援専門員，保健師らとのチームアプローチによって，さまざまな実践を行っている。それらをミクロ，メゾ，マクロなレベルに整理すれば，**表8-1**のようになる。

　まず，ミクロ・レベルでは，高齢者本人，家族への個別相談を行うとともに，地域の介護支援専門員等への個別のスーパービジョンも実施する。個別相談は，介護予防ケアマネジメントのように，介護保険法にもとづいた実践もあれば，地域で孤立している高齢者へのアウトリーチのように，自らニーズの発見に出向く開拓的なアプローチもある。また，制度化されたサービスのみでは課題の解決が図られない支援困難事例の相談や，虐待を受けている高齢者の権利擁護（ケース・アドボカシー）も行われる。特に支援困難事例では，民生委員，行政，介護支援専門員，医療関係者などの参加をえて個別地域ケア会議を開催し，多職種・多機関で協議しながら課題の解決がめざされる。

　次に，メゾ・レベルには，サロン活動，介護者教室，認知症カフェなど，同じ課題をもつ高齢者や家族が相互に交流し，支え合うプログラムが含まれる。社会福祉士は，このようなグループの形成を図り，メンバーに参加を促し，グループの活動や運営を支援する。また，地

表8-1　地域包括支援センターで行われる実践の拡がり

| ミクロ ⟵⟶ | メゾ ⟵⟶ | マクロ |
|---|---|---|
| 個別相談／アセスメント | グループ相談／アセスメント | 地域調査／アセスメント |
| 権利擁護（ケース・アドボカシー） | グループの権利擁護 | 権利擁護（コーズ・アドボカシー） |
| 困難事例の相談 | 地域の介護支援専門員の後方支援 | 地域包括ケアシステム構築支援 |
| 個別スーパービジョン | グループ・スーパービジョン | 専門職団体でのスーパービジョン |
| 認知症相談 | 認知症カフェ | 認知症サポーター養成 |
| 介護予防ケアマネジメント | 介護予防教室 | 介護予防の啓発活動 |
| アウトリーチ | サロン活動支援 | 広域見守りネットワークシステム構築 |
| 介護者相談 | 介護者教室 | 企業等への介護者支援啓発 |
| 個別地域ケア会議 | 地域ケア会議 | 地域ケア推進会議（市町村） |

出所：筆者作成。

域の介護支援専門員が孤立しないよう後方支援し，グループでのスーパービジョンも実施する。さらに，個別地域ケア会議で解決できなかった課題は，地域の課題として認識される。こうした課題を地域の関係者で共有，協議し，協働して解決をめざすのが地域ケア会議である。

　最後に，マクロ・レベルの実践には，地域の医療や介護との連携を強化・創出し，切れ目のないサービスを提供できるような地域包括ケアシステムの構築がある。そのために，福祉・医療・介護の専門機関はもとより，企業や住民への啓発活動，認知症の理解を地域に啓発する認知症サポーター養成，社会の偏見や差別などに対して行政や地域に課題を提起するコーズ・アドボカシーなども実施される。また，地域ケア会議で抽出された課題は，市町村の地域ケア推進会議や審議会の議題となり検討されることで，広い意味でのソーシャル・アクションにもつながっていく。

　このように，少子高齢化，都市化，核家族化が進展し，生活課題が一層複雑化する今日，ソーシャルワーカーの取り組むべき課題は多く，ミクロ，メゾ，マクロにまたがる多様な支援方法が駆使されている。こうした状況において，どのようなレベルでどのような支援方法を採用するかは，クライエント／当事者が置かれた状況や直面している生活課題の内容，本人の希望や選択，本人が最も安心できる環境のもとで最大の利益が得られることなどを総合的に検討し，選択する。**表8-2**には，その判断を行う際の根拠が例示されている[25]。

　たとえば，本人が強いストレスのもとにあり，直接的，対面的な支援を必要としている時，他の人が同席することに恐怖心や羞恥心を抱いている時，プライバシーの保護が必要な時，家族支援の方法が妥当でない時，長期的な信頼関係の構築が求められている時などは，個別支援の方法を採用する。一方，家族関係や家族コミュニケーション・パターンに課題があり，その解決を家族間の力動を用いて修正したい

表 8 - 2　適切な実践方法の選択

| |
|---|
| ・クライエントによる選択と満足／利益に応じて選択する<br>・生活ストレスの種類や意味づけに応じて選択する |
| ●以下の状況にある人々に対しては個別支援を選択する<br>・強いストレスの下にあり，頻繁で直接的な関わりが求められる時<br>・特定の具体的な給付資源が必要とされる時<br>・プライバシーの保護が求められる時<br>・極度の恐怖心や羞恥心を抱いている時<br>・長期的な信頼関係の構築が求められる時<br>・家族支援様式が適当でない時<br>●以下の状況においては家族支援を選択する<br>・家族関係や家族コミュニケーションのパターンに起因する生活ストレスがある時<br>・家族の発達や移行，トラウマを伴う生活イベント，その他の重要な生活問題に起因する生活ストレスがある時<br>●以下の状況においてはグループ支援を選択する<br>・共通の脅威ある生活イベントを共有している時<br>・共通の生活課題や問題を共有している時<br>・孤立やスティグマに苦しんでいる時<br>・環境に対してより強い対応や統制を行う力の獲得や行動が求めらる時<br>●以下の状況においては地域支援を選択する<br>・地域社会，組織，環境にある問題の改善を図る必要がある時<br>・人々の意識や偏見の変容を図る必要がある時<br>・社会に組み込まれた制度や法律の改革や制定が求められる時 |

出所：Gitterman, A. & Germain, C.B.（2008）*The Life Model of Social Work Practice: Advances in theory and Practice*（3^{rd} ed.）Columbia University Press, 155を改変・追加.

場合などは，家族支援の方法が用いられる。一方，共通の生活課題を共有している場合や，孤立やスティグマに苦しんでいる時，環境への対応などで力の獲得や行動が必要な場合は，グループへの支援を行うことが有効である。最後に，地域社会，組織，環境にある問題の改善や，人々の意識や偏見の変容，さらに制度や法律の改革や制定が求められる時は，地域支援方法の選択が必要になる。

　このように，状況により最も適切な支援方法を選ぶことになるが，複雑化する課題のもとでは，実際には複数の方法が必要な場面も少なくない。ソーシャルワークの価値，知識，技術を基盤に，対象や課題のレベルや分野を超えて，多様な方法を統合的に実践する，ジェネラリスト・ソーシャルワークの必要性をあらためて確認しておきたい（ジェネラリスト・ソーシャルワークについては，本書第9章第4節も参照）。

## ◯注 ───────

(1) Von Bertalanffy, F. (1968) *General System Theory*. George Branziller. (＝1973, 長野敬・太田邦昌訳『一般システム理論──その基礎・発展・応用』みすず書房).

(2) Germain, C. B. & Gitterman, A. (1987) *Ecological perspective*. Ensyclopedia of Social Work, Vol. 1. (*18th ed.*) NASW, 488-499.

(3) 一般社団法人日本ソーシャルワーク教育学校連盟 (2020)「ソーシャルワーク演習のための教育ガイドライン」『社会福祉養成課程の見直しを踏まえた教育内容及び教育体制等に関する調査研究事業報告書』99-100.

(4) F. P. バイステック／尾崎新ほか訳 (2006)『ケースワークの原則：援助関係を形成する技法』誠信書房.

(5) Kirst-Ashman, K. K. & Hull, G. H. (2018). *Human behavior in the Macro Social Environment: An Empowerment Approach to Understanding Communities, Organizations and Groups*. (*5th ed.*) Brooks/Cole Publishing Company. 137. このほかグループワークについては、下記(7)のほか、川田誉音編 (1990)『グループワーク』海声社；大利一雄 (2003)『グループワーク』勁草書房を参照。

(6) Riessman, F. (1965). The "helper therapy principle". *Social Work*, 10. このほか、セルフヘルプ・グループについては、久保紘章・石川到覚編著 (1998)『セルフヘルプ・グループの理論と展開』中央法規出版を参照。

(7) Konopka, G. (1963) *l Group Work: A Helping Profession*. Prentice-Hall. (＝1974, 前田ケイ訳『ソーシャル・グループワーク (第4版)』全国社会福祉協議会).

(8) 松岡克尚 (2016)『ソーシャルワークにおけるネットワーク概念とネットワーク・アプローチ』関西学院大学出版会.

(9) Hartman, A., & Laird, J. (1978) *Family Centered Social Work Practice*. The Free Press.

(10) 和気純子 (1998)『高齢者を介護する家族──エンパワーメント・アプローチの展開にむけて』川島書店.

(11) Rothman, J. (1968) Three models of community organization practice. *Social Work Practice*. Columbia University Press.

(12) 社会福祉実践理論学会編 (1990)『社会福祉実践基本用語辞典』川島書店, 93.

(13) 高良麻子 (2015)「社会福祉士によるソーシャル・アクションの体系的把握」『社会福祉学』56(2), 126-140.

(14) Rothman, J., Erlich, J. L. & Tropman, J. E. (2008) *Strategies of Community Intervention* (*7th ed.*) F. E. Peacock Publishers.

(15) 鈴木五郎編 (1993)『社会福祉事業方法論Ⅲ』全国社会福祉協議会・社会福祉研修センター, 4.

(16) Barclay Report (1982) *Social Workers: Their Roles and Tasks*. Bedford Square Press. (＝1984, 小田兼三訳『ソーシャル・ワーカー：任務と役割』国際社協日本国委員会).

(17) 大橋謙策 (2015)「新しい社会福祉としての地域福祉とコミュニティソーシャルワーク」日本地域福祉研究所監修／中島修・菱沼幹男共編『コミュニティソーシャルワークの理論と実践』中央法規出版.

(18) Kirst-Ashman, K. K. & Hull, G. H. (2018). *Human behavior in the Macro Social Environment: An Empowerment Approach to Understanding Communities, Organizations and Groups* (*5th ed.*) Brooks/Cole Publishing

Company.

⒆　山田秀（2006）『TQM 品質管理入門』日本経済新聞社.

⒇　⒅と同じ，203-304.

㉑　総務省（2006）「地域における多文化共生推進プラン」.

㉒　和気純子（2019）「グローカル・ソーシャルワークの必要性」『ソーシャルワーク研究』45(2)，1.

㉓　ドミネリ，L.／所めぐみ訳（2019）「グリーン・ソーシャルワーク──日常的ソーシャルワーク実践のための視点」『ソーシャルワーク研究』45(2)，5-13.

㉔　Jonson, L. C. & Yanca, S. J.（2001）*Social Work Practice: A Generalist Approach.* 7th ed. Pearson.（＝2004，山辺朗子・岩間伸之訳『ジェネラリスト・ソーシャルワーク』ミネルヴァ書房）.

㉕　Gitterman, A., & Germain, C. B.（2008）*The Life Model of Social Work Practice: Advances in Theory and Practice*（3rd ed.）, Columbia University Press.

■第9章■

# 総合的かつ包括的な
# 支援の意義と内容

本章では，今日のソーシャルワークのあり方として求められる総合的かつ包括的な支援について，その意義や具体的な内容，そして支援の実際について学ぶ。

　第1節では，なぜ総合的かつ包括的な支援が求められるのか，それはどのような支援のあり方を言うのかについて学ぶ。

　続く第2節では，地域における総合的かつ包括的な支援に欠かせないソーシャルサポートネットワーキングについて学ぶ。

　そして第3節では，総合的かつ包括的な支援の実際として，生活困窮者への自立支援を取り上げて学ぶ。

　最後に第4節では，近年のソーシャルワークの動向のなかで発展してきたジェネラリスト・ソーシャルワークの特徴や，日本における展開について学ぶ。

 ## なぜ総合的かつ包括的な支援が求められるのか

### ☐ 多様化・複雑化・複合化する生活問題

　今日のソーシャルワークの実践現場では，多様化，複雑化，複合化する生活問題への対応として，従来の福祉の枠内に留まらない支援のあり方が求められている。たとえば，子どもの不登校に着目した場合，その背景にはいじめや教師との関係など，学校における要因が考えられる。しかしその子どもの家庭に目を向けた場合に，病気を抱えた親の代わりに認知症の祖父母の介護や，障害のあるきょうだいの世話に追われていることがあるかもしれない。また，親が多くの負債を抱えているあるいは就労が安定しないなど，家庭が貧困の状態にあることで，持ち物その他で同年代の子どもと比べて多くの我慢を強いられているかもしれない。さらには，ネグレクトなどの虐待の可能性があるかもしれない。結果，学校を休みがちになり，同級生とも疎遠になり，学力が低下するということにもなる。それだけでなく，非行や犯罪に巻き込まれることも起こり得る。

　このように，個人や家族のそれぞれが抱える生活問題が，単独で発生して存在するというのではなく，同時並行的に発生し，かつ相互につながって影響を及ぼし合い，そして連鎖するというような状態である。そして，このような状態に対しては，子どもの不登校や非行，親の病気の治療，債務整理や就労，祖父母の介護，障害のあるきょうだいの世話，家庭の貧困の問題など，それぞれの課題を分割し，それぞ

れに対応する教育や福祉，保育その他の制度をもって，別々にあたるということには限界がある。なぜなら繰り返すように，それらの課題は互いに密接に絡み合っており，したがってそのうちのどれかを取り出して対応するだけでは，その生活問題の全体的，本質的な解決には至らないからである。

### ❏ 生活全体を総合的・包括的に支援するソーシャルワーク

　私たちは個人としても家族としても，法律や制度に合わせて日々を生きているわけではない。たとえば，この課題については教育，この課題については介護，この課題については医療などと，自分や家族の生活に生じる課題や現在抱えている課題の，どの部分がどの制度の対象となるのかを意識し，それらを仕分けし，分割しながら生活しているわけではない。個人としてや家族としての多様な社会関係と生活の連続性のなかで，様々な出来事や課題の経験の連なりや重なりを通して，言わば全体としての個人や全体としての家族を日々生きている。個人にしても家族にしても，人々の生活とは全体的で総合的な営みなのである。

　したがって，個人が抱える何か一つの困難から別の新たな困難が派生することがあり，家族の誰かの困難が他の家族の困難をもたらすことがある。そして，その困難状況も個人や家族によって異なる現れ方をし，それぞれに多様さ，複雑さを帯びるのである。何からの生活困難状況にある個人や家族への支援にあたり，総合的かつ包括的な対応が求められる理由がここにある。

　さらに，個人や家族，世帯の生活全体を視野に入れた支援ということは，当然ながらそれらの人々が暮らす地域をも視野に入れたものとなる。個別支援と地域支援との連動の必要性もここにある。総合的かつ包括的な生活支援としてのソーシャルワークとそのようなソーシャルワークが地域で展開できるしくみづくりが必要である。そしてそのために，人間や地域・社会について，総合的に学んだソーシャルワーカーの存在が地域に必要なのである。

### ❏ 個別支援と地域支援との連動

　地域共生社会の実現に向けて，厚生労働省に設置された地域力強化検討会が2017（平成29）年9月に発表した報告書「地域力強化検討会最終とりまとめ～地域共生社会の実現に向けた新しいステージへ～」では，地域における住民主体の課題解決力の強化や地域における相談支援体制の構築等についての提言がなされている。その報告書には，

今日の人々が抱える生活困難の特徴や地域の状況，そして求められる支援のあり方について，以下のように指摘されている。

○　私たちのまわりの生活を見てみると，深刻な「生活のしづらさ」が増しており，それは私たち自身にも起こっている，もしくは起こり得ることでもある。例えば，様々な問題が同時にいくつも重なったり，家族全員が何らかの課題を抱えたり，ある地域の中で似たような問題が続発したりしている。かつては家族や親戚，隣近所や知人によって支えられていたような困りごとでも，今はひとりで抱え込み，誰にも相談できず解決の糸口が見つからない状況になっている人や世帯があることも事実である。[(1)]

○　基盤となる地域社会そのものは，少子高齢・人口減少社会が進展する中で，自治会・町内会の加入は減少し続け，地域で課題を解決していくという地域力，あるいはお互いに支え合い共生していけるような地域の福祉力が脆弱になりつつある。それに伴い，家庭の機能も変化しつつある。加えて，雇用など生活をめぐる環境も大きく変化してきている。また，単身世帯の増加により，賃貸住宅への入居時の保証の問題，入院時の対応や看取り，死亡後の対応など成年後見を含め新たな生活支援が求められている。[(2)]

○　地域には，助けを求めることもできず，周囲からも孤立している人や世帯があることも事実であり，地域の中だからこそ相談できないで埋もれてしまうこともある。こうした課題は，必ずしも既存の「制度」の中で解決されるわけではない。いわゆる「ごみ屋敷」を例にすると，以前はごみの処理が問題になり，制度の中でどこが対応するかが問われた。しかしこうした課題を抱えた人が共通して社会的孤立の状況にあることが分かってきたことで，支援のあり方は変化している。例えば，相談支援の専門員が，本人に寄り添い，信頼関係を築く一方，地域住民が片づけに参加することにより，ごみ屋敷の住人と住民との間に緩やかな関係ができることで，再度孤立に陥ることなく生活することが可能になる。さらにその人の参加の場や役割を持てる場，「働ける」場所を地域の企業や商店街の中に見出すこともできる。そのことにより，本人も支える側にもなり，やがて地域の活性化に向けた担い手にもなる。また，企業や商店街も地域福祉の担い手となっている。こうした取組は「制度」の力ではなく，「人」の力である。[(3)]

　何らかの「生きづらさ」や「生活のしづらさ」を抱えることは誰にでも起こりうることであり，個人や一つの家族，世帯で複数の生活問題を同時に抱えるということが発生している。問題を抱えていても，誰にも相談することなく，自ら助けを求めない人々の存在もある。一方，地域に目を向けると，自治会や町内会の加入率の低下とともに，住民がお互いに支え合うような地域の福祉力が脆弱化している。地域のなかで周囲から孤立している人や世帯もあり，似たような生活問題を抱える人々がいる。その他，家族機能の変化や雇用をめぐる環境の

変化，単身世帯の増加等に伴って新たな課題への対応が必要な状況にある。

　そして，そのような状況のなかで，求められる支援のあり方としては，生活困難状況にある当事者や家族，世帯それぞれに寄り添った個別支援であり，それらの人々が孤立することなく，参加できる場や役割を担える機会を地域につくる支援であり，さらに似たような問題を抱える人々を支えるネットワークの形成であり，地域住民や地域に存在する多業種との連携・協働による住みよい地域づくりの支援である。

　これらの指摘は，まさに地域における総合的かつ包括的な生活支援とその体制整備，すなわち個人や家族，世帯に対する個別支援と，住民の暮らしを支える地域づくりや地域力の向上のための地域支援との連動が，地域の活性化や地域福祉の担い手の増加，ひいては住民主体の地域の福祉力の向上につながるということである。このような意義や目的を備えた総合的かつ包括的な支援が，ソーシャルワークが担うべき実践，そしてソーシャルワーカーが担うべき役割として求められているのである。

## ☐ 断らない支援・参加支援・地域づくりの支援

　また，2019（令和元）年12月には「地域共生社会に向けた包括的支援と多様な参加・協働の推進に関する検討会（地域共生社会推進検討会）最終とりまとめ」が厚生労働省により出された。この報告書では，市町村における包括的な支援体制の構築に向けて，以下のような記述がある。[4]

---

○　市町村における地域住民の複合化・複雑化した支援ニーズに対応する包括的な支援体制の構築を推進するためには，中間とりまとめにおいてその必要性が確認された以下の３つの支援を内容とする，新たな事業の創設を行うべきである。
　①　断らない相談支援：本人・世帯の属性にかかわらず受け止める相談支援
　②　参加支援：本人・世帯の状態に合わせ，地域資源を活かしながら，就労支援，居住支援などを提供することで社会とのつながりを回復する支援
　③　地域づくりに向けた支援：地域社会からの孤立を防ぐとともに，地域における多世代の交流や多様な活躍の機会と役割を生み出す支援
○　この３つの支援を一体的に行うことによって，本人と支援者や地域住民との継続的な関係性を築くことが可能となり，これらの関係性が一人ひとりの自律的な生を支えるセーフティネットとなる。

---

ここでは，誰からのどのような相談も断らずに受け止めるとする「断らない相談支援」，地域資源を活かしながら社会とのつながりを回復する「参加支援」，そして地域での孤立を防ぎ多世代の交流等の機会を生み出す「地域づくりに向けた支援」の3つを一体的に行うことが，包括的な支援体制の推進に必要であるとされている。そして，この3つの支援の担い手こそが地域で働くソーシャルワーカーとしての社会福祉士や精神保健福祉士であり，地域における総合的かつ包括的な支援としてソーシャルワークに求められることである。

地域におけるソーシャルサポートネットワーキング

### ☐ 多職種・多機関連携と総合的・包括的支援体制

　ソーシャルワークは，地域で暮らす人々の生活を支援する実践であり，方法である。そして生活とはそれぞれに個別性・独自性がある多様な営みであり，家族を含めた様々な人や場所との多様なつながりのなかで，日々様々な経験から成り立っている。たとえば，自らの身体的あるいは心理的な側面での健康の状態，家族関係や学校や職場などでの様々な人間関係，社会関係や社会参加の場面での出来事など，多岐にわたる関係や場面，出来事が良くも悪くも人々の日常に影響を与えながら，日々の生活における経験として積み重ねられている。

　つまり，人間の生活という営み自体が，そもそも部分に分割できるものではなく，全体的で総合的なものなのである。したがって，ソーシャルワークが誰かの生活に近づけば近づくほど，その人への支援は総合的かつ包括的になる。そしてこのことは，地域に対しても同様である。地域とはそこで多様な人々の多様な生活が営まれ，就学，就労，買い物，遊び，習い事，サークル，自治会など，実に多くの様々な社会参加や社会的な活動が行われる場所である。したがって，ソーシャルワークが地域の実態に近づくほど，その地域支援の有り様は全体的・総合的，そして包括的になるのである。

　個人や家族への支援，そして地域への支援においても，多職種・多機関の連携が必要な理由がここにある。言わば専門分化されて整備されてきた様々な法制度や機関によるサービスは，それが専ら対象とする身体的な側面や心理的な側面のこと，また生活の一部分や一側面のことには対応できても，全体としての個人や家族の生活を視野に入れたものとはならない。昨今の生活問題の状況から，地域における分野横断的で制度横断的な対応と，そのための多職種，多機関，多業種連携と協働による総合的・包括的支援とその体制の構築が求められている。

### ☐ 地域における社会資源の開発

　ソーシャルワークの重要な役割の一つに，地域における社会資源の開発が挙げられる。ここでいう社会資源とは，人々が社会生活を送るうえで活用される様々な情報や制度，サービス，また公的なものや民

間による様々な機関や施設，それらの機関や施設で働く様々な職種の専門職や地域で活動するボランティア，さらには自治会や学校や公民館あるいはショッピングセンターなどの地域の様々な組織や建物，場所などを総称して指す言葉である。

　これらの社会資源は，制度に基づいた社会福祉サービスや施設・機関の職員などのフォーマルなものと，地域のボランティア団体や近隣の人々，または家族などのインフォーマルなものとの大きく二つに分けられる。ソーシャルワークが，何らかの生活の困難を抱える人々がこれらの社会資源（必要な制度やサービスなど）をうまく活用できるように支援することはもちろんであるが，求められる役割はそこに留まらない。「制度の狭間」という言葉もあるように，地域には現行の制度や既存のサービスでは対応できない生活問題を抱えた人々や家族，世帯の存在がある。そのような問題に対応できるサービスや支援のあり方を新たに創出すること，すなわち社会資源を開発するという役割は，個別支援と地域支援とを連動させながら包括的支援を担うソーシャルワークが果たすべき重要な役割である。

　そして，社会資源の「開発」という言葉が意味するのは，たとえば何かの新しいサービスや支援プログラムをつくるとか，そのための資金を獲得するとか，何かの団体を立ち上げるなどということだけではない。今地域にあるもの，今地域にいる人々が，ソーシャルワーカーの働きかけによって，大切な社会資源となり得るのである。たとえば縦割りの制度のもとで活動していた職種が相互に連携する，地域にある高齢者福祉施設のホールや会議室を開放して地域の子どもたちのためのイベント等に使う，ソーシャルワーカーが所属する機関や施設と地域住民あるいは地域住民同士がつながる，一人暮らし高齢者を近隣住民が見守ってくれる，商店街の人々がサロンや福祉活動に協力してくれる，そして支え合いのネットワークが地域にできていくなど，そのかたちは実に様々である。

　言わば，地域支援とは地域における多様な社会資源を開発することであり，それは連携・協働による総合的・包括的な支援体制の築きである。そしてこのような活動に，個別支援と地域支援の実践が連動して展開するソーシャルワークならではの意義や可能性もある。

## ❑ ソーシャルサポートネットワーキングの取り組み

　地域における人々の生活を総合的に支える包括的支援体制の構築のためには，フォーマルな社会資源とインフォーマルな社会資源とが有機的につながって，ネットワークを形成することが求められる。そし

て，このようなネットワーク形成の取り組みは，ソーシャルサポートネットワーキングと言われる。何らかの生活困難を抱える個人や家族，世帯を地域において支援するために，行政や民間の相談機関や施設とそこで働く専門職による支援と，近隣の人々などの地域住民や自治会による見守り等の活動が連携・協働することで，人々の生活を地域で支えようとするものである。

　たとえば，何らかの生活上の困難を抱えながらも必要なサービスや支援の利用に至っていない人々や，一人暮らしの高齢者などの地域で孤立しがちな人々を支えるソーシャルサポートネットワークが形成されることで，地域で似たような状況にある人々を見守り，支えるしくみとして展開することにもなる。そしてそのようなネットワークの形成は，ひきこもりや社会的に孤立しているなどの生活困窮状態にある人々の早期発見や困難状況の悪化を防ぐ早期支援にもつながるのである。

　その意味でも，地域支援のソーシャルワークの実践において，このソーシャルサポートネットワーキングの活動は非常に重要である。しかし，地域の主体はあくまでもそこで暮らす地域住民であることを忘れてはならない。そしてその地域のなかで育まれてきた地域住民同士のインフォーマルな関係が，その地域で暮らす人々の生活を支え合うものとしてより機能する，あるいは機能するものとして再生する，さらには新たなつながりとして構築されることが，専門職によるネットワークと連結して，後押しされることで可能になるという考え方が重要である。

# ③ 総合的かつ包括的な支援の実際

## ☐ 生活困窮者への自立支援

　総合的かつ包括的な支援の実際として，ここでは，生活困窮者への自立支援を取り上げて述べていくことにする。2018（平成30）年6月に改正され，10月に施行された生活困窮者自立支援法の第2条および第3条では，それぞれ生活困窮者に対する自立支援の基本理念および生活困窮者の定義として以下のように記されている。

---

（基本理念）

**第2条**　生活困窮者に対する自立の支援は，生活困窮者の尊厳の保持を図り
　　　つつ，生活困窮者の就労の状況，心身の状況，地域社会からの孤立の状
　　　況その他の状況に応じて，包括的かつ早期に行われなければならない。

2　生活困窮者に対する自立の支援は，地域における福祉，就労，教育，住
　　宅その他の生活困窮者に対する支援に関する業務を行う関係機関（以下
　　単に「関係機関」という。）及び民間団体との緊密な連携その他必要な支
　　援体制の整備に配慮して行われなければならない。

（定義）

**第3条**　この法律において「生活困窮者」とは，就労の状況，心身の状況，
　　　地域社会との関係性その他の事情により，現に経済的に困窮し，最低限
　　　度の生活を維持することができなくなるおそれのある者をいう。

---

　基本理念では，まず生活困窮者の「尊厳の保持」を図ることが規定されている。そして就労や心身の状況に加えて，「地域社会からの孤立の状況」に応じた支援の必要性が挙げられている。さらに第3条の条文においても，生活困窮者の定義として，就労や心身の状況に加えて「地域社会との関係性」が挙げられている。これらは，当事者が置かれている，言わばつながりの貧困状態への対応が求められていることを示している。

　また，第2条第2項では，支援においては，様々な分野の関係機関や民間団体との緊密な連携や支援体制の整備ということが規定されている。これが本章で述べている総合的かつ包括的な支援の実施と支援体制の構築に他ならない。日本では，社会福祉の制度が分野別あるいは対象者別に様々に専門分化され，それに応じて相談支援機関や施設，事業所も整備されてきた。しかし，今日では既存の制度の対象とならないままに，いわゆる制度の狭間に陥り，地域で孤立した人々の存在

がある。さらに，分野別・制度別に整備されてきた機関や施設，事業所間の連携・協働がうまくいかない場合も多くある。生活困窮者自立支援法とそれに基づく生活困窮者自立支援制度とは，生活困難を抱えながらも，こうした状況のなかで支援につながらない人々に対して，従来の福祉の枠の中に，また特定の分野や制度の枠内に留まらない，総合的かつ包括的な，そして継続的な支援を実施することをねらいとしたものである。したがって，ソーシャルワークのあり方も，従来の福祉の枠内にとどまらず，就労や教育，雇用や住宅などの他の政策分野と積極的に連携しながら，人々や家族，世帯のおよび地域の状況やニーズに応じた実践を，創造的そして継続的に展開する必要がある。

### ◻ 経済的困窮の背景にある社会的孤立

　生活困窮者への自立支援という言葉からは，経済的に困窮状態にある人々への就労に向けた支援という印象がもたれやすい。しかし，経済的な困窮状態の背景には，多様で複雑かつ複合的な生活困難を抱えていることが多くある。そのような場合は，背景にある生活困難状況，すなわち当事者である本人が抱え続けている生きづらさへの理解とアプローチが必要であり，それがないままに，とにかく就労につなぐなどの経済的な課題のみへの対応では，本質的な解決には至らない。

　経済的困窮の背景には，たとえば社会的孤立の状態があり，社会的孤立に至った背景には，たとえば会社でのいじめや過労によるストレスからのひきこもり，配偶者を亡くして生きる気力を失ったことからのセルフネグレクト状態，持病の悪化で働くことができなくなるなど，多様な要因が存在するのである。さらに，この社会的孤立の問題は，同時に地域住民からの排除，すなわち社会的排除の問題とも重なり合う。それ故に，個人や家族，世帯への支援だけでなく，その人々が暮らす地域への働きかけ，すなわち個別支援と地域支援の両方が求められるのである。

### ◻ 社会的孤立状態にある人へのソーシャルワーク

　このような社会的孤立状態にある人々への支援として，セルフネグレクトと地域で孤立した状態との両方の課題を抱えた，昨今では「ごみ屋敷」と言われる状態にある人々へのソーシャルワークを考えてみたい。ソーシャルワークの視点としてまず大切なことは，このような状態に対して，単に「ごみ」や「ごみ処理」の問題にするではなく，その人の辛さ，苦しみや悲しみ，生きづらさや満たされなさの問題として捉えることである。すなわち，ごみを溜める，ごみを捨てない，

捨てられないという行為の背景にあるものは何か，ごみを溜めるようになったきっかけや出来事は何か，何がその人をそうさせるのか，ごみを溜めることで何を満たそうとしているのかなど，本人の心身の状態も含めて，その行為に至らしめるものや出来事の背景にあることを探る視点である。

そして，このような背景にある課題が解決されなければ，いくらごみを処分したしても，時間が経てばまた同じように，ごみが溜まっていく状況を繰り返すだけである。このことは，ごみ屋敷の「ごみ」ではなく，今そこで暮らしている「人」に対して目を向け，その人の心身の状態や思いに寄り添った支援をするということである。「ごみを溜めなくてよい」「ごみを溜めなくても満たされる」「ごみがなくても落ち着く，暖かい，寂しくない，安心できる」といった状態を，適切な介護サービス等の利用も含めての人や場所との出会いやつながり，すなわちその人にとっての居場所を地域でつくることである。さらに，このようなごみやごみ処理ではなく，「人」に焦点を当てての支援の展開は，地域住民にとっても，排除の対象だったその人に対する見方や対応の仕方を変える経験ともなり，自らが将来的にも安心して暮らせる地域づくりにつながるのである。「人」へのまなざしを大切にして，「人に寄り添う」ソーシャルワークならではの，総合的で包括的な支援の意義と役割がここにある。

### □ ひきこもりの状態にある人への支援

内閣府は，2019（令和１）年３月に，40歳から64歳でひきこもり状態にある人の数を61万人と推計した。中高年を対象とした調査はこれが初めてとされており，15歳から39歳までのひきこもる若者の推計値（51万1000人）よりも多く，ひきこもりの長期化・高齢化の状況が明らかになったとされている。また，ひきこもりと関連して「8050問題」と言われるような，80歳代の親と独身で働いていない50歳代の子の世帯が抱える社会的孤立の問題も指摘されており，親の介護と子の社会参加という世帯を単位とした支援が求められている。

「ひきこもり」とは社会に参加することがなく，家庭を中心に生活している「状態」のことである。厚生労働省の「ひきこもりの評価・支援に関するガイドライン」（2010）では，「様々な要因の結果として社会的参加（義務教育を含む就学，非常勤職を含む就労，家庭外での交遊など）を回避し，原則的には６か月以上にわたって概ね家庭にとどまり続けている状態（他者と交わらない形での外出をしていてもよい）を指す現象概念」であるとしている。

　そして，このひきこもり状態にある人への支援として，就労支援を含めた社会参加への支援が考えられるが，ここでもソーシャルワークの視点が重要になる。一言でひきこもりと言っても，ひきこもるようになったきっかけやひきこもっている状態は多様であり，個別性や独自性が高いものである。したがって，その人の状況に応じた支援のあり方は，その人の側からの視点で考えなければならない。そのような視点からの状況把握なしに，たとえ既存の制度のなかで就労や社会参加に繋いだとしても，その人は再びひきこもることになるであろう。制度や支援者側の都合ではなく，本人が本人の都合で動くことがなければ，ひきこもりの解決には至らないのである。このことはその人が生活の主体であることの尊重と，その人の尊厳を守るということとも重なる。

　ひきこもりの状態にある人への支援として，まずは，本人との信頼関係を構築することが何よりも大切である。そして，その二者間でのつながりへの本人の信頼が，人や場所そして社会に対する信頼へと広がることで，何かの場所とつながり，何かの活動へ参加することへの意欲の回復や行動へと至るのである。心身の状態も含めた本人の生活全体を捉えた継続的な支援と，本人があくまでも本人の都合で動ける可能性を追求し，多様な形でつながれる，参加できる場や機会を創出する実践が，ひきこもり支援のソーシャルワークに求められる。

## 総合的・包括的な支援とアウトリーチ

　地域における総合的・包括的な支援の実践において，重要な活動の一つにアウトリーチがある。地域には，介護や子育てにおいて，あるいは病気や経済的困窮などの，何らかの課題や困難を抱えながらも，必要な支援やサービスの利用に至っていない人々がいる。その理由は様々である。そもそも支援やサービスに関する情報がなくそれらの存在自体を知らない場合や，知っていたとしても病気や障害で自ら相談窓口に行けない場合もある。自らの現状に対してサービス利用が必要という認識がないままに暮らしている場合や，必要性を感じていても支援されることやサービス利用への抵抗感がある場合もある。

　このように，生活困難状況にありながらも，様々な事情で相談や支援，サービス利用につながっていない人々を発見するとともに，地域とのつながりや必要な支援につないでいく取り組みがアウトリーチである。支援機関や事業所の窓口で人々が自ら相談に訪れるのを待つのではなく，こちらから出向いて，訪問して，働きかける支援のあり方である。特に社会的孤立状態にある生活困窮者への支援においては重

要なアプローチである。

　そして，地域におけるそのような人々の存在に気づき，身近で発見できるのは，何より地域住民である。その意味では，地域住民，専門職，関係機関の間で築かれる地域における総合的・包括的な支援体制としてのソーシャルサポートネットワークの形成が，つながりの貧困状態にあって孤立している人の発見にもつながり，アウトリーチの機能を果たすことにもなるのである。地域における総合的・包括的な支援は，その仕組みと実践が機能することで，生活困難の発生や深刻化を防ぐことにもつながる。そしてそのことは，地域における新たな支え合いのあり方を創造していく可能性をも広げることになる。

## ジェネラリスト・ソーシャルワークと日本における展開

### ❏ 総合的・包括的な支援とジェネラリスト・ソーシャルワーク

　本章で述べた総合的・包括的な支援と今日におけるその必要性の高まりとは，ソーシャルワークの歴史的な文脈においては，ジェネラリスト・ソーシャルワークの登場と同じ意味を持つと考える。言い換えれば，欧米におけるソーシャルワークの統合化の議論から生まれて，発展してきたジェネラリスト・ソーシャルワークの日本における展開のかたちが，地域における総合的かつ包括的な支援ということである。

　ソーシャルワークには，伝統的なケースワーク，グループワーク，コミュニティワークというような対象別の支援方法や技術の開発を通して発展してきた歴史がある。しかし，近年の社会状況や経済状況の変化のなかで，人々が直面する生活問題が多様化・複雑化し，このような従来からの対象別の枠組みによるソーシャルワークでは対応が難しくなってきた。ここからソーシャルワークの統合化に向けた議論も生まれ，システム理論や生態学理論の考え方がソーシャルワークに取り入れられていくことになる。そして，これらのシステムや生態学の考え方を基盤として，多様化・複雑化する人々の生活問題を全体的・包括的にとらえ，それぞれの状況に応じた支援方法を駆使するソーシャルワークのあり方，すなわち多様化・複雑化・複合化する問題に多角的に対応していけるソーシャルワークのあり方が発展してきたのである。

　そしてそれは今日ジェネラリスト・ソーシャルワークと呼ばれ，人々が抱える生活問題への視点や認識の仕方，個人や家族への支援と地域や社会への働きかけの方法やその実践過程，チームアプローチや多職種・多機関連携の方法などについて整理され，体系化されている。さらにジェネラリスト・ソーシャルワークは，医療や教育，司法や労働など，今日ソーシャルワークが求められる分野や領域の拡大，また必要とされる理論や方法・技術の多様化のなかで，ソーシャルワークの幅の広さや多様性，あるいは創造性を包括する理論と実践の枠組みであるとも言える。

### ❏ システム理論や生態学に基づく対象の理解

　ジェネラリスト・ソーシャルワークは，人々や家族，地域や環境と

の相互関係の文脈から，支援が必要な人や家族の生活状況と抱えている困難の状態を把握して，介入や働きかけの方法を探りながら，支援の展開につなげていく。そのようなソーシャルワークならではの対象理解の理論的基盤となるのが，システム理論や生態学の考え方である。システム理論も生態学も，その考え方の基本は，全体の構造とその全体を構成している要素間の相互の関係のあり方や相互に与えている影響の内容や度合いなどを重視するものである。たとえば，全体としての家族と家族を構成する個々人の関係（夫婦関係や親子関係，きょうだい関係など）への視点であり，全体としての地域と地域で暮らす住民同士の関係（近隣関係や町内会や自治会での関係など）への視点などである。

　このような全体と全体を構成する要素間の相互の関係を重視する視点は，ジェネラリスト・ソーシャルワークならではの支援に対する考え方を導く。それは，問題の原因となっている（と思われる）人や出来事などを特定して，専らその原因に対する働きかけによって問題を解決するという考え方（「治療モデル」や「医学モデル」）ではなく，問題が発生している状況の全体性と関係する人や場所，出来事などの相互関係のあり方を捉えて，その関係に介入して働きかけることによって問題解決を志向するという考え方（「生活モデル」や「ライフモデル」）である。

　たとえば，家族や地域のなかの誰かあるいは何かを原因として特定して，変化を促すアプローチではなく，全体としての家族や地域と，それを構成する人々や出来事などの相互関係の現れとしての問題状況の把握と，その関係に介入して働きかけることを通して，関係のあり方に変化を生じさせることで問題の解決を図るという支援である。

　人々や家族が，その地域のなかで，様々な人や場所といった周囲の社会環境と調和して，安定した生活を主体的に営むことができること，そしてそのような個人や家族への支援と地域づくり，そして社会環境の調整や整備を行うことが，ソーシャルワークの目的であり，役割である。ジェネラリスト・ソーシャルワークの今後の発展が，これからのソーシャルワーク全体の発展につながると言える。

### ☐ 本人主体・地域主体の支援とストレングスへの視点

　前述したように，ジェネラリスト・ソーシャルワークとは，システム理論や生態学的視点（エコロジカルアプローチ）に基づいて，支援の対象となる人々とその生活状況を全体的・統合的にとらえ，家族や地域，そして人々の生活を取り巻く社会状況も視野に入れた多面的・多

角的な対応をするべく，個々の生活困難状況に応じての総合的・包括的な支援の展開とその過程を重視するソーシャルワークのあり方である。

　そして，その特徴としては，本人主体や地域主体の支援であること，また本人や地域のストレングスを見出しながら支援を展開するということが挙げられる。人々や家族が抱える生活問題は，たとえばそれが経済的なことであっても，介護や子育てのことであっても，また就学や就労をめぐることであっても，一つとして同じものはない。したがって，それぞれの問題を当事者である本人や家族の視点からとらえることが重視される。ソーシャルワーカーは，本人や家族の代わりに問題を解決するのではなく，本人や家族が自らの生活の主体として，そこで生じた問題に対して，自分たちで向き合い，解決していけるように，継続的に支えることを役割とするのである。

　このことは地域への支援においても同様である。地域の主体は，そこで長年暮らしてきた，そして今暮らしている住民である。地域支援とは，地域の課題を専門家が地域住民に代わって解決することではない。地域住民が，自分たちが暮らす地域の課題として共有し，自分たちが主体となって解決に向けた取り組みを進める，その過程を支えるのがソーシャルワーカーの役割なのである。解決するのはあくまでも本人であり，地域住民であるということを忘れてはならない。そのためにも，それぞれに個別性，独自性そして歴史をもった存在や場所としての個人や家族，地域を知ろうとする姿勢がソーシャルワーカーに求められる。

　そしてそのような支援の過程のなかで重要となるのが，本人やその家族そしてその地域がもつストレングス，すなわち強みや力，長所，できること，特色や魅力，可能性などへの視点である。ソーシャルワーカーは，支援の対象となる人や家族，地域のストレングスを見出して尊重し，課題の解決にそのストレングスが発揮されるような環境整備や調整を試みながら，人々とともに，協働して課題解決に取り組む過程を歩むのである。

## ❏ 日本におけるジェネラリスト・ソーシャルワークの発展

　ソーシャルワークは，その時代の社会状況や人々の生活状況とともにある。その意味で，ソーシャルワークの歴史とは，その時代の，その国や地域の社会的状況のなかで，その実践や方法のあり方が問われてきた歴史であると言える。そして，その時代に，その国や地域で生きる人々にかかわり，人々が抱える生活問題を解決するための支援や

働きかけの積み重ねを通して，ソーシャルワーク自体の存在意義や目的を見出し，その理論と実践を確立させようとしてきた歴史であったとも言える。

　今日の日本では，人々が抱える生活問題の多様化・複雑化・複合化に対応できる，総合的かつ包括的な支援としてのソーシャルワークが求められている。このようなソーシャルワークのあり方を，日本におけるジェネラリスト・ソーシャルワークと位置づけて，ますます発展させていかなければならない。それはすなわち，生活困難を抱える個人や家族への支援にとどまらず，そのような人々が支えられ，安心して暮らしていける地域づくり，さらに生活困難を生み出す社会的・構造的な要因を見極めて，社会変革を志向する実践が相互に連動する営みである。このようなミクロ・レベル，メゾ・レベル，マクロ・レベルの実践が重層的に展開することが，総合的・包括的な支援とその仕組みづくりとして求められるソーシャルワークのあり方に他ならない（ジェネラリスト・ソーシャルワークについては，本書第8章第5節も参照）。

　日本のソーシャルワークは，戦後アメリカやイギリスのソーシャルワークの理論や実践から多くを学び，それらを日本の社会福祉教育や社会福祉の実践現場に普及させてきた。この長年の取り組みがあったからこそ，現在の日本でのソーシャルワークの定着や発展もあると言える。しかし大切なことは，諸外国のソーシャルワークから多くを学びつつも，日本の社会状況やそして日本の生活支援や地域支援の現場におけるソーシャルワークのあり方を探求することである。ソーシャルワークが専門職としての実践であるためには，その過程が，その場の単なる思いつきによるものではなく，確かな理論的根拠に基づいていることが必要である。今日では，多くの事例研究や実践研究から抽出された知見に基づくソーシャルワークのあり方が重視されている。日本のソーシャルワーク専門職である社会福祉士や精神保健福祉士が，地域における総合的・包括的な生活支援としてのソーシャルワークを，専門職による確かな営みとして実践するとともに，その実践力を向上させていくためにも，それを導き，後押しするさらなる理論的発展が期待される。

○注 ────────

(1)　厚生労働省（2017）「地域力強化検討会最終とりまとめ～地域共生社会の実現に向けた新しいステージへ～」（地域における住民主体の課題解決力強化・相談支援体制の在り方に関する検討会（地域力強化検討会）），3.

(2)　同前.

(3)　同前，7.

(4)　厚生労働省（2019）「地域共生社会に向けた包括的支援と多様な参加・協働の推進に関する検討会（地域共生社会推進検討会）最終とりまとめ」，8.

## ●参考文献

デュボワ，B.・マイリー，K.K.／北島英治監訳・上田洋介訳（2017）『ソーシャルワーク──人々をエンパワメントする専門職』明石書店.

五石敬路・岩間伸之・西岡正次・有田朗編著（2017）『生活困窮者支援で社会を変える』法律文化社.

井出英策・柏木一恵・加藤忠相・中島康晴（2019）『ソーシャルワーカー──「身近」を革命する人たち』ちくま新書.

ジョンソン，L.C.，ヤンカ，S.J.／山辺朗子・岩間伸之訳（2004）『ジェネラリスト・ソーシャルワーク』ミネルヴァ書房.

勝部麗子（2016）『ひとりぼっちをつくらないコミュニティソーシャルワーカーの仕事』全国社会福祉協議会.

川北稔（2019）『8050問題の深層──「限界家族」をどう救うか』NHK出版新書.

厚生労働省（2010）「ひきこもりの評価・支援に関するガイドライン」（厚生労働科学研究費補助金こころの健康科学研究事業「思春期のひきこもりをもたらす精神科疾患の実態把握と精神医学的治療・援助システムの構築に関する研究（主任研究者　齋藤万比古：国立国際医療研究センター国府台病院）」）.

厚生労働省（2017）「地域力強化検討会最終とりまとめ～地域共生社会の実現に向けた新しいステージへ～」（地域における住民主体の課題解決力強化・相談支援体制の在り方に関する検討会（地域力強化検討会））.

厚生労働省（2019）「地域共生社会に向けた包括的支援と多様な参加・協働の推進に関する検討会（地域共生社会推進検討会）最終とりまとめ」.

空閑浩人編著（2015）『ソーシャルワーク（新基礎からの社会福祉2）』ミネルヴァ書房.

空閑浩人（2016）『ソーシャルワーク論（シリーズ福祉を知る2）』ミネルヴァ書房.

松岡克尚（2005）「ソーシャルサポート・ネットワーク」久保紘章・福田あけみ編著『ソーシャルワークの実践モデル──心理社会的アプローチからナラティブまで』川島書店，185-204.

宮本太郎編著（2017）『転げ落ちない社会──困窮と孤立を防ぐ制度戦略』勁草書房.

日本地域福祉学会（2019）『地域福祉教育のあり方研究プロジェクト報告書・協同による社会資源開発のアプローチ』.

社会保障審議会福祉部会福祉人材確保専門委員会（2018）「ソーシャルワーク専門職である社会福祉士に求められる役割等について」.

山辺朗子（2011）『ジェネラリスト・ソーシャルワークの基盤と展開──総合的包括的な支援の確立に向けて』ミネルヴァ書房.

保井美樹編著・全労協「つながり暮らし研究会」編（2019）『孤立する都市，つながる街』日本経済新聞出版社.

# 第10章

# 多職種連携とチームワークの意義と内容

多様化・複雑化・複合化した生活課題を抱える個人や世帯への支援を行うには，さまざまな専門職が個々に支援を行うのではなく，連携・協働して，チームアプローチにより関わることが必要となる。地域で働く異なる専門職同士が一つのチームとなって，世帯全体を支えていくことが求められる。そして，そのチームには，専門職だけでなく，地域住民やボランティアなども参画し，協働することが大切である。生活課題を抱える個人や世帯の潜在的なニーズをいち早く発見し，予防的に，あるいは事後対応的に問題解決できるような地域の力をつけていくことが求められる。そのために社会福祉士は，地域住民を含めたさまざまな支援の担い手とつながり，関わる人々同志をつなぐ場を作り，連絡・調整を行う役割を果たすことが求められる。

# ① 多職種連携とチームアプローチが求められる時代

## ☐ 潜在化する生活課題とニーズ

　社会福祉士や精神保健福祉士が対象とする生活課題および人々のニーズは，地域において顕在化しているものもあれば，潜在化している場合もある。特に，潜在化している生活課題は，家族や地域住民，専門職にも見えにくいものもあり，地域で孤立している可能性がある場合もある。たとえば8050問題を抱える家族やひきこもり状態にある人，**ダブルケア，トリプルケア**，生活困窮，依存症などの課題を抱えている家族などである。このような状態にある人々のニーズをいち早く発見し，早期に介入を始めることが求められる。そのためには，社会福祉士が多職種と連携し，チームアプローチによって地域に潜在化する課題をも，漏らさず逃さずとらえる体制を構築することが必要となってくる。そして，問題が顕在化している家族の一員だけに介入するのではなく，家族全体をアセスメントし，家族のなかに支援が必要な構成員は他にはいないかなど，家族一人ひとりのニーズを発見することも求められる。

　人々のニーズはなぜ見えにくいのか。ニーズを潜在化させる要因があるとされている。その人，その家族が暮らす地域社会の中に偏見や差別，無視があること，本人の中に否定的な自己認識があること，また病識や生活障害への認識不足があること，情報等のアクセシビリティの低さと資源不足が要因となるとされている。[1]また，支援者側の不適切・不十分な対応が，本人や家族が支援を受けることから遠ざけて

**➡ダブルケア，トリプルケア**
子育てや介護を並行して担当している状態をダブルケア，さらに加えて家族の看護などが加わる状態をトリプルケアと呼ぶ。近年の少子化，晩婚・晩産により，家族の中でケアの必要は状況が重なっておこることによるものである。

いる場合もある。

## ❏ 人々のヴァルネラビリティを理解する

　地域で暮らす人々の困り事（ニーズ）をいち早く見つけ，いち早くソーシャルワーク機能を発揮し課題への対応をすることが求められる。しかし，そのニーズは見えにくく，周囲の人々の目に発見されにくくなっている。社会福祉士は，なぜ人々の困り事（ニーズ）が見えにくくなっているのか，なぜ専門職が課題解決するのに困難が生じているのか，そのしくみを十分理解し，適切に対応することが求められる。

　困りごとを抱えている人々は，その人自身やその人の生活のなかで，何らかの弱さや脆さ，すなわち「ヴァルネラビリティ（脆弱性）」を抱えている状態にあるといえる。脆弱性を抱えている状態とは，たとえば以下のような状態をさす。

---

- 自らが置かれている状況や病識を客観化できる能力が脆弱である。収入と収支のバランス，欲望とその実現のバランス等が取れておらず，かつそれをどうすれば解決できるのか，自らの生活の律し方や展望を描けない。
- 自らの生活のリズムの保ち方，健康管理の仕方，限りある経費を有効に使う生活の知恵，工夫の仕方，家計管理能力等が脆弱であり，様々な規則や約束事を守ったりする社会生活上のスキルが十分開発され，身についていない場合がある。
- 自らの要求や希望を整理し，それを言語化して表現することや，他人に伝える能力が十分に備わっていない。
- 社会的関係性の度合いが薄く，多様なショックを和らげるショックアブソーバーの機能が十分なく，それらのショックを吸収，やわらげ，支援してくれるソーシャルサポートネットワーク（情緒的支援，評価的支援，手段的支援，情報的支援）が脆弱である。
- しかも行政による情報提供がなされているし，マスコミが生活に関わる情報を提供しているにも関わらず，そのような情報から疎遠な生活をしており，活用できる社会資源の存在自体の認識が脆弱である。(2)

---

　このように，ヴァルネラビリティとは，社会生活上のスキルなどの個人として抱える性質のものだけでなく，家族や周囲からのサポートが十分でないことから生じるものもある。つまり，人と周囲の人々や環境との交互作用がうまく保つことができなくなることで生じている状態である。

　社会福祉士は，人々が支援になかなかつながらない場合，その背後に何があるのか，どのような関係や状況，経験があるのかをアセスメントする必要がある。もしかしたら，過去に同様の事態に直面してう

まく対処しきれなかったことによる挫折経験や，誰かに相談をもちかけようとしたこともあったが思うようにいかなかったなど，本人をパワーレスな状況においている経過や経験があるかもしれない。本人やその家族が支援に拒否的であるように目に見える行動の水面下で一体何が起こっているか，これまでどのような経験をしてきたのかをアセスメントし，チームのメンバーに理解を促し，この人や家族のニーズが再度地域で埋もれていくことがないように関わり続ける必要がある。ヴァルネラビリティは，内容や程度は様々ではあるにしても誰にでもあり，誰もが経験し，持ちうるものである。その意味で，ヴァルネラビリティは人々の生活を理解する一つの要素であるといえる。

### ❑ 社会福祉士が地域のネットワーカーとなる

　高齢や障害のある人，子育て世帯に限らず，生きづらさ・暮らしづらさを抱えた人，生活困窮者など地域には深刻な生活課題のある人が増加している。このような時代の中で，できるだけ多くの人たちが住み慣れた地域や自宅で，安心して今までどおりの生活ができるようなまちづくりをすすめる必要がある。そのためには，よりきめ細やかな生活支援を展開するとともに，地域生活における課題を受け止め，たとえば高齢者・障害者・児童という枠組みを超えた対応が求められる。これからの社会福祉士や精神保健福祉士には，さまざまな専門職をつなぎ，地域にネットワークを張り巡らして相談支援体制を構築することが求められている。自らも課題解決の専門職として役割を果たす一方で，連携とチームアプローチによる支援が展開できるしくみをつくるために，ネットワーカーとして関係者をつないでいく役割が期待されている。

　たとえば，神戸市には，地域福祉ネットワーカーという職種がいる。制度の狭間や社会的孤立による福祉課題を抱える人々，関係機関及び地域の人々，そして地域をつないでいくことが使命である。7つの機能（①相談窓口機能，②ニーズ把握機能，③問題解決機能，④地域住民へのエンパワメント機能，⑤地域組織化機能，⑥ネットワーキング機能，⑦地域の支援システム機能）を果たすことを目指している。担当するのが主にネットワーク事業であり，ニーズキャッチの仕組みをつくり，ネットワークによる相互力で課題解決に取り組むこと，同時にひとりを支える地域をつくること，本人が主体的に生きることができるための社会関係づくりを支援することに取り組んでいる。掲げているスローガンは以下の通りである。

> 地域住民や地域での活動者の声に耳を傾けます。
>
> 地域住民の主体的な活動を大切にします。
>
> 誰もが住みやすい共生のまちづくりに寄与します。
>
> 課題に関係する専門職や関係者のネットワークづくりを進めます。
>
> 新たな社会資源や支え合い活動を創出します。
>
> 複合する福祉課題や地域共通の福祉課題を包摂の姿勢で受け止めます。
>
> 個別の福祉課題が新たな地域の福祉課題ではないか注視します。

　神戸市の地域福祉ネットワーカーには，社会福祉士資格をもつ人も含まれるが，その役割をみると，広範なニーズへの対応，本人に合致した援助システムの形成，地域住民の参画の促進，予防的アプローチ[3]など，岩間の指摘するジェネラリスト・ソーシャルワークの要素を兼ね備えていると考える。多職種連携という切り口で考えるならば，個別の事例に合わせたオーダーメイドの支援チームを構築することが役割としてあり，また，地域の地域住民やボランティア，さまざまな団体，専門職などを活用して地域の問題解決力を上げていくには，当事者や家族，地域住民の参画を促し，チームの主体的な参画者として巻き込んでいくこと，相互の信頼関係を構築して合意形成を図っていくという役割が，社会福祉士に求められる多職種連携を推進する力であるといえる。

## □ 支援の階層性とネットワーク形成

　地域におけるネットワーク形成を推進するためには，大塚が示している通り[4]，地域におけるさまざまな支援の階層を視野にいれながら，さまざまな層をネットワーク化していくことが求められる（図10-1）。特に岩間が重要だと指摘するのは，一般住民やボランティア層の担い手に対する働きかけである。社会福祉士は地域における問題解決プログラムにおいて積極的にこの層と接点をもち，交流し，住民らが主体性をもって地域の生活課題を認識し，取り組むプロセスに関わることとなる。その際，社会福祉士は住民との協働と，専門職との連携をする必要がある。そこには主体性をもつ多様な立場の間にネットワークが存在し，「相互作用性，資源交換性を期待し[5]」共通の目標をもって活動することとなる。

　社会福祉士や精神保健福祉士は，多職種連携と地域連携において，課題解決に関わるメンバーの一人としての役割と，同時に，ニーズをとりこぼさないために，きめの細かいシームレスな，すなわち複数の制度やサービスにまたがる場合に支援が途切れずに提供できる体制

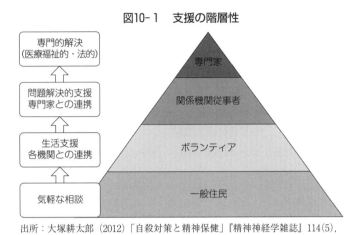

図10-1 支援の階層性

専門的解決
(医療福祉的・法的)

問題解決的支援
専門家との連携

生活支援
各機関との連携

気軽な相談

専門家

関係機関従事者

ボランティア

一般住民

出所：大塚耕太郎（2012）「自殺対策と精神保健」『精神神経学雑誌』114(5),
559-564.

（支援チーム）を構築していく役割が求められている。

## ◻ 社会福祉士や精神保健福祉士に求められる連携

　ソーシャルワーカーの大きな役割（**図10-2**）の一つに，連携がある。連携の役割には，人と人，人と制度，人とサービスなどをつないで仲介すること，そのつながり全体をマネージャーとして見渡し調整し，マネージメントすること，また，つないで生まれたシステムをメンテナンスする役割など，連携を生み出し，その連携を維持し，時にはメンテナンスを行うなどが含まれている。

　これについては，松岡が，「連携が常にクライエントの多様なニーズを中心として求められる」ことが重要であり，そうなると皆んなでとりくもうとするわけだが，その時自ずと役割や機能が重複すると指摘する。コミュニケーションを意図的にとったり，チームコンフリクトを解決できたりしながら，連携を支援に生かすことができる力が求められているといえる。

　厚生労働省社会保障審議会福祉部会の「介護福祉士制度及び社会福祉士制度の在り方に関する意見」（2006年12月）で示された社会福祉士の役割には，①福祉課題を抱えた者からの相談に応じ，必要に応じてサービス利用を支援するなど，その解決を自ら支援する役割，②利用者がその有する能力に応じて，尊厳を持った自立生活を営むことができるよう，関係する様々な専門職や事業者，ボランティア等との連携を図り，自ら解決することのできない課題については当該担当者への橋渡しを行い，総合的かつ包括的に援助していく役割，また，③地域の福祉課題の把握や社会資源の調整・開発，ネットワークの形成を図るなど，地域福祉の増進に働きかける役割とされている（下線筆者）。

図10-2　ソーシャルワーカーの役割

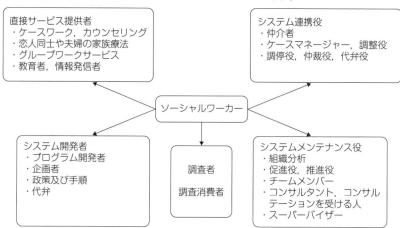

出所：Hepworth, D. H., Rooney, R. H., Rooney, G. D. & Strom-Gottfried, K. (2016) *Direct Social Work Practice: Theory and Skill*, (10th ed.) Gengage Learning.

　現行の社会福祉士法及び介護福祉士法には，以下のように記載され，社会福祉士は福祉サービス関係者と連携・協働する役割を担っていることが明確に示されている。

第2条
（前略）社会福祉士の名称を用いて，専門的知識及び技術をもつて，身体上若しくは精神上の障害があること又は環境上の理由により日常生活を営むのに支障がある者の福祉に関する相談に応じ，助言，指導，福祉サービスを提供する者又は医師その他の保健医療サービスを提供する者その他の関係者（第47条において「福祉サービス関係者等」という。）との連絡および調整その他の援助を行うことを業とする者をいう（後略）

　また，第47条には，社会福祉士の業務として「連携」について具体的に明記されている。

第47条
社会福祉士は，その業務を行うに当たつては，その担当する者に，福祉サービス及びこれに関連する保健医療サービスその他のサービス（次項において「福祉サービス等」という。）が総合的かつ適切に提供されるよう，地域に即した創意と工夫を行いつつ，福祉サービス関係者等との連携を保たれなければならない。（後略）

## ☐ 社会福祉士や精神保健福祉士に求められる多職種連携と地域連携

　2017（平成29）年に発表された「地域力強化検討会最終とりまとめ」では，連携は保健・医療・福祉から，雇用・就労・住まい・司法，教育，農業，産業などの分野へと広がり，様々な分野の専門職による多

職種連携と，地域住民また地域の様々な機関や組織，団体等による地域連携が必要であるとされた。多職種連携においては，連携する際には，当事者やサービス利用者本人の意思決定を重視することが盛り込まれ，連携のあり方として具体的に示されている。また，厚生労働省社会保障審議会福祉部会福祉人材確保専門委員会の「ソーシャルワーク専門職である社会福祉士に求められる役割等について」（2018年3月）では，「制度・分野ごとの『縦割り』や『支え手』『受け手』という関係を超えて，地域住民や地域の多様な主体が『我が事』として参画し，人と人，人と資源が世代や分野を超えて『丸ごと』つながることで，住民一人ひとりの暮らしと生きがい，地域をともに創っていく社会」（厚生労働省「我が事・丸ごと」地域共生社会実現本部，2017年2月），すなわち「地域共生社会」の実現に向けて，「①複合化・複雑化した課題を受け止める多機関の協働による包括的な相談支援体制や②地域住民等が主体的に地域課題を把握して解決を試みる体制の構築」を推進するために，社会福祉士はソーシャルワーク機能を発揮することが求められ，以下の通り機能が明記された。

> ① 地域住民等と信頼関係を築き，他の専門職や関係者と協働し，地域のアセスメントを行うこと
> ② 地域住民が自分の強みに気づき，前向きな気持ちややる気を引き出すためのエンパワメントを支援し，強みを発揮する場面や活動の機会を発見・創出すること
> ③ グループ・組織等の立ち上げや立ち上げ後の支援，拠点となる場づくり，ネットワーキングなどを通じて地域住民の活動支援や関係者との連絡調整を行うこと等

　ここには，社会福祉士が担うソーシャルワーク機能として，多くの専門職との連携や地域住民との協働やネットワーキング，連絡調整ということが示されている。

　社会福祉士や精神保健福祉士には，多職種連携や地域連携を推進する役割が今日ますます求められているのである。以下では，多職種連携に焦点を当てて，地域のなかで連携を推進していくために必要な知識やスキルについて述べていく。

# ② 多職種連携とは何か

　多職種連携とは，同じ目的で何事かをしようとするものが，連絡を取り合ってそれを行うことをさす。ここに野中猛の整理した図を示す。[7] 以下では，連携やチーム，そしてネットワークや協働のそれぞれについて，そもそもの言葉の意味も含めて解説していく。

## ☐ 連携とチーム形成

　連携は，英語では，linkage, coordination, cooperation と表されるが，連携の目的は，利用者のためのケアの向上であり，同時に，施設機関やその人が暮らしている地域で提供される支援やケアの質の向上や充実である。連携とは，その実現を目指し，二つ以上の多種多様な立場の人々がコミュニケーションを取り合い，目的達成を成し遂げようとする営みのことである。

　そして，お互いの専門性を活用し，チームが一丸となって支援の対象となる本人や家族等のために活動するには，情報，方針，そして方法の共有が必要となる。多くの職種が集まるだけではただのグループであるが，そこで情報や方針，方法が共有されることで「チーム」となる。グループとチームの違いについては，以下のように整理している。[8]

---

　①　**グループ（group）**
　類似した職務を担当する人たちが複数あつまっていること。医局，看護部，人事課，総務課などは，似たような仕事をする人たちの集まりである。相乗効果は発揮されず，業績は個々のメンバーの総和になる。
　②　**チーム（team）**
　チームとは，目標を達成するために異なる職種の人たちが協働で活動すること。協調を通じてプラスの相乗効果（シナジー）を生むもので，これにより，個々の投入量の総和よりも高い業績水準をもたらすものとしている。

---

　ひとたびチームが形成されれば，メンバー同士の結束力も生まれ，互いが刺激し合い，一人では思いもよらなかったようなアイデアや方針が生まれてくるが，しかしチームがそのような状態に至ることは，

表10-1　チームモデルの特徴

| | チームメンバー | チームの特徴 |
|---|---|---|
| 連絡モデル | 役割分担が明確で，自己の役割に限定して活動。メンバー間の連携は弱い | 情報を共有化し，報告・連絡・相談を密に行い，スピーディーな意思決定 |
| 連携・協働モデル | 自己の役割に徹しながらも，状況に応じて役割が重複する。メンバー間の連携や相互作用が出てくる | コアチームとアソシエートチームが情報を共有化し，報告・連絡・相談を密に行う。課題に応じて変化するなど柔軟な対応 |
| ネットワークモデル | しばしば自己（自事業所）の役割を超えた役割を担う。交流や連携はメンバー間に留まらず，チーム対チームに発展していく | 2つ以上のチームが存在し，それぞれにコーディネーターがいる。チーム対チームの相互作用が働く |

たやすいことでは決してない。多職種で働くことの難しさは，第一に，チームを形成するための前提条件がそろわなければならないということにある。篠田は，メンバーが集まればいいわけではなく，そこには，リーダーシップやメンバーシップ，メンバー間の信頼関係と円滑なコミュニケーションなどが揃わなければならないとしている[9]。第二に，ひとたびチームが形成されても，その営みの過程で起こってくる課題があるということである。たとえば，関わるメンバーが多くなることで，うまく共有できない弊害がでてくる。社会福祉士は，多職種からなるチームの構成員の一人として，チームの営みについての利点や欠点をあらかじめ理解したうえで，情報，方針，方法を共有し連携する必要がある。

### ☐ チームとは何か

　チームとは，仕事や業務を同じくする集団をさす。チームの営みに不可欠なのが，連携・協働である。菊池和則はチームを「分野の異なる専門職がクライエントおよびその家族などの持つニーズを明確にした上で共有し，そのニーズを充足するためにそれぞれの専門職に割り当てられた役割を，他の専門職と協働・連携しながら果たしていく少人数の集団」と定義し，協働・連携を位置付けている[10]。

　チームには3つの類型（チームモデル）があるとされるが[11]，チームの目的や性質，状態によって，「連絡モデル」「連携・協働モデル」「ネットワークモデル」の3つに分類される（表10-1）。連絡モデルは主に情報共有で行われるものであり，連携・協働モデルやネットワークモデルとなると，情報共有レベルからさらにチームの凝集性は求められ，方針の共有や方法の共有が実践に反映されるものとなる。

　専門職が協働する意義については，福山は「それぞれの専門家が，

協働体制の効用性と限界を認識し，さらに活用できるシステムの強化を図ることにより，地域における領域の広い福祉・保健・医療の包括的援助・支援が可能」とし，メンバー間，チーム間の相互作用を活用できるチーム活動の重要性を指摘している。[12]

さらに，「志向」によるチームの分類の仕方もある。たとえば保健医療分野においては，チーム医療の4つの要素として整理されている。[13]第一が専門性志向である。各職種が専門性を発揮することが目的とされている。第二が患者（利用者）中心志向である。第三が職種構成志向である。複数の職種が関わることが志向されている。第四が協働志向である。複数の職種が，協力していくものである。特に医療の現場では，医師をトップとしたヒエラルキーの存在が，連携協働することを志向するチームの営みでは障害となっていた。しかし現在は，医療の場が地域へと拡大したことにより，各職種の対等性が強調されるようになってきた。また，分業ではく，専門領域を持ちながらも，状況におうじて臨機応変に，限られた人材によって職種が一丸となって対応していく機能的流動的なチームが求められるようになってきた。

このことは，保健医療分野にとどまらず，今日の多様化・複雑化する生活課題やニーズへの対応，そして個人や家族のみならず地域への支援を担うソーシャルワークにも同様に求められていることである。

## ☐ 協働とは何か

連携と似た言葉に，「協働」がある。多職種協働という言葉も用いられる。協働は「異質な主体のパートナーシップ」として定義されている。[14]つまり，多職種協働となると，「関係機関・関係者どうしが，上下の関係や指示的関係でなく，対等な関係でそれぞれが役割をもち，共通の目標に向かってともに活動すること」をさし，立場の対等性の意味合いがより含まれることがポイントである。

多職種連携・多職種協働におけるメンバー間の立場の対等性については，理念としては当然でありながら，実践においてその実現がなかなか難しいことが実態としてあるだろう。

以下は，精神科診療場面において，精神障害をもつ当事者が，専門職による多職種連携および協働の実践について，支援を利用する当事者の側から眺めた時の感想や願いを述べたものである。ここでは，複数の専門職からなるチームによる支援を受けつつも，当事者である自分への対応のあり方やチーム内での職種間の上下関係，また自らのプライバシーに関する情報が自分の知らないところで扱われることなどへの違和感やとまどいが示されている。

医療と福祉が接近し始めている今日，改めて，医療も福祉も行政も専門家チームの一人ひとりが力量をつけて，医師の診立てに依存せず，チームの中で対等な関係性を築き，同じ人間として当事者と向き合ってほしいと思っています。そして当然のことですがそれぞれが守秘義務を守ってほしいと思います。又，スタッフに市民としての社会性も身につけてほしいとも思います[15]。

　複数の専門職からなるチームによる連携や協働は確かに重要である。しかしながら，当事者や利用者本人不在の，言わば連携のための連携，協働のための協働になってはいけない。特にソーシャルワーカーである社会福祉士は，困りごとを抱えている生活者（当事者や利用者）の側から，その生きづらさや生活のしづらさの訴えにしっかりと耳を傾け，本人の立場に立ちニーズを見極め，生活における困りごとの解決を支援していく役割をチームの活動の中で果たさなければならない立場にいる。

　チームに参画するメンバーの立場の対等性については，連携と協働の場となる多職種連携カンファレンスなどの場面において重要となる。立場や役職などに伴う上下関係やパワー関係を回避し，それぞれの専門性を互いに尊重しながら自由に意見を言い合えること，しかし時には相互に干渉するような発言や，領域や専門性を超えた協力を互いに頼める関係性がある場であることが必要となる。

　藤井博志は，専門職が地域住民との協働を進めるうえで大切なのは，「地域の課題から逃げないこと」，そして「住民とともに悩む」姿勢が不可欠であるとしている[16]。カンファレンスなどは当事者を含めたさまざまな人たちが参加することが前提となる。「知る機会，出会う機会，学び合う機会」[17]（図10-3）として協働の場が機能すれば，その場の実情に合った実際に役立つしかけやしくみが生まれる前提条件となる，協働による取り組みの蓄積が，地域の力の向上へとつながるともいえる。

### ☐ ネットワークと連携・協働

　ネットワークは，人や組織のある広がりをもったつながりのことをさす。このつながりには2種類あり，関連機関同士のネットワークと実務者（人）によるネットワークがある。前者は多機関連携，後者はこれまで述べてきた多職種連携といわれるものである。

　ネットワークによる連携と協働は，地域を基盤としたソーシャルワーク実践において重要な要素となる。地域で活動するさまざまな専門職や地域住民などが，チームとなってネットワークを構築して，互いの連携・協働が実現できると地域の社会資源を活用することにもつな

図10-3　協議・協働の場

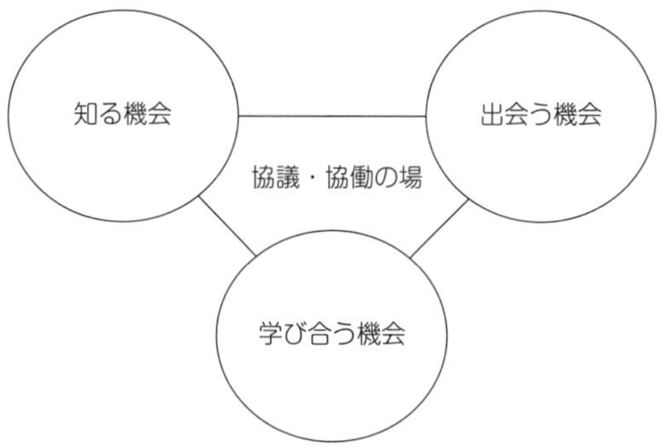

出所：川本健太郎（2017）「基盤としての地域福祉力の向上」川島ゆり子・永田祐・榊原美樹・川本健太郎『地域福祉論』ミネルヴァ書房，131-143.

がる。そのことは様々な当事者や利用者とその家族の状況，またそれぞれの地域性にも対応できる支援や活動を可能にする。ネットワークに参加するメンバー間でのカンファレンスを行うなど，十分にコミュニケーションを図り，機関間やメンバー間の合意形成を図ることで，関わる人々の連携・協働への意識を高め，チーム力の向上やネットワークの維持及び強化にもつながる。

### □ 多職種によるチーム形成と連携・協働を難しくする要因

　多職種がチームを形成し，連携・協働による支援を展開していくにあたり，それを難しくするさまざまな要因がある。その要因としては，たとえば以下のようなものが考えられる。自分以外の専門職や専門資格などについてよく理解していない，各専門職の専門性や教育的文化的背景を把握していない，そもそも他の専門職と仕事などで出会う機会がない，お互いの専門用語がよくわからない，よくわからないまま仕事の中で情報交換をしている，立場の違いにより質問や意見がしにくいと認識しているなどである。

　野中は，連携活動にはさまざまな難しさがあり，「利用者」「専門職」「効率性」の三点において利点と欠点があることを指摘する。また，たとえば社会福祉士や精神保健福祉士にとっての常識を，他の職種にとっても常識であると思い込んでしまうことにより起こる信念の対立という現象が多職種連携にはつきまとう。注意しなければならないのは，お互いに立場や役割等をよくわからないまま，あるいは十分にコミュニケーションをとらないまま支援を進めてしまうと，専門職間には衝突，ストレス，後悔，徒労感が生まれ，燃え尽き症候群につながったり，利用者自身に損失を与えてしまうヒヤリハットや医療介護事故等の原因となる。[18]

表10-2　良好な連携の決定要因
（1980-2000年の文献レビューによる）

| ①　対人関係要因 |
| --- |
| • 連携の喜び（凝集性，成熟）<br>• 信頼（自信，協力する能力）<br>• コミュニケーション（技能，交渉，知識の共有）<br>• 相互尊敬（相互に貢献が補完する） |
| ②　組織的要因 |
| • 組織構造（水平性，決定権共有，直接交流）<br>• 組織的理念（参加，平等，自由，相互協力）<br>• 管理者の支援（リーダー，管理）<br>• チーム資源（時間，場所，情報）<br>• 協力と交流（理念，手順，共通様式，会議） |
| ③　制度的要因 |
| • 社会的要因（職種，性別，階層，力の不均衡）<br>• 文化的要因（連携への価値観，自律性）<br>• 優位性，自律性，統制，断片化<br>• 教育的要因（専門家養成優先） |

出所：野中猛・野中ケアマネジメント研究会（2014）『多職種連携
——地域生活支援のための理論と実践』中央法規出版，14.

　そのために，まずは，多職種がうまく連携するために下記の①対人
関係，②組織的，③制度的の3つの要因を理解しておく必要がある[19]。
そして，連携を難しくした状況を乗り越える力，すなわち多職種連携
コンピテンシーを発揮し，表10-2のようにによりよい支援を志向しな
ければならない。

　多職種連携コンピテンシーとは，多職種連携を推進するために，各
専門職が備えるべき能力のことである。日本保健医療福祉連携教育学
会が中心となって構成された「多職種連携コンピテンシー開発チー
ム」が2016年に発表した資料（『医療保健福祉分野の多職種連携コンピ
テンシー』）には，専門職業人であれば誰もが持ち備えなければならない
多職種と連携する力が，コンピテンシーとして整理されている。

　昨今の医療保健福祉をめぐる様々な課題に対応するため，専門職同
士がそれぞれの役割や専門性を認識して互いに理解を深め，実践にお
いて，その状況に応じたチームを編成し，いつでもスムーズに連携協
働できるように備えておかねばならない。そして必要な場面において，
意図的にその力を発揮することが求められる。資料には，患者・利用
者中心，コミュニケーションやパートナーシップ，相互理解と職種活
用，ファシリテーション，リフレクションなどが，チームによる連
携・協働が円滑に進むための要素として記されている。

### ◻ 連携・協働における個人情報保護とプライバシー尊重

　社会福祉士や精神保健福祉士が連携する際，注意を払わねばならな

いのが，取り扱う情報としての個人情報保護と，社会福祉士や精神保健福祉士としての秘密の保持やプライバシーの尊重についてである。このことについては，社会福祉士及び介護福祉士法，精神保健福祉士法，倫理綱領やソーシャルワークのグローバル定義にも規定されており，専門職として遵守すべきことの一つである（守秘義務に関しては，本書第5章第4節も参照）。

　そもそもプライバシーの権利は，19世紀から20世紀初頭に「一人にしておかれる（一人にしておいてほしい）権利」としてアメリカの弁護士により論じられたとされている。近年では，自分に関する情報は自分で管理する権利があるとして，その範囲が拡大してきている。プライバシーは一度侵害されると回復が困難なものであり，また，そもそも何がプライバシーかの枠組みを定めることは難しいという特徴もある。そのようなプライバシーの不明確さを明確にするために，言わばプライバシーを輪郭のはっきりした個人情報に置き換えて保護しようとするものとして，個人情報保護という概念が登場した。このような，プライバシーの権利と個人情報保護とを関連させて理解しておくことが，社会福祉士や専門職に求められる。

　たとえば，相談者である本人から，「私の話はここだけの話にしておいてほしい，あなただけに話すので」と言われたとしよう。本人の希望に沿うならば，個人情報保護により，本人の了解なく他者へこの情報を伝えることは法に反することとなるであろう。しかしこの内容を「ここだけの話」にすることで，本人あるいは関係者の人たちが不利益を被ることが予測される場合は，どうしたらよいのだろうか。社会福祉士が本人や家族から得た情報を，支援に生かすために，連携している他の職種の人たちとどのように情報を共有し，それをどう扱い，支援に生かしていくのかは，多職種連携の実践においては常に問われることになるだろう。多職種連携において，情報の取り扱いと協議の機会（カンファレンス）においては，倫理綱領や個人情報保護法その他の関連法規等を確認しておく必要がある。

## □ 社会福祉士の秘密保持義務

　まず，社会福祉士には「秘密保持義務」がある。社会福祉士及び介護福祉士法第46条には業務として明記されている（下線著者）。

> **第46条**
> 社会福祉士又は介護福祉士は，<u>正当な理由がなく，その業務に関して知り得た人の秘密を漏らしてはならない</u>。社会福祉士又は介護福祉士でなくなった後においても，同様とする。

　2007（平成19）年度の社会福祉士及び介護福祉士法一部改正の際に，個人の尊厳の保持，認知症等の心身の状況に応じた介護，福祉サービス提供者，医師等の保健医療サービス提供者等との連携について新たに規定するなど，義務規定が見直された。それまでは，「医師その他の医療関係者との連携を保たなければならない」という文言であったが，「個人の尊厳の保持」，「自立支援」，「地域に即した創意と工夫」，「他のサービス関係者との連携」，「資格取得後の自己研鑽」等について新たに規定されることで，上記のように連携の担い手を医療に限らず，生活支援に関わるさまざまな専門職との連携を前提として改正された。

### ☐ 精神保健福祉士の守秘義務

　精神保健福祉士の義務には主に3つある。精神保健福祉士法第39条の信用失墜行為禁止義務，第40条の秘密保持義務，そして第41条の2の資質向上の義務などである。秘密保持の義務とは，正当な理由がなく，その業務に関して知りえた，精神疾患の状態や病歴，家族情報などの個人情報などその人の秘密を漏らしてはならない。個人のプライバシーが漏洩した場合は，信用を失うだけでなく，精神障害者等のプライバシーを侵害することになる。

　医師との連携においては，法律上，医師の指導と規定されており，主治医から必要な助言を受けることで医学的に必要となる配慮が必要な場合は，相談業務に生かす必要性がある場合もあることが書かれている。

### ☐ 個人情報保護に関する法律等

　日本においては，表10-3のような経緯の中で，個人の情報の取り扱いについてのルールが整理されてきている。個人情報保護というのは，あくまでも個人情報の適切な取り扱いについて定められたものである。利用目的の明示や特定，本人の同意がなく第三者に個人データを提供することを原則禁じるなどである。

　個人情報保護法とは，高度情報社会化への潮流の中で，個人情報の取り扱いの機会が増加する中で成立した法律である。1980年に発表さ

表10-3　個人の情報の取り扱いの変化

| 1980年 | 「プライバシー保護と個人データの国際流通についてのガイドライン」がOECDにより発表された |
|---|---|
| 2003年 | 「個人情報の保護に関する法律（個人情報保護法）」「行政機関の保有する個人情報の保護に関する法律」「独立行政法人等の保有する個人情報の保護に関する法律」成立 |
| 2013年 | 「福祉分野における個人情報に関するガイドライン」「医療・介護関係事業者における個人情報保護に関するガイドライン」発表 |
| 2015年 | 「改正個人情報保護法」成立（取り扱う個人情報の数が5000以下である事業所を規制の対象外とする制度を廃止） |
| 2017年 | 「改正個人情報保護法」の全面施行（個人情報を取り扱うすべての事業者に個人情報保護法が適用されることとなる）。あわせて「新ガイドライン（全ての分野に共通して適用される個人情報保護に関する汎用的なガイドライン）」が作成され、「福祉分野における個人情報に関するガイドライン」「医療・介護関係事業者における個人情報の適切な取扱いのためのガイドライン」が廃止された |

れたOECDのガイドラインでは，目的明確化の原則・利用制限の原則・収集制限の原則・データ内容の原則・安全保護の原則・公開の原則・個人参加の原則・責任の原則という8つの原則が示された。このガイドラインを受けて，日本でも個人情報の取り扱いについて急速に整理されていった歴史がある。

　2017年の改正個人情報保護法の全面施行では，「5001人以上の個人情報を利用する事業者」が法規制の対象という条件が撤廃された。現在では，中小企業や個人事業主，町内会，自治会，教育現場なども個人情報を取り扱う際の事務の適用対象となっていることに留意しなければならない。同一の施設や組織内で支援が完結する場合は，同一機関内における個人情報を伝えることが許されていても，地域包括ケアの基盤となる組織外や組織間等，あるいは地域のさまざまな担い手が参加する地域ケア会議で個人情報を取り扱うような場合には，利用者本人の同意が必要になるなど，組織間連携の際には特に個人情報の取り扱いのルールには気をつけなくてはならない。このように，連携や協働，チームアプローチによる支援の展開のなかで，個人情報の保護はますます重要な課題となっている。

　政府広報オンラインでは，個人情報保護法の目的をはじめ，個人情報保護のルールについてわかりやすく解説されている。**資料10-1**のような「個人情報取り扱いのチェックポイント」も掲載されているので参考にして頂きたい。

## ❏ チームにおける社会福祉士・精神保健福祉士の倫理と役割

　社会福祉士・精神保健福祉士は，その職務遂行の特性として必然的に個人のプライバシーへの接近や個人情報に触れることとなる。通常であれば秘密に属する事柄を当事者が支援者を前に明らかにせざるを得ない状況があること，内容が個人情報や個人のプライバシーに触れ

資料10-1　個人情報取り扱いのチェックポイント

| |
|---|
| （1）個人情報を取得するとき |
| ・個人情報を取得する際の，どのような目的で個人情報を利用するのかについて，具体的に特定しなければなりません |
| ・個人情報のうち，本人に対する不当な差別・偏見が生じないように特に配慮を要する情報（人権，信条，社会的身分，病歴，犯罪の経歴，犯罪被害情報など）は「要配慮個人情報」として，取得するときは本人の同意が必要です |
| （2）個人情報を利用するとき |
| ・取得した個人情報は，利用目的の範囲で利用しなければなりません |
| ・すでに取得している個人情報を，取得時と異なる目的で利用する際には，本人の同意を得る必要があります |
| （3）個人情報を保管するとき |
| ・取得した個人情報は漏洩などが生じないように，安全に管理しなければなりません |
| ・また，個人情報を取り扱う従業員に教育を行うことや，業務を委託する場合に委託先を監督することも必要です |
| （4）個人情報を他人に渡すとき |
| ・個人情報を本人以外の第三者に渡すときは，原則として，あらかじめ本人の同意を得なければなりません。※業務の委託，事業の承継，共同利用は第三者には当たりません |
| 　以下の場合は，本人の同意を得なくても個人情報を他人に渡すことができます |
| 　1．法令に基づく場合（例：警察からの照会） |
| 　2．人の生命，身体または財産の保護のために必要で，かつ，本人からの同意を得るのが困難なとき（例：災害時） |
| 　3．公衆衛生・児童の健全育成に特に必要な場合で，かつ本人の同意が難しいとき（例：児童虐待からの保護） |
| 　4．国や地方公共団体などへの協力 |
| （5）本人から個人情報の開示を求められたとき |
| ・本人からの請求があった場合，個人情報の開示，訂正，利用停止などに対応しなければなりません |
| ・個人情報の取り扱いに対する苦情を受けたときは，適切かつ迅速に対処しなければなりません |
| ・個人情報を扱う事業者や団体の名称や個人情報の利用目的，個人情報開示などの請求手続きの方法，苦情の申し出先などについて，ウェブサイトでの公表や，聞かれたら答えられるようにしておくなど，本人が知り得る状態にしておかなければなりません |

出所：政府広報オンライン.

ることから支援者と本人や家族との話し合いは密室性を帯びる場合が多いこと，そして本人や家族の生活や人生の重大事に関わることがあることなど，社会福祉士に倫理が問われる理由は多くある。[20]

　時には，社会福祉士・精神保健福祉士だけにしか聞かされていない本人に関する情報を，いかに支援に活用していくかなど，難しい事態に直面することもある。本人の同意がとれないままに，支援を継続しなければならないこともある。特に，意思決定支援に関わるような重要な局面においては，個人情報の共有のあり方について事例報告や事例検討，カンファレンスなどで十分に話し合い，チームで共有することが求められている。そのようなチーム形成のために，また連携，協働による支援の過程において，社会福祉士・精神保健福祉士が果たす役割は大きい。

### ❏ チームアセスメントと多職種連携・協働の場づくり

　チームのメンバーが個々の専門性を発揮して行うチームアセスメン

トの作業は，多職種連携や協働の基盤となるものである。チームアセスメントは，以下の①，②流れで行うことが原則となる。[21]

① この利用者と各専門職チームが協働して取り組むべき課題を挙げる

② 自分の専門職ができることは何かを挙げる

チームアセスメントを行うということは，複数の専門職が専門的な仕事を個々に分担して行う分業に対して，互いの役割や業務の範囲を相互に尊重するとともに，それぞれの役割や業務をつなぎ合わせながら，ともに連携・協働する対等性のもとに営まれる，多職種連携や協働の実践である。[22]

多職種での連携を支援に生かすには，協議や協働する場の構築が必要となる。川島は，「包括的な支援体制を底支えする地域の土台づくり」とし，「体制づくりのプロセスにおける『協議の場』をいかに丁寧に設定していくことができるか。そのためには，行政，専門職，地域住民，事業者等の多様な主体が，生活圏域から市全域までの各レベルで行う協議の全体像を構想し，協議のなかで『何をめざすのか』という目的を明確化していくことが必要」としている。[23]従来であれば，福祉的課題に対する見守りや支援の担い手とはあまり認識されてこなかった立場の人々も含めて，地域や住民の暮らしに関するさまざまな気づきや問題意識を共有する時間と場が必要となる。

多職種による連携と協働による支援の実践は，単に様々な職種が集えば，それで実現するというものでは決してない。互いの専門性を認め合い，メンバー間の信頼関係を築き，合意形成を重ねつつ，チームアプローチを可能にするための場が必要である。そのような場づくりの事例として，次節では愛知県豊田市における多職種連携と協働の実践事例を紹介したい。

## ③ 多職種連携・協働の事例：愛知県豊田市福祉事務所と消防本部の連携・協働

### ❏ 福祉事務所と消防本部との連携

　ここで紹介する事例は，愛知県豊田市の福祉事務所が主催し，地域のさまざまな多職種が参加する事例検討会の場が，地域包括ケアのネットワークを支えるプラットフォーム，すなわち土台として機能した例である。そこでは互いの直面する事例を共有し，協働し，学び合い，解決するためのしくみを生み出している。

　豊田市は，消防本部救急隊員と市役所福祉事務所の連携を強化し，さらに地域のネットワークの構築により豊田市社会福祉協議会をはじめとする施設機関とのプラットフォームでの活動を連動させることで，地域福祉計画および地域福祉活動計画等を着々と推進し，刻々と掘り起こされる地域の潜在的ニーズに対して，地域の実状に合わせた仕組みづくりに取り組んでいる。

　事例検討会では，従来であれば地域の福祉的課題解決の担い手とはあまり認識されてこなかった救急隊員の地域生活課題への気づきや問題意識がどんどん共有され，3年目には多くの消防本部救急隊員が参加する場となっていった。豊田市はすでに地域共生社会の体制づくりでは先進地域として全国から注目されているが，特に実務者がつながるネットワークにおける消防本部の救急隊員（救急救命士資格所持者を含む）たちの関与が，すでにある諸計画の推進を強化し，これまで顕在化されていなかった問題点を新たに浮き彫りにし，スピード感をもって新たなしくみをどんどん生み出している。不搬送ケースや不急的な救急要請に関する事例は福祉事務所主催の事例勉強会でも出てきていたが，救急隊員たちの気づきが，社会福祉士をはじめとする福祉職，行政などが参加する協働協議の場で共有された結果，あらたなしくみが早期に生まれるようになってきていることが明らかとなった事例である。

### ❏ 豊田市の地域福祉をめぐる状況

　豊田市は，愛知県北部に位置する中核市である。名古屋市に次いで県下第二位の人口有している。トヨタ自動車が本社をおく都市である。総人口は2030年にピーク（42万人）を迎え，高齢化率は，2040年には31.1％となっている。年少人口，生産年齢人口も減少し，第8次総合

計画においては2025年の状況としては，人口：430,000人，高齢化率：25.3％と見込まれている。

　豊田市の第１次計画（2015〜2019年）では，「地域福祉について知ってもらうこと，地域共生型社会システムの構築」に力点が置かれているのに対し，第２次計画では，2025年を目前に控えた期間の計画になるため，団塊の世代が後期高齢者になり，支援が必要な人が増えても受け止められる「地域共生型社会システムの深化」が盛り込まれている。第８次総合計画の前期の重点施策に地域共生型社会システムの考え方を盛り込んだ「超高齢社会への適応」が位置づけられている中で，第２次計画を策定する意義は，「地域共生型社会システムの深化」という観点で後期実践計画に橋渡しをするとともに，引き続き地域福祉活動計画と一体的に策定することで，行政だけでない多様な主体が共有する考え方・行動の視点の整理をすることとした。

### ▢ 個別支援と地域づくりのためのしくみづくり

　このような計画下において，豊田市では2015（平成27）年の新福祉ビジョンを受け，2016（平成28）年度に福祉部長直轄のタスクフォース（少数・集中型の検討プロジェクト）が設置された。このタスクフォースにより，①個別支援との連動による支え合いの地域づくり，②制度の狭間から抜け落ちる世帯を逃さず漏らさず助けるといったコンセプト（「我が事・丸ごと」の地域共生社会の理念とほぼ同義）が掲げられ，2017（平成29）年度から福祉の新たな取り組みを展開することとなった。

　その核となるのは，①支所内に福祉の拠点を整備するとともに，そこに市職員と社会福祉協議会職員を配置し，身近な地域で「個別支援の充実」と「支え合いの地域づくり」を実践する取り組みと，②役所内の組織改編を行い，２つの課を新設したことであった。一つは，対象者を限定しない相談を受け付け，支援をコーディネートする「福祉総合相談課」である。こちらは，①虐待等を含む緊急対応を迅速に行う役割，②地域での支え合いをすすめる役割を担うものと定義された。もう一つは，制度横断的な福祉制度の企画調整を行う「地域包括ケア企画課」である。こちらは，庁内の横断的な連携促進の役割を担うものとして定義された。地域共生型社会システムの構築に着手するべく，第８次豊田市総合計画の中で行政機構改革に着手した結果生まれた課であった。さらに，このスピード感のある流れの中で，2018（平成30）年４月より，消防本部救急救命士を福祉総合相談課に人事交流として配置し，相談業務に従事させている。

## 計画に基づく地域福祉の推進

　第一次計画においては，①顔の見える関係づくりを進める，②地域福祉活動の担い手を増やす，③助け合いのできる地域をつくる，④社会的孤立を防ぐ支援と仕組みをつくる，⑤要配慮者対策を進めるという5つの基本方針が立てられた。2017（平成29）年度の基本方針3においては，新たな体制をさらに充実させるための課題が次年度に向けて評価された。

　基本方針4については，専門職のスキル向上・専門機関同士の連携強化をはかるために，2016（平成28）年度には行政と社協それぞれに目標設定されたが，新体制が動き始めた翌年からは3か年の重点課題として市行政職員や社協職員，消防職員，福祉施設職員などを交えた社会福祉事務所職員等研修が実施されることが設定されている。

　2015（平成27）年3月に策定の「豊田市地域福祉計画・地域福祉活動計画」において，専門機関同士の連携を強化し，社会的孤立に陥る危険性のある人の支援を推進するという方向性を重点課題として明示されている。この新体制を支えるために，福祉総合相談課は「ささえあいの地域づくり研修（福祉事務所と社会福祉協議会等の合同研修）」を企画し，地域の人材育成を実施するとともに，そこで上がってきた課題等を地域福祉計画策定に盛り込んでいくことを意図し，ニーズキャッチからマクロ視点に押し上げていくしくみをつくった。

## 消防隊員が経験する事例の共有を通して

　複数の消防隊員の事例には，育児に疲れる母親の不搬送ケース，入院の必要がない一人暮らし高齢者の搬送ケース，声が出せない人に対応した電子メールによる119番通報システムにかかわるケースなどがあり，まさに地域生活課題そのものであった。福祉事務所へ消防本部救急救命士が異動する前から，消防本部とさまざまな機関との多職種連携は始まっていた。最初に多職種連携として着手したのは，医療機関の医療ソーシャルワーカーらと取り組んだ，豊田市アルコール問題消防連携事業創設（要綱・スクリーニングシート兼情報提供書・市役所障がい福祉共有アセスメントシート・支援経過シート）である。搬送時に気がかりな依存症患者に遭遇した時には，専門医療機関受診や相談窓口にたどり着けるように家族向けリーフレット「お酒のことでお困りのことありませんか」をつくり，手渡していた。また，特別養護老人ホームにおける救急情報シートを作成し，社会福祉法人と連携して運用を始めてきた。

　福祉事務所に救急救命士が異動後は，ケースワーク業務，アウトリ

ーチ業務に積極的に関わった。高齢者虐待事案通報票作成及び通報方法の体系化や，救急隊用高齢者虐待チェックリスト作成（最適な通報レベル判定），また，救急隊用高齢者虐待Ｅラーニング教材作成及び教育に着手し，救急隊員の資質向上のため，福祉事務所に実践の蓄積があることを生かして仕組みを作った。

## ☐ 救急要請者が抱える社会的な困難への対応

最近の動きとしては，何らかの社会的な困難を抱えた救急要請者に対して，2020（令和2）年3月から，豊田市救急隊と市内4医療機関で，医療機関への救急搬送時に連携する新たな取り組みである。社会的困難を抱えていると思われる傷病者は，アルコール依存，自傷行為・自殺未遂，家の中にゴミが散乱，家族からの虐待（児童・高齢者等），ネグレクト，家族からの阻害，パートナーによる暴力（DV），家族の協力が得られない，地域からの孤立，身寄りがない，経済的に困窮，医療の中断などである。

この連携のしくみは，救急隊がキャッチした社会的困難に関する情報を，医療機関にいる社会福祉士等社会福祉の専門家へ迅速確実に引継ぎ，早期に必要な病気の治療や福祉の支援介入に結びつけられることを目的としたものである。「EM-PASS（イーエムパス）」（E：emergency medical service, M：medical social worker）というしくみである。

このように，豊田市では市役所と消防本部が核となり，地域のさまざまな多職種と地域に潜在化するニーズの共有の場をていねいに持ちながら，そこで明らかとなった課題解決のしくみを構築している。医療機関や社会福祉協議会，市役所などあらゆる施設や機関にいる社会福祉士やその他の職種がチームワークを発揮し，ネットワークを広げ，ニーズキャッチと解決の仕組みの創出に取り組んでいる。これからの地域における多職種連携，協働およびチームアプローチのあり方を考えていくうえで，多くの示唆が得られる実践事例である。

## ○注

(1) 大橋謙策（2016）「地域包括ケアとコミュニティソーシャルワーク機能——新たな地平」『コミュニティソーシャルワーク』17，中央法規出版，5-20.
(2) 同前，11-12.
(3) 岩間伸之（2011）「わが国におけるジェネラリスト・ソーシャルワークの到達点——地域を基盤としたソーシャルワークの展開を軸として」『ソーシャルワーカー』第11号，1-14.
(4) 大塚耕太郎（2012）「自殺対策と精神保健」『精神神経学雑誌』114(5)，559-564.
(5) 松岡千代（2000）「ヘルスケア領域における専門職間連携——ソーシャル

ワークの視点からの理論的整理」『社会福祉学』40(2), 17-38.

(6)　同前書, 33.

(7)　野中猛 (2007)『図説ケアチーム』中央法規出版, 14.

(8)　篠田道子 (2011)『多職種連携を高めるチームマネジメントの知識とスキル』医学書院, 11.

(9)　同前書.

(10)　菊池和則 (1999)「多職種チームの3つのモデル——チーム研究のための基本概念整理」『社会福祉学』39, 日本社会福祉学会, 273-290.

(11)　(8)と同じ, 18.

(12)　福山和女 (2002)「保健・医療・福祉の領域における専門職の協働体制の意義」『精神療法』28(3), 金剛出版, 3-9.

(13)　細田満智子 (2012)『「チーム医療」とは何か——医療とケアに生かす社会学からのアプローチ』日本看護協会, 35.

(14)　藤井博志 (2019)『地域福祉のはじめかた——事例による演習で学ぶ地域づくり』ミネルヴァ書房, 4.

(15)　広田和子 (2007)「当事者からみた専門家チーム」『精神科臨床サービス』7(4), 星和書店, 125.

(16)　(14)と同じ, 27.

(17)　川本健太郎 (2017)「第7章　基盤としての地域福祉力の向上」川島ゆり子・永田祐・榊原美樹・川本健太郎『地域福祉論』ミネルヴァ書房, 138.

(18)　京極真 (2011)『医療関係者のための信念対立解明アプローチ——コミュニケーション・スキル入門』誠信書房, 10.

(19)　野中猛・野中ケアマネジメント研究会 (2014)『多職種連携——地域生活支援のための理論と実践』中央法規出版, 14.

(20)　武田加代子・南彩子 (2004)『ソーシャルワーク専門職性自己評価』相川書房, 40.

(21)　三重大学医学部 (2015)「第5回IPE配布資料」(2015年2月15日開催).

(22)　(13)と同じ, 56.

(23)　川島ゆり子 (2019)「地域共生社会の実現をめざす包括的な支援体制について (実践から考える! 協働の中核)」『NORMA社協情報』No. 323 (1月号), 6-7.

## ○参考文献 ─────

岩間伸之 (2014)「権利擁護の推進と地域包括ケア——地域を基盤としたソーシャルワークとしての展開」『地域福祉研究』42(13-21), 143.

藤井博之 (2017)「救急医療における多職種協働の行動モデル」救急認定ソーシャルワーカー認定機構監修『救急患者支援——地域につなぐソーシャルワーク』へるす出版.

野中猛・野中ケアマネジメント研究会 (2014)『多職種連携——地域生活支援のための理論と実践』中央法規出版.

埼玉県立大学 (2009)『IPWを学ぶ——利用者中心の保健医療福祉連携』中央法規出版.

鷹野和美 (2002)『チーム医療論』医歯薬出版.

多職種連携コンピテンシー開発チーム (2016)『医療保健福祉分野の多職種連携コンピテンシー』.

矢野浩二 (2007)「回復期リハビリテーション病棟におけるチームアプローチとその戦術」『月刊総合ケア』17(4) 医歯薬出版.

# ■終　章■
# これからのソーシャルワークと
# 社会福祉

# ソーシャルワーカーの業務とは

　2007（平成19）年に改正された「社会福祉士及び介護福祉士法」では，社会福祉士は「専門的知識及び技術をもつて，身体上若しくは精神上の障害があること又は環境上の理由により日常生活を営むのに支障がある者の福祉に関する相談に応じ，助言，指導，福祉サービスを提供する者又は医師その他の保健医療サービスを提供する者その他の関係者との連絡及び調整その他の援助を行うこと」（第2条）となった（下線筆者）。

　また，精神保健福祉士法の改正（2012（平成24）年4月施行）では，精神保健福祉士は「精神障害者の保健及び福祉に関する専門的知識及び技術をもって，精神科病院その他の医療施設において精神障害の医療を受け，又は精神障害者の社会復帰の促進を図ることを目的とする施設を利用している者の地域相談支援の利用に関する相談その他の社会復帰に関する相談に応じ，助言，指導，日常生活への適応のために必要な訓練その他の援助を行うこと」（第2条）となっている（下線筆者）。

　両方の職種はソーシャルワーカーと総称され，両者の業務の内容は，ソーシャルワークとしての共通性をもっている。

　社会福祉士の業務内容については，「介護福祉士制度及び社会福祉士制度の在り方に関する意見」（2006（平成18）年12月社会保障審議会福祉部会）の中で，以下の3点に整理されている。

　①　福祉課題を抱えた者からの相談に応じ，必要に応じてサービス利用を支援するなど，その解決を自ら支援する役割。

　②　利用者がその有する能力に応じて，尊厳をもった自立生活を営むことができるよう，関係するさまざまな専門職や事業者，ボランティア等との連携を図り，自ら解決することのできない課題については当該担当者への橋渡しを行い，総合的かつ包括的に援助していく役割。

　③　地域の福祉課題の把握や社会資源の調整・開発，ネットワークの形成を図るなど，地域福祉の増進に働きかける役割。

　社会福祉士については，以上のように業務を行う上で，個人や家族だけでなく，グループや組織，さらには地域社会に焦点を当てて，支援していくことになる。

　一方，「精神保健福祉士の養成の在り方等に関する検討会中間報告

書」（2019（平成31）年）で，精神保健福祉士が関わる主な対象として，以下の7点を提示している。

①　精神疾患・障害によって医療を受けている者等への援助（医療機関内外での相談や支援など）

②　医療に加えて福祉の支援を必要とする者等への援助（日常生活や社会生活への支援など）

③　医療は受けていないが精神保健（メンタルヘルス）課題がある者への援助（顕在的ニーズの発見，回復への支援，アウトリーチなど）

④　精神疾患・障害や精神保健（メンタルヘルス）課題が明らかになっていないが，支援を必要とする可能性のある者への援助（情報提供，理解の促進，潜在的ニーズの発見，介入など）

⑤　(1)～(4)に関連する多職種・多機関との連携・協働における調整等の役割（マネジメント，コーディネート，ネットワーキングなど）

⑥　国民の意識への働きかけや精神保健の保持・増進に係る役割（普及，啓発など）

⑦　精神保健医療福祉の向上のための政策提言や社会資源の開発と創出に係る役割

　これは，精神保健福祉士も個人・家族・グループ・組織・地域社会などのレベルでの対象やその課題に対して業務を行うことを示している。

　以上のような，社会福祉士や精神保健福祉士の業務は個人から地域社会へと業務内容が拡大してきていることを示している。

　さらには，「地域共生社会」の実現に向けて，ソーシャルワーカーは以下のような2つの機能（個別支援と地域支援）が求められている[1]。

①　分野別・年齢別に縦割りとなっている既存の相談支援能力に加えて，既存の相談支援体制では解決困難な複合化・複雑化した個人や家族の生活課題を把握し，多機関の協働による包括的な相談支援。

②　地域住民，地域の団体・機関等が主体的に地域課題を把握し解決を図っていくことができるように，地域住民，地域の団体や機関等の支援。

## ソーシャルワーカーが必要とされる社会状況

　次に，ソーシャルワーカーが必要不可欠な状況になっている現状を
みてみる。ここでは，ソーシャルワーカーを必要としている状況を，
生活課題を抱えている人々の現状からと，社会福祉の状況からの，2
つに分けて言及してみる。

### □ 生活課題を抱えている人々の状況

　近年，家族の介護機能や養育機能が低下し，従来家族の中で解決し
てきた介護や養育といった生活課題が解決できずに顕在化してきてい
る。それらの生活課題は，人々の生活意識や家族意識の変化とも相ま
って，複雑化・複合化している。それらは，介護にともなう高齢者虐
待であったり，養育にともなう育児不安や児童虐待といった問題とし
て現れてきている。

　一方，地域社会での紐帯が弱くなり，引きこもりの人や精神疾患を
有する人々が増加している。内閣府の2度の調査結果から，引きこも
りの人は100万人以上いると推計されている。また，精神疾患を有す
る総患者数は約420万人と増加しており，とりわけ外来患者が増加し
ている。海外との比較においては，精神病床数は非常に多く，平均在
院日数も長いのが特徴である。

　他方，わが国では非正規労働者（パート・アルバイト・派遣・契約・
嘱託）が増加し，貧富の差が広がっている。OECD（Organization for
Economical Co-operation and Development）が，2017年に刊行した
『OECD 経済審査報告書2017年版』では，わが国の所得格差（ジニ係
数）や相対的所得貧困率（ここでは，平均所得の50％以下の者の割合）は，
35か国中7位の高水準になっている。また，子どもの相対的貧困率は
34か国中10番目に高く，特に子どものいる現役世帯のうち母子・父子
世帯等の相対的貧困率は OECD 加盟国中で最も高く，格差社会が広
まりつつある。

　さらに，大都市やその近郊では，グローバリゼーションの進展にと
もない，多くの外国人が居住し，それぞれの地域には住民間でのさま
ざまな軋轢が生じている場合がある。他方，中山間地域では，過疎化
が進行し，高齢者が半数以上を占め，従来の地域内での従来の共同作
業が不可能になっている限界集落が多数生み出され，地域の存続自体

が危ぶまれる状況も生じている。これらの課題は，地域社会が従来も
っていた住民相互の支援システムが喪失していることによって生み出
されてきたものでもある。

　そして，教育現場では，子どもたちの不登校，いじめ，貧困による
経済的不平等，虐待，精神的不安定等の問題が顕在化し，現状の教員
集団だけでは，それらに対応できない事態が頻繁に生じている。

　以上のような人々の生活課題の予防や解決に取り組むためには，生
活課題に直面する人々を早期に発見し，相談に応じ，必要に応じてサ
ービス利用を支援する人材が不可欠である。同時に，そうした人々と
関係するさまざまな専門職やサービス事業者，ボランティア，地域住
民等との連携を図ることで，地域社会の潜在的な社会資源を掘り起こ
したり，新たに構築していくとともに，そうした人々自らの問題解決
能力を高めていくよう支援する人材の確保が求められている。この人
材こそが社会福祉士や精神保健福祉士と呼ばれるソーシャルワーカー
である。そのため，ソーシャルワーカーは，先述したような社会から
の期待に応えるべく，生活課題に対する知識や解決能力を備えると同
時に，生活課題が起こっている領域にソーシャルワーカーを制度的に
配置していくことが求められる。

## ❏ ソーシャルワーカーを必要とする社会福祉制度の状況

　ここ近年進められている社会福祉の制度改革からも，ソーシャルワ
ーカーの必要性を提示することができる。具体的には，主に以下の9
点が指摘できる。

　①　2000年に作られた「社会福祉法」では，「地域における社会福
祉（「地域福祉」の推進）」を目的（第1条）とすることになり，さらに
は，第4条第2項で，「福祉サービスを必要とする地域住民が地域社
会を構成する一員として日常生活を営み，社会，経済，文化その他あ
らゆる分野の活動に参加する機会が確保されるように，地域福祉の推
進に努めなければならない。」とされた。そのため，ソーシャルワー
カーは支援が必要な人々が地域でできる限り生活ができるように支援
していくことが求められている。

　②　社会福祉基礎構造改革により，福祉サービスの利用は，従来の
行政による措置から，利用者とサービス事業者との契約でもって利用
することになった。サービスを利用するまでの自己決定・選択である
契約制度を進めていくためには，利用者に契約上での不利が生じるこ
となく，サービス利用に導いていく支援が不可欠である。現実には，
生活課題をもっている人々は契約弱者である場合が多く，ソーシャル

ワーカーは利用者主体のサービス利用を円滑に進めていくよう支援していく必要が生じている。

③　古くは「生活保護法」第1条で謳われており，「社会福祉法」第3条，「介護保険法」第1条にみられる，生活課題を抱えた人々に対して自立を支援することが求められている。そのためソーシャルワーカーには，生活課題を抱えた者からの相談に応じ，利用者が自己決定していくよう支援する，自立支援に向けての価値・知識・技術が求められている。

④　生活課題を抱えている人々に対する権利保障システムとして，成年後見制度や日常生活自立支援事業といった利用者の権利保障制度がつくられ，さらにはサービスに対する苦情対応システムも整備されてきた。こうした状況は利用者の権利擁護を理念としており，ソーシャルワーカーは専門職としての高い自覚や倫理の下で，利用者本位の立場から，利用者の代弁者としての役割が期待されている。

⑤　児童・高齢者・障害者に対する虐待，DV（ドメステック・バイオレンス）が増加の一途を辿り，特に児童虐待では悲惨な状況が発生している。こうした被害者を早期に発見し，当事者の権利を守るべき支援が求められている。ソーシャルワーカーには，こうした虐待の予防や早期対応でもって，当事者の人権を守っていくことの支援が強く求められている。

⑥　ノーマライゼーション思想の下，地域社会での生活を支えていくことが大きな潮流となってきている。精神科病院からの退院を支援したり，社会福祉施設からの地域移行を支援していく上では，地域の社会資源と結びつけ，在宅生活に円滑に移行するよう支援するソーシャルワーカーが必要不可欠となってきている。

⑦　地域での生活を支援する上で就労支援は重要なテーマであるが，ニート，障害者，母子家庭，生活保護受給者，刑期を終えた人々等に対して，就労を核とした地域生活支援をいかに進めていくかが大きな課題となっている。ここでは，農業や漁業といった領域での就労による地域創成にも結びつくことにつながる。ソーシャルワーカーはこうした新しい就労の場を開発し，就労ニーズをもった人々と就労の場を調整していくことが求められている。

⑧　地方分権化の立場から，小学校区等の日常生活圏域を基盤にした包括的生活支援システムの構築が急がれている。これは，日常生活圏域において，地域住民のニーズの発見やサービスとの調整に加えて，地域住民，ボランティア，保健医療福祉等の専門職間での連携の仕組みづくりを進め，社会資源を開発・修正していく仕組みを作りことで

ある。地域に密着したソーシャルワーカーは，このキー・パーソンとなり，日常生活圏域で個別支援と地域支援を一体的に展開する包括的生活支援システムをつくり上げることができる。

　⑨　サービス供給主体の多元化の動向からも，ソーシャルワーカーの必要性が生じてきている。従来の福祉サービスの供給主体は，行政や社会福祉法人といった組織が多くを占めていたが，現在は民間非営利団体や営利企業の参入も著しい。こうした供給主体の多元化は世界的な動向でもあるが，サービスの質が多様化していくことになる。そのため，利用者が適切でかつ質の高い福祉サービスを選択できるよう支援していくソーシャルワークの必要性が指摘できる。

## □ 社会福祉士と精神保健福祉士の展望と課題

　社会福祉士の資格制度は，1987（昭和62）年に制定された「社会福祉士及び介護福祉士法」で創設され，現在の社会福祉士資格登録者は245,181人（2020（令和 2 年） 3 月末現在）にまで増加してきた。一方，「精神保健福祉士法」が制定され，精神保健福祉士の資格が出来たのは1997（平成 9 ）年であるが，現在の精神保健福祉士登録者は89,121人（2020（令和 2 年） 3 月末現在）となっている。

　この間，多くの社会福祉士と精神保健福祉士のソーシャルワーカーが誕生し，様々な分野で活躍しているが，現在の社会状況からして，ソーシャルワーカーの必要性はますます高まっている。

　特に，2020（令和 2 ）年 6 月に社会福祉法が改正され，2021（令和 3 ）年度から重層的支援体制整備事業が実施されるが，ここではソーシャルワーカーの活躍が新たに期待される。重層的支援体制とは，サービスの担い手も受け手もが一体となる地域共生社会の実現に向けて，従来の相談事業では対応が難しかった，家族に生活課題をかかえた複数の成員がいる世帯，制度の狭間で適切な相談機関が存在しない人，相談に出向いていく意思がない人に対して，適切な相談を受けられるようにし，さらにはそうした人々が抱えている地域の課題を地域の住民が主体になって解決していくことである。この活動は，アウトリーチでもって生活課題を有する人々の世帯を見つけ出し，適切な相談支援を継続的に実施し，さらにはそうした相談活動を介して，地域の課題を明らかにし，住民主体で地域の課題を解決していくよう支援することである。これは，社会福祉士や精神保健福祉士が行うソーシャルワーク業務と合致しており，重層的支援体制が実現するためには，ソーシャルワーカーの役割がきわめて大きいといえる。

○注 ─────────────

⑴　社会保障審議会福祉部会福祉人材確保専門委員会（2018）「ソーシャルワ
　　ーク専門職である社会福祉士に求められる役割等について」，4.

⑵　厚生労働省「2006年患者調査」.

⑶　OECD（2017），OECD Income Distribution（データベース）.

⑷　OECD（2014）Family database "Child Poverty".

## ソーシャルワーク専門職のグローバル定義

　ソーシャルワークは，社会変革と社会開発，社会的結束，および人々のエンパワメントと解放を促進する，実践に基づいた専門職であり学問である。社会正義，人権，集団的責任，および多様性尊重の諸原理は，ソーシャルワークの中核をなす。ソーシャルワークの理論，社会科学，人文学，および地域・民族固有の知(1)を基盤として，ソーシャルワークは，生活課題に取り組みウェルビーイングを高めるよう，人々やさまざまな構造に働きかける(2)。

　この定義は，各国および世界の各地域で展開してもよい(3)。

------------------------------------

### 注　釈

　注釈は，定義に用いられる中核概念を説明し，ソーシャルワーク専門職の中核となる任務・原則・知・実践について詳述するものである。

### 中核となる任務

　ソーシャルワーク専門職の中核となる任務には，社会変革・社会開発・社会的結束の促進，および人々のエンパワメントと解放がある。

　ソーシャルワークは，相互に結び付いた歴史的・社会経済的・文化的・空間的・政治的・個人的要素が人々のウェルビーイングと発展にとってチャンスにも障壁にもなることを認識している，実践に基づいた専門職であり学問である。構造的障壁は，不平等・差別・搾取・抑圧の永続につながる。人種・階級・言語・宗教・ジェンダー・障害・文化・性的指向などに基づく抑圧や，特権の構造的原因の探求を通して批判的意識を養うこと，そして構造的・個人的障壁の問題に取り組む行動戦略を立てることは，人々のエンパワメントと解放をめざす実践の中核をなす。不利な立場にある人々と連帯しつつ，この専門職は，貧困を軽減し，脆弱で抑圧された人々を解放し，社会的包摂と社会的結束を促進すべく努力する。

　社会変革の任務は，個人・家族・小集団・共同体・社会のどのレベルであれ，現状が変革と開発を必要とするとみなされる時，ソーシャルワークが介入することを前提としている。それは，周縁化・社会的排除・抑圧の原因となる構造的条件に挑戦し変革する必要によって突き動かされる。社会変革のイニシアチブは，人権および経済的・環境的・社会的正義の増進において人々の主体性が果たす役割を認識する。また，ソーシャルワーク専門職は，それがいかなる特定の集団の周縁化・排除・抑圧にも利用されない限りにおいて，社会的安定の維持にも等しく関与する。

　社会開発という概念は，介入のための戦略，最終的にめざす状態，および（通常の残余的および制度的枠組に加えて）政策的枠組などを意味する。それは，（持続可能な発展をめざし，ミクロ-マクロの区分を超えて，複数のシステムレベルおよびセクター間・専門職間の協働を統合するような）全体的，生物-心理-社会的，およびスピリチュアルなアセスメントと介入に基づいている。それは社会構造的かつ経済的な開発に優先権を与えるものであり，経済成長こそが社会開発の前提条件であるという従来の考え方には賛同しない。

### 原　則

　ソーシャルワークの大原則は，人間の内在的価値と尊厳の尊重，危害を加えないこと，多様性の尊重，人権と社会正義の支持である。

　人権と社会正義を擁護し支持することは，ソーシャルワークを動機づけ，正当化するものである。ソーシャルワーク専門職は，人権と集団的責任の共存が必要であることを認識する。集団的責任という考えは，一つには，人々がお互い同士，そして環境に対して責任をもつ限りにおいて，はじめて個人の権利が日常レベルで実現されるという現実，もう一つには，共同体の

中で互恵的な関係を確立することの重要性を強調する。したがって，ソーシャルワークの主な焦点は，あらゆるレベルにおいて人々の権利を主張すること，および，人々が互いのウェルビーイングに責任をもち，人と人の間，そして人々と環境の間の相互依存を認識し尊重するように促すことにある。

ソーシャルワークは，第一・第二・第三世代の権利を尊重する。第一世代の権利とは，言論や良心の自由，拷問や恣意的拘束からの自由など，市民的・政治的権利を指す。第二世代の権利とは，合理的なレベルの教育・保健医療・住居・少数言語の権利など，社会経済的・文化的権利を指す。第三世代の権利は自然界，生物多様性や世代間平等の権利に焦点を当てる。これらの権利は，互いに補強し依存しあうものであり，個人の権利と集団的権利の両方を含んでいる。

「危害を加えないこと」と「多様性の尊重」は，状況によっては，対立し，競合する価値観となることがある。たとえば，女性や同性愛者などのマイノリティの権利（生存権さえも）が文化の名において侵害される場合などである。『ソーシャルワークの教育・養成に関する世界基準』は，ソーシャルワーカーの教育は基本的人権アプローチに基づくべきと主張することによって，この複雑な問題に対処しようとしている。そこには以下の注が付されている。

> 文化的信念，価値，および伝統が人々の基本的人権を侵害するところでは，そのようなアプローチ（基本的人権アプローチ）が建設的な対決と変化を促すかもしれない。そもそも文化とは社会的に構成されるダイナミックなものであり，解体され変化しうるものである。そのような建設的な対決，解体，および変化は，特定の文化的価値・信念・伝統を深く理解した上で，人権という（特定の文化よりも）広範な問題に関して，その文化的集団のメンバーと批判的で思慮深い対話を行うことを通して促進され

うる。

## 知

ソーシャルワークは，複数の学問分野をまたぎ，その境界を超えていくものであり，広範な科学的諸理論および研究を利用する。ここでは，「科学」を「知」というそのもっとも基本的な意味で理解したい。ソーシャルワークは，常に発展し続ける自らの理論的基盤および研究はもちろん，コミュニティ開発・全人的教育学・行政学・人類学・生態学・経済学・教育学・運営管理学・看護学・精神医学・心理学・保健学・社会学など，他の人間諸科学の理論をも利用する。ソーシャルワークの研究と理論の独自性は，その応用性と解放志向性にある。多くのソーシャルワーク研究と理論は，サービス利用者との双方向性のある対話的過程を通して共同で作り上げられてきたものであり，それゆえに特定の実践環境に特徴づけられる。

この定義は，ソーシャルワークは特定の実践環境や西洋の諸理論だけでなく，先住民を含めた地域・民族固有の知にも拠っていることを認識している。植民地主義の結果，西洋の理論や知識のみが評価され，地域・民族固有の知は，西洋の理論や知識によって過小評価され，軽視され，支配された。この定義は，世界のどの地域・国・区域の先住民たちも，その独自の価値観および知を作り出し，それらを伝達する様式によって，科学に対して計り知れない貢献をしてきたことを認めるとともに，そうすることによって西洋の支配の過程を止め，反転させようとする。ソーシャルワークは，世界中の先住民たちの声に耳を傾け学ぶことによって，西洋の歴史的な科学的植民地主義と覇権を是正しようとする。こうして，ソーシャルワークの知は，先住民の人々と共同で作り出され，ローカルにも国際的にも，より適切に実践されることになるだろう。国連の資料に拠りつつ，IFSW は先住民を以下のように定義している。

> ・地理的に明確な先祖伝来の領域に居住し

ている（あるいはその土地への愛着を維持している）。

- 自らの領域において，明確な社会的・経済的・政治的制度を維持する傾向がある。
- 彼らは通常，その国の社会に完全に同化するよりも，文化的・地理的・制度的に独自であり続けることを望む。
- 先住民あるいは部族というアイデンティティをもつ。

http:ifsw.org/policies/indigenous-peoples

## 実　践

　ソーシャルワークの正統性と任務は，人々がその環境と相互作用する接点への介入にある。環境は，人々の生活に深い影響を及ぼすものであり，人々がその中にある様々な社会システムおよび自然的・地理的環境を含んでいる。ソーシャルワークの参加重視の方法論は，「生活課題に取り組みウェルビーイングを高めるよう，人々やさまざまな構造に働きかける」という部分に表現されている。ソーシャルワークは，できる限り，「人々のために」ではなく，「人々とともに」働くという考え方をとる。社会開発パラダイムにしたがって，ソーシャルワーカーは，システムの維持あるいは変革に向けて，さまざまなシステムレベルで一連のスキル・テクニック・戦略・原則・活動を活用する。ソーシャルワークの実践は，さまざまな形のセラピーやカウンセリング・グループワーク・コミュニティワーク，政策立案や分析，アドボカシーや政治的介入など，広範囲に及ぶ。この定義が支持する解放促進的視角からして，ソーシャルワークの戦略は，抑圧的な権力や不正義の構造的原因と対決しそれに挑戦するために，人々の希望・自尊心・創造的力を増大させることをめざすものであり，それゆえ，介入のミクロ-マクロ的，個人的-政治的次元を一貫性のある全体に統合することができる。ソーシャルワークが全体性を指向する性質は普遍的である。しかしその一方で，ソーシャルワークの実践が実際上何を優先するかは，国や時代により，歴史的・文化的・政治的・社会経済的条件により，多様である。

　この定義に表現された価値や原則を守り，高め，実現することは，世界中のソーシャルワーカーの責任である。ソーシャルワーカーたちがその価値やビジョンに積極的に関与することによってのみ，ソーシャルワークの定義は意味をもつのである。

### 「IFSW 脚注」

　2014年7月6日のIFSW総会において，IFSWは，スイスからの動議に基づき，ソーシャルワークのグローバル定義に関して以下の追加動議を可決した。

### IFSW 総会において可決された，ソーシャルワークのグローバル定義に関する追加動議

　「この定義のどの一部分についても，定義の他の部分と矛盾するような解釈を行わないものとする」

　「国・地域レベルでの『展開』は，この定義の諸要素の意味および定義全体の精神と矛盾しないものとする」

　「ソーシャルワークの定義は，専門職集団のアイデンティティを確立するための鍵となる重要な要素であるから，この定義の将来の見直しは，その実行過程と変更の必要性を正確に吟味した上ではじめて開始されるものでなければならない。定義自体を変えることを考える前に，まずは注釈を付け加えることを検討すべきである。」

(1) 「地域・民族固有の知（indigenous knowledge）」とは，世界各地に根ざし，人々が集団レベルで長期間受け継いできた知を指している。中でも，本文注釈の「知」の節を見ればわかるように，いわゆる「先住民」の知が特に重視されている。

(2) この文の後半部分は，英語と日本語の言語的構造の違いから，簡潔で適切な訳出が非常に困難である。本文注釈の「実践」の節で，ここは人々の参加や主体性を重視する姿勢を表現していると説明がある。これを加味すると，「ソーシャルワークは，人々が主体的に生活課題に取り組みウェルビーイングを高めら

れるよう人々に関わるとともに，ウェルビーイング
を高めるための変革に向けて人々とともにさまざま
な構造に働きかける」という意味合いで理解すべき
であろう。

(3) 今回，各国および世界の各地域（IFSW/IASSW は，
世界をアジア太平洋，アフリカ，北アメリカ，南アメ
リカ，ヨーロッパという5つの地域＝リージョンに
分けている）は，このグローバル定義を基に，それに
反しない範囲で，それぞれの置かれた社会的・政治
的・文化的状況に応じた独自の定義を作ることがで
きることとなった。これによって，ソーシャルワーク
の定義は，グローバル（世界）・リージョナル（地
域）・ナショナル（国）という3つのレベルをもつ重
層的なものとなる。

......................................................................

2014年7月メルボルンにおける国際ソーシャルワー
カー連盟（IFSW）総会及び国際ソーシャルワーク学
校連盟（IASSW）総会において定義を採択。日本語
定義の作業は社会福祉専門職団体協議会と（一社）日
本社会福祉教育学校連盟が協働で行った。2015年2
月13日，IFSW としては日本語訳，IASSW は公用語
である日本語定義として決定した。

社会福祉専門職団体協議会は，（NPO）日本ソーシャ
ルワーカー協会，（公社）日本社会福祉士会，（公社）
日本医療社会福祉協会，（公社）日本精神保健福祉士
協会で構成され，IFSW に日本国代表団体として加盟
している。

日本社会福祉教育学校連盟は，2017（平成29）年4月
1日に日本社会福祉士養成校協会，日本精神保健福
祉士養成校協会と合併し，日本ソーシャルワーク教
育学校連盟へ改組した。また，日本社会福祉専門職団
体協議会は，2017年4月より日本ソーシャルワーカ
ー連盟に名称変更している。

# さくいん

ページ数太字は用語解説で説明されているもの。

265

## 監修者 (50音順)

岩崎　晋也（法政大学現代福祉学部教授）
いわさき　しんや

白澤　政和（国際医療福祉大学大学院教授）
しらさわ　まさかず

和気　純子（東京都立大学人文社会学部教授）
わけ　じゅんこ

## 執筆者紹介 （所属：分担，執筆順，＊印は編著者）

＊空閑　浩人（編著者紹介参照：序章，第9章）
くが　ひろと

添田　正揮（日本福祉大学社会福祉学部准教授：第1章）
そえた　まさき

山野　尚美（京都府立大学公共政策学部准教授：第2章）
やまの　なおみ

久保　美紀（明治学院大学社会学部教授：第3章）
くぼ　みき

木原　活信（同志社大学社会学部教授：第4章）
きはら　かつのぶ

＊白澤　政和（編著者紹介参照：第5章，第6章第5節，終章）
しらさわ　まさかず

白川　充（仙台白百合女子大学人間学部教授：第6章第1-4節）
しらかわ　みつる

浅野　貴博（ルーテル学院大学総合人間学部准教授：第7章第1節）
あさの　たかひろ

平澤　恵美（明治学院大学社会学部准教授：第7章第2節）
ひらさわ　えみ

坂本いづみ（トロント大学ソーシャルワーク学部准教授：第7章第3節（共著））
さかもと

市川ヴィヴェカ（トロント大学ソーシャルワーク学部博士課程在籍：第7章第3節（共著））
いちかわ

＊和気　純子（編著者紹介参照：第8章）
わけ　じゅんこ

野村　裕美（同志社大学社会学部教授：第10章）
のむら　ゆみ

## 編著者紹介 （50音順）

### 空閑　浩人 （くが・ひろと）

2000年　同志社大学大学院文学研究科社会福祉学専攻博士後期課程満期退学。

現　在　同志社大学社会学部教授。博士（社会福祉学）。社会福祉士。

主　著　『ソーシャルワークにおける「生活場モデル」の構築』（2014）ミネルヴァ書房。

### 白澤　政和 （しらさわ・まさかず）

1974年　大阪市立大学大学院家政学研究科社会福祉学専攻修士課程修了。

現　在　国際医療福祉大学大学院医療福祉学研究科教授。博士（社会学）。

主　著　『ケアマネジメントの本質』（2018）中央法規出版。

### 和気　純子 （わけ・じゅんこ）

1996年　東洋大学大学院社会学研究科社会福祉学専攻博士後期課程修了。

現　在　東京都立大学人文社会学部教授。博士（社会福祉学）。

主　著　『高齢者を介護する家族──エンパワーメント・アプローチの展開にむけて』（1998）
川島書店。

新・MINERVA 社会福祉士養成テキストブック④

ソーシャルワークの基盤と専門職

2021年 1 月30日　初版第 1 刷発行　　　　　　〈検印省略〉
2022年11月30日　初版第 3 刷発行

定価はカバーに
表示しています

監　修　者　　岩崎晋也
　　　　　　　白澤政和
　　　　　　　和気純子
編　著　者　　空閑浩人
　　　　　　　白澤政和
　　　　　　　和気純子
発　行　者　　杉田啓三
印　刷　者　　田中雅博

発行所　株式会社　ミネルヴァ書房

607-8494　京都市山科区日ノ岡堤谷町 1
電話代表　(075)581-5191
振替口座　01020-0-8076

ISBN978-4-623-09049-5

Printed in Japan

岩崎晋也・白澤政和・和気純子 監修

# 新・MINERVA 社会福祉士養成テキストブック

全18巻
B 5 判・各巻220〜280頁
順次刊行予定

① 社会福祉の原理と政策
　　岩崎晋也・金子光一・木原活信 編著

② 権利擁護を支える法制度
　　秋元美世・西田和弘・平野隆之 編著

③ 社会保障
　　木下武徳・嵯峨嘉子・所道彦 編著

④ ソーシャルワークの基盤と専門職
　　空閑浩人・白澤政和・和気純子 編著

⑤ ソーシャルワークの理論と方法Ⅰ
　　空閑浩人・白澤政和・和気純子 編著

⑥ ソーシャルワークの理論と方法Ⅱ
　　空閑浩人・白澤政和・和気純子 編著

⑦ 社会福祉調査の基礎
　　潮谷有二・杉澤秀博・武田丈 編著

⑧ 福祉サービスの組織と経営
　　千葉正展・早瀬昇 編著

⑨ 地域福祉と包括的支援体制
　　川島ゆり子・小松理佐子・原田正樹・藤井博志 編著

⑩ 高齢者福祉
　　大和三重・岡田進一・斉藤雅茂 編著

⑪ 障害者福祉
　　岩崎香・小澤温・與那嶺司 編著

⑫ 児童・家庭福祉
　　林浩康・山本真実・湯澤直美 編著

⑬ 貧困に対する支援
　　岩永理恵・後藤広史・山田壮志郎 編著

⑭ 保健医療と福祉
　　小原眞知子・今野広紀・竹本与志人 編著

⑮ 刑事司法と福祉
　　蛯原正敏・清水義悳・羽間京子 編著

⑯ 医学概論
　　黒田研二・鶴岡浩樹 編著

⑰ 心理学と心理的支援
　　加藤伸司・松田修 編著

⑱ 社会学と社会システム
　　高野和良・武川正吾・田渕六郎 編著

＊編著者名50音順

━━━━ミネルヴァ書房━━━━
https://www.minervashobo.co.jp/